新形势下中国产业创新政策研究
理论与实践

于潇宇◎著

RESEARCH ON CHINA'S INDUSTRIAL INNOVATION POLICY IN THE NEW ERA:
THEORY AND PRACTICE

经济管理出版社
ECONOMY & MANAGEMENT PUBLISHING HOUSE

图书在版编目（CIP）数据

新形势下中国产业创新政策研究：理论与实践/于潇宇著 . —北京：经济管理出版社，2022. 7

ISBN 978-7-5096-8616-4

Ⅰ. ①新…　Ⅱ. ①于…　Ⅲ. ①产业发展—经济政策—研究—中国　Ⅳ. ①F269. 2

中国版本图书馆 CIP 数据核字（2022）第 129726 号

组稿编辑：张馨予
责任编辑：张馨予
责任印制：张莉琼
责任校对：王淑卿

出版发行：经济管理出版社
　　　　　（北京市海淀区北蜂窝 8 号中雅大厦 A 座 11 层　100038）
网　　址：www. E-mp. com. cn
电　　话：（010）51915602
印　　刷：唐山玺诚印务有限公司
经　　销：新华书店
开　　本：720mm×1000mm/16
印　　张：17. 5
字　　数：268 千字
版　　次：2022 年 10 月第 1 版　　2022 年 10 月第 1 次印刷
书　　号：ISBN 978-7-5096-8616-4
定　　价：98. 00 元

前　言

创新是引领发展的第一动力。近年来，我国深入实施创新驱动发展战略，科技创新事业发展进入快车道。"十三五"期间，国产航母、国产大飞机、长征五号运载火箭等一批国之重器相继诞生，5G 通信、超级计算等产业技术创新取得重大突破，有力地支撑了我国经济社会繁荣稳定发展。但也要看到，当前我国高技术产业创新能力还不能完全适应高质量发展要求，在日趋激烈的国际竞争下，仍存在核心技术受制于人、关键领域被"卡脖子"的风险，产业创新能力的重要性愈加凸显。

当前世界正经历百年未有之大变局，我国高技术产业创新面临的形势十分复杂，一方面，逆全球化、贸易保护主义抬头，全球新冠肺炎疫情暴发，全球产业链、供应链、创新链受阻；另一方面，人工智能、半导体、5G、元宇宙等新一轮科技革命和产业变革加速演进，高科技领域成为大国竞争和战略博弈的焦点。在新形势下，我国应如何优化产业创新政策，大力提升自主创新能力，加快实现科技自立自强，成为关系经济社会发展全局的重大现实问题。

本书围绕新形势下中国产业创新政策若干重要问题展开了分析和研究。主要包括新形势下应如何把握产业创新政策制定的思路和方向？产业政策如何影响企业创新活动？地方政府在推动产业创新方面应发挥何种作用？当前我国诸多支持创新的新制度、新举措（如"揭榜挂帅"等）执行成效如何？应如何完善、优化产业创新体系？等等。本书结合大量史料和现实案例，共包括四篇，分 20 章，对上述问题加以详细论述。

第一篇是理论篇，主要从理论视角对当前中国产业创新发展战略作分析探讨。第 1 章梳理了中华人民共和国成立 70 周年中国创新研究的理论脉络和发展阶段，建议新形势下应高度关注从跟跑、并跑转向领跑的创新管理，面向可持续发展的创新生态系统，经济全球化形势下的创新管理和数字经济时代下的创新管理等新命题。第 2 章分析了日本在工业化后期产业政策演变的经验启示，提出经济新常态背景下中国产业政策应适时调整产业政策目标，并在实施手段、制定主体和制定程序方面加快转型，加强构建有利于促进创新产生和扩散的市场环境，积极推动创新政策转型等。第 3 章以半导体产业为例，通过对日本超大规模集成电路项目、韩国三星、中国台湾地区台积电和荷兰阿斯麦等后发赶超案例的纵向比较，当前为中国半导体产业面向后摩尔时代的创新发展战略提出思路和建议。第 4 章分析了新形势下中国企业全球创新合作的态势，总结了企业面临的技术、需求、人才和投资等方面的风险点，并结合 20 世纪 80 年代日本政府在"日美贸易战"中的相关应对经验和教训，提出了政府协助企业化解风险的政策建议。第 5 章结合美国 7 家顶尖智库 12 份研究报告，分析了智库视角下美国对华科技竞争战略的现状、走向和特点。

　　第二篇是实证篇，主要运用计量经济学方法对中国产业创新问题做实证研究。第 6 章研究了政府补贴对中国信息技术上市企业的影响，通过实证检验发现政府补贴对国有企业研发投入的激励作用要强于民营企业，同时对规模较大企业的激励作用也要强于小规模企业。第 7 章通过计量检验发现 GDP 增长压力越大的地区越可能对本地上市公司进行高强度财政补贴。在此基础上，第 8 章进一步研究表明，由于经济竞争压力会刺激地方政府加大政府补贴力度，而非增加税收优惠、科技投入和知识产权保护等普惠性政策，因而地方政府经济竞争压力对企业创新的影响呈现出"数量"而非"质量"激励，即会诱使企业产出"低质量"创新成果以寻求补贴。第 9 章检验了高管海外经历对中国上市企业创新的影响，发现企业引入具有海外经历的高管能够通过增加管理层多元化、提高管理层自信和优化企业创新要素配置三条路径，促进企业创新数量和质量提升。第 10 章检验了慈善捐赠对上市公司财务绩效的影响，发现慈善捐赠能够对企业价值产生正向增值，同时企业营销能力越强，慈善捐赠对企业价值的增值作用越大；而企业所处的行业竞争越激烈，慈善捐赠对企业价值的增值作用越弱。

　　第三篇是政策篇，主要对当前热点的中国科技创新战略和政策展开解读和分析。第 11 章分析了当前"揭榜挂帅"等制度在落实中存在的几点突出问题，并建议应建立健全考核问责机制，加强经验总结和宣贯培训，加快研究相应配套措施等。第 12 章梳理了强化国家"战略科技力量"的理论逻辑、历史逻辑和现实逻辑。在此基础上，第 13 章结合美国宇航局（NASA）和美国太空探索技术

（SpaceX）等公司的成功合作经验，提出了我国引导激励领先科技企业参与国家战略科技力量建设的政策建议。第 14 章针对当前党中央提出我国科技创新要"四个面向"的新要求，分析了我国"面向人民生命健康"科技创新的基础与条件，认为新形势下我国应强化关键技术支撑，推动科技体制改革，优化科技创新布局，并完善创新生态系统。第 15 章分析了当前各地"人才争夺战"的现象，并从中央政府、地方政府和人才个体三个层面分别给出政策建议。

第四篇是实践篇，主要对当下具体产业、地区的创新政策实践展开总结梳理。第 16 章分析了当前全球数字经济发展的现状和问题，提出我国应提升全民数字素养，并加强网络安全、数据资源保护、数字经济监管以及国际交流合作。第 17 章对我国医药健康市场潜力进行研判，认为"十四五"时期，药品、医疗器械、化妆品、数字化医疗等领域以及相关产品出口的增速有望保持在 10%以上，因此应注重供需政策衔接，支持和鼓励新业态新模式发展，以充分释放我国医药健康市场发展潜力。第 18 章以北京市农产品流通系统为例，创新性地运用自组织结构和协同理论对农产品生产、信息及流通和销售三个子系统协同发展模式给出相关建议。第 19 章总结了在新发展格局下，上海打造国内国际双循环"战略链接"的六大优势。第 20 章以山东省新旧动能转换为研究对象，以潍坊、济宁、泰安、威海、日照五个城市为案例，总结了其行动实施三年来的典型经验举措。

本书各章内容都建立在大量文献梳理、实地调研和案例分析的基础上，在充分借鉴发达国家经验并结合我国产业发展实际的情形下，对如何优化产业创新政策，促进高技术产业创新发展进行了深入探讨，相信本书对该领域同样感兴趣的研究同仁具有一定的参阅价值。当然，笔者受专业知识、研究功底以及资料获取、时间等因素所限，对于很多问题的认识仍然十分粗浅，其中缺点和失误在所难免，敬请各位同行和读者提出批评意见和建议，笔者将不胜感激！

于潇宇

2021 年 12 月

目　录

【理论篇】

第1章 中华人民共和国成立70多年来创新管理理论的研究脉络^①

中华人民共和国成立以来，经过70余年的奋斗发展，中国经济高速成长为世界第二大经济体，科技创新能力实现了跨越式提升。从中华人民共和国成立初期，科技基础"一穷二白"，到2018年科技进步贡献率达到58.5%，研发投入规模与专利数量均达到世界前列。实践是检验理论的唯一标准，理论来源并服务于实践。科技创新事业的巨大发展，显示出创新管理理论的科学指导作用。中华人民共和国创新管理研究从无到有、从国外引进到本土应用，再到国际化扩散与再创新，已成为管理学与经济学研究的重要领域之一。面向新时代中国创新管理的新形势和新要求，总结70年创新管理研究的基本发展历程，梳理中国特色创新管理研究的演进特征与历史贡献，对于建设创新强国和推动科技创新高质量发展具有重要的意义。

一、创新管理研究的发展历程

本章结合科技政策与创新发展实践、文献发表与理论研究内容等综合考虑，将中华人民共和国成立70年创新管理研究大致划分为酝酿准备（1949～1977年）、引进起步（1978～1992年）、应用拓展（1993～2000年）、国际化扩散

---

① 本章原文载于《改革》2019年第12期，题目为《创新管理研究：引进、本土化及再创新》，作者为庄芹芹、于潇宇。

（2001～2011 年）以及再创新（2012 年至今）五个主要阶段。中国学者对创新管理问题的关注，酝酿于中华人民共和国成立初期技术经济学科被引入，起步发展于 20 世纪 70 年代经济学学术领域开放。真正以"创新管理"为主题的文献，最早出现于 20 世纪八九十年代，以借鉴国外理论经验为主。随着全球技术进步加快与信息技术革命兴起，创新实践快速发展，创新管理研究逐渐成为热点，2000 年前后相关研究开始大量出现。2011 年之后创新管理研究进入快速发展阶段，研究成果不断丰富。

（一）酝酿准备阶段（1949～1977 年）：计划经济体制下的技术经济范式

中华人民共和国成立之初，随着 1953 年"一五计划"实施，156 个重大援助项目、694 个建设项目奠定了我国现代工业的基础，并带来了技术经济分析与工程经济理论方法，为后续创新管理研究开展奠定了基础。1956 年中华人民共和国制定了第一个科技发展规划《1956—1967 年科学技术发展远景规划》，是我国科技事业管理的一次成功实践。基于实际工作需要，我国最早一批技术经济学者开始出现。1959 年 11 月，于光远在《人民日报》发表文章《用最小的劳动消耗取得最多的剩余价值》，引发了经济学界对劳动生产率、技术应用效果等问题的讨论，可认为是创新管理理论的雏形。1963 年，中共中央、国务院制定了《1963—1972 年科学技术发展规划纲要》，部署了农业、工业、医学以及技术经济等学科的发展，标志着技术经济学作为独立学科诞生，提出的劳动生产率、技术改造、技术经济效果分析等问题，也成为后来创新管理研究的重要话题。技术经济学科的引进和建立，为后来创新管理研究开展培养了最早一批研究队伍。遗憾的是，在当时的环境下，该规划未能得到切实落实。最早创新管理研究脱胎于技术经济学科，服务于当时技术经济建设实际需要，带有一定的计划经济体制特色。

（二）引进起步阶段（1978～1992 年）：引入市场机制与聚焦技术创新

改革开放以后，随着新技术革命浪潮席卷全球，我国与发达国家的科学技术差距逐渐拉大。科技政策开始从国防导向转向经济导向，科技体制由高度计划转向更多引入市场机制。1978 年，党中央召开全国科学大会，邓小平同志在大会上做出科学技术是生产力的重要论断，大会审议通过了《1978—1985 年全国科学技术发展规划纲要》，科技创新发展的春天到来。1982 年，全国科学技术奖励大会明确了"经济建设必须依靠科学技术，科学技术工作必须面向经济建设"的战略方针。在此指导思想下，多项国家计划相继实施，如国家技术改造计划（1982 年）、国家重点科技攻关计划（1982 年）、国家重点实验室建设计划（1984 年）等，科技创新在探索中不断发展。随着城乡经济体制改革逐步展开，科学技术体制改革相应拉开序幕。1985 年中共中央发布《关于科学技术体制改革的决定》，提出了在运行机制、组织结构以及人事制度方面的改革。同年出台了《中共中央关于教育体制改革的决定》，着力提升民族素质、加快科技人才培养。

　　面对国家科技体制改革的现实要求，创新管理理论研究起步。1986 年，国家自然科学基金委员会成立，1989 年资助了多项技术创新研究课题，如傅家骥主持的《我国大中型企业技术创新研究》、贾蔚文主持的《技术创新机制与政策》等项目。一批重要著作先后问世，涌现出一批学科带头人。史清琪等结合我国国情撰写了《技术进步与经济增长》一书，定量分析了技术进步在经济增长中的作用，提出了衡量技术进步作用的指标、模型与参数估计方法，其中"技术进步对经济增长作用的贡献率"指标，至今仍为创新型国家的主要评价指标之一。李京文和郑友敬主编的《技术进步与产业结构》系列丛书，在全面探讨技术进步与产业结构评价指标体系的基础上，建立定量化方法研究了技术进步与产业结构之间的关系。这一时期的学术论文主题大多集中在机制模式、政策环境以及概念理论，侧重对国外相关理论介绍、机制模式的理解、技术创新政策与环境辨析等方面。比如吴晓波介绍了国外研究技术创新过程的线性模型、系统模型、伴随模型与链式模型等典型模式。一些学者在评析国外学术成果基础上，开展了关于企业创新动力问题的探讨。例如，韩岫岚提出管理创新对增强大中型国有企业活力具有重要战略作用。总之，这一阶段创新管理研究集中在国外理论引进和消化吸收。部分研究开始把视线集中于本土企业创新，对创新过程的机制模式、政策环境等进行了初步探讨，但仍处于起步阶段。

（三）应用拓展阶段（1993~2000 年）：科教兴国战略与知识经济研究

　　党的十四大之后，中国进入建设社会主义市场经济新阶段，科技体制改革全面推进。1993 年，全国人民代表大会常务委员会通过《中华人民共和国科学技术进步法》，将促进科学技术进步、发挥科学技术第一生产力作用以法律形式予以明确。1995 年，全国科学技术大会召开，中共中央、国务院制定《关于加速科学技术进步的决定》，首次提出实施"科教兴国"战略，全面落实科学技术是第一生产力思想，把科技和教育摆在经济、社会发展的重要位置。此后，国家依次出台了一系列法律法规和政策国务院，如《中华人民共和国促进科技成果转化法》（1996 年）、《国务院关于"九五"期间深化科学技术体制改革的决定》（1996 年）等，科技体制改革进一步深化，创造性地提出企业是技术开发主体的重大方针。同时，开始强化基础研究领域资源配置，实施国家重点基础研究发展计划（"973 计划"）、知识创新工程（1998 年）等专项计划。

随着科技体制改革深化与国家创新体系建设加快，创新管理研究本土探索展开。由邓寿鹏、傅家骥、贾蔚文、许庆瑞推动并承担的国家自然科学基金重大项目"中国技术创新研究"，将技术创新研究推向了阶段性的高潮。1996 年经济合作与发展组织发布了《以知识为基础的经济》报告，明确提出知识经济时代到来。随之知识经济成为全球热点研究领域，中国学者也开展了大量知识经济研究。如赵弘和郭继丰合著的《知识经济呼唤中国》，将知识经济特征概括为信息化经济、网络化经济、创新型经济、智力支撑型经济与可持续发展经济，在当时产生了重大反响。洪智敏（1998）则认为知识经济是将外生的知识转化为内生，在知识型企业中劳动雇佣资本的现实对资本雇佣劳动的传统企业理论提出了挑战。这一时期，关于国有企业创新、高技术开发区、区域创新等问题的拓展研究不断出现。如黄群慧和张艳丽（1998）探讨了制度创新、技术创新及管理创新之间的关系，并着重研究了国有企业改革中如何处理三类创新关系。邓寿鹏（1993）对中国高新技术开发区的创新活动进行了研究。郭斌等（1997）对企业组合创新进行了系统研究，杨宏进构建了企业技术创新能力的评价指标。这一阶段对国外相关理论概念的介绍逐渐减少，学者围绕着知识经济、技术创新等主题对创新机制与模式、创新能力以及制度环境等进行更深入的研究。

（四）国际化扩散阶段（2001～2011 年）：自主创新战略与协同创新理论

21 世纪以来，尤其是 2001 年加入世界贸易组织后，引进大量国外先进技术促进了我国科技事业的跨越式发展。与此同时，我国自主创新能力不足的问题逐渐凸显，科技创新政策开始强化自主创新。2006 年《国家中长期科学和技术发展规划纲要（2006—2020 年）》提出了科技发展要以增强自主创新能力为主线。2006 年，中共中央、国务院做出《关于实施科技规划纲要 增强自主创新能力的决定》，确立了自主创新的科技发展战略，提出"自主创新、重点跨越、支撑发展、引领未来"的科技工作指导方针。针对自主创新成果转化机制不健全等突出问题，2008 年《关于促进自主创新成果产业化的若干政策》出台，提出加快推进自主创新成果产业化，提高产业核心竞争力，促进高新技术产业发展。为强化开发利用知识资源的制度保障，2008 年国务院颁布实施《国家知识产权战略纲要》，强化知识产权保护制度。此外，为把握新一轮经济和科技发展制高点，2008 年国务院通过了《关于加快培育和发展战略性新兴产业的决定》，重点规划部署了节能环保、新一代信息技术、新能源等 7 个战略新兴产业发展。

在科技实践大发展的背景下，创新管理研究越来越注重与国际研究接轨，国际论文发表数量逐年增多。相关研究不仅聚焦于微观企业层面，中观产业层面的研究也相继展开，自主创新成为重要的研究领域。围绕自主创新，核心技术创新、内生经济增长、破坏性创新等领域成为新的研究热点。对创新类型与模式的研究热度不断增加，集成创新、全面创新管理、协同创新等创新管理新范式不断提出，并在实践中广泛应用。如许庆瑞等（2003）基于海尔集团案例，提出全面创新管理是创新管理的新趋势。陈劲等（2016）突破全面创新管理，提出技术和市场协同的创新管理理论。此外，区域创新系统、产业集群与产学研合作等研究开始出现，如谢洪明等（2007）探索研究了学习、创新与核心能力之间的关系。整体上，这一阶段创新管理内涵不断延伸，研究内容不断向国际前沿领域拓展扩散，形成了"研发、网络、知识"等子中心，创新管理研究呈现多元化发展特点。

（五）再创新阶段（2012 年至今）：创新驱动发展战略与创新生态系统

2012 年，中共中央、国务院召开全国科技创新大会，提出实施创新驱动发展战略，并将其明确写入党的十八大报告。面向创新驱动发展战略实施，科技体制改革深入推进。2015 年，中共中央、国务院印发了《关于深化体制机制改革加快实施创新驱动发展战略的若干意见》，中共中央办公厅、国务院办公厅印发了《深化科技体制改革实施方案》，提出营造激励创新的公平竞争环境、建立技术创新市场导向机制以及构建更加高效的科研体系等一系列措施。为进一步加快推进创新驱动战略实施，2016 年中共中央、国务院制定了《国家创新驱动发展战略纲要》，明确提出了中国科技事业的"三步走"发展目标，即到 2020 年进入创新型国家行列，到 2030 年跻身创新型国家前列，到 2050 年建成世界科技创新强国，成为世界主要科学中心和创新高地。随着适应社会主义市场经济的科技创新体制逐渐建立，科研布局结构持续优化，制约科技创新的体制障碍逐步破除，我国科技创新水平达到了前所未有的高度。

这一时期中国创新管理研究也迎来了历史高峰。中国学者紧跟国际前沿热点，创新生态系统、创新网络以及开放式创新等成为新的热点研究领域。创新生态系统理论以生物学隐喻创新系统，在可持续发展之下，强调产学研一体化，企业、政府、科研院所以及消费者等多主体协同。创新生态系统具有动态演化性、要素有机集聚性以及系统自组织生长性等特征。在探索国际前沿理论的同时，学者从中国创新实践抽象和归纳，关注本土情景的创新管理实践和特色研究成果不断涌现。"自主创新、集群创新、技术赶超"等体现中国特色和独有优势的研究相继出现。如高良谋和马文甲（2014）以中国情景作为切入点，在开放式创新研究中融入政府行为、企业间低信任度等中国特有环境，提出了本土特色的开放式创新理论框架。整体来说，这一时期的创新管理理论体系逐渐完善，创新类型与模式、创新过程及其管理、创新主体组织以及创新影响因素等子领域逐渐形成，各领域结合本土创新管理现实开展了大量理论拓展和延伸。随着互联网经济的快速发展以及大数据时代到来，新时代创新管理研究结合新业态、新模式与新方法，呈现出新特点。

二、创新管理研究的演进特征

（一）创新管理研究的主题演化

国家自然科学基金、国家社会科学基金项目的资助方向代表了相关研究领域的前沿进展，是梳理创新管理研究主题演化的重要依据。国家自然科学基金管理科学部是创新管理研究资助的重要力量，经笔者统计，1988~2017 年资助的创新管理研究重点项目共 11 项、面上项目共 350 项。具体资助方向上，周青等（2017）分析发现创新网络、开放式创新、知识管理、跨国公司等主题热度较高。目前鲜少有研究利用国家社会科学基金资助项目，对创新管理研究进行分析。因此，笔者尝试弥补已有研究不足，以国家社科基金资助项目数据，梳理创新管理研究的主题演化。经统计，1992~2018 年 6 月，国家社会科学基金资助数据库共收录创新管理类项目 1083 项，其中重大项目、重点项目、一般项目与青年项目分别为 7 项、90 项、643 项和 241 项。表 1-1 对国家社会科学基金资助重点项目进行了分析。通过对项目数据整理归纳，可以发现创新管理研究主题演化，呈现"由微观到系统、由单一向复杂、由面及点、由外引向内生"的规律性特征，具体如表 1-1 所示：

表 1-1　国家社会科学基金资助的创新管理领域重点项目梳理

立项时间	项目数量（个）	管理学（个）	经济学（个）	项目内容
2018 年	8	4	4	国家创新型试点城市、自主创新示范区创新生态系统；军民融合协同创新、制造业迈向价值链中高端、创新驱动战略
2017 年	9	4	5	民企融资与创新效率、新兴技术的创新政策、绿色创新颠覆性创新、扶贫管理创新；制度创新、区域创新、产业创新（区域协调、县域经济发展、创新驱动与环境约束下的西部地区能源产业升级）
2016 年	7	3	4	新能源的商业模式创新、公司治理与协调创新、国有企业创新；科技服务业、财税与战略性新兴产业创新激励
2015 年	7	3	4	制度创新、城市群创新模式；专利制度与技术创新、产业创新能力
2014 年	14	5	9	绿色技术创新、基于移动互联网背景的创新问题、技术获取型海外并购整合；企业动态能力与创新绩效、中国特色的企业管理创新、创新型企业知识产权质押贷款；产业创新生态系统、产业技术创新联盟与企业动态创新能力提升；县域发展的协调创新
2013 年	12	5	7	新产业革命背景下我国产业转型的体制机制创新、集成创新、创新驱动发展、金融发展与科技创新；城市生态文明协同创新体系研究
2012 年	4	1	3	自主创新与技术赶超、产业创新、知识产权政策与自主创新能力建设；国有企业管理创新
2011 年	9	4	5	创新驱动发展与创新集群、创新型国家背景下金融创新与科技创新的结合研究；新兴技术未来分析理论方法与产业创新研究、技术创新与现代产业体系、制造业企业创新
2010 年	6	6	0	中国企业管理思想和管理模式创新；商业模式创新、中小企业技术创新管理模式、服务外包企业创新能力测评体系、战略性新兴产业创新

续表

立项时间	项目数量（个）	管理学（个）	经济学（个）	项目内容
2008 年	8	0	8	区域创新体系战略；农村金融制度创新
2007 年	2	0	2	中国特色自主创新道路；西部地区自主创新与高技术产业
2006 年	1	0	1	鼓励自主创新的财税政策研究
2002 年	1	0	1	组织创新
2001 年	1	0	1	网络化条件下的企业治理结构创新
1996 年	1	0	1	企业治理结构创新
合计	90	35	55	—

注：2012 年、2013 年、2015 年，分别有 3 个、2 个、2 个项目并未注明所属的学科，根据项目内容将其划分为相应的学科。

资料来源：国家社会科学基金数据库。

一是在研究主体上，由关注微观个体转向宏观系统，呈现从企业、产业到创新系统的演化，主体战略高度不断提升。早期项目大多关注微观层面的企业创新，侧重在企业内部通过机制设计提升创新绩效，如国有企业创新激励机制、中小企业创新模式等研究。代表性项目有"工业企业技术创新与转换机制研究（93BJB020）""企业治理结构创新与国有资产监管系统设计（96AJB012）"等。进入 21 世纪，科技创新事业迎来了大发展，科技对经济增长的贡献率逐年提升，对高技术产业、战略性新兴产业等产业创新问题研究逐渐增多。随着创新驱动发展上升为国家战略，区域创新生态系统、国家创新体系构建成为热点话题。代表性项目有"我国重点产业自主创新平台研究（07BJY035）""构建我国区域创新体系战略研究（08AJY024）""创新驱动战略的实施机制与政策优化选择研究（18AJY004）"等。

二是在创新类型与模式上，由单一线性创新转向集成创新、开放式创新等复杂系统创新，研究不断向纵深推进。早期研究大多是对技术创新、创新组织、管理创新等单一创新类型的探讨，如"工业企业技术创新与转换机制研究（93BJB020）"。对应创新组织模式多为单一线性模式。随着互联网技术、颠覆性技术以及绿色技术等新兴技术的发展与应用扩散，技术复杂性、交叉性和集成度不断提高。产品市场的颠覆性创新、大数据时代的科技创新模式以及绿色技创新等问题被广泛关注。相应地，创新管理模式日益复杂，协同创新、开放式创新以及创新生态系统成为研究重点。围绕知识管理、产学研合作以及创新生态系统等主题的研究增多，如产业技术创新联盟、产学研协同创新机制、制造业共性技术创新以及研究联合体等问题。

三是在研究空间上，从区域整体向代表性试点示范城市聚焦，呈现"由面及点"的特征，研究针对性不断增强。早期研究侧重西部地区、农村地区等区域创新问题，如农业微观基础的组织创新、西部地区后发优势及创新对策、知识经济下区域产业创新与区域经济发展等问题。随着创新管理研究不断深入，研究对象逐渐聚焦，城市群、城市以及县域范围的创新发展被广泛关注。聚焦特定创新载体，比如国家创新型试点城市、自主创新示范区等研究增多。代表性项目有"创新型城市的形成机理、评价标准与指标体系研究（10BGL044）""长江经济带创新空间分异及创新驱动模式研究（15AGL011）""国家创新型试点城市的政府创新治理研究（18AGL020）"等。

四是在创新动力上，由技术引进转向自主创新，再到融入全球技术竞争，创新管理目标能级不断提升。早期研究主要关注如何利用国外先进技术，如国有企业引进技术的消化吸收、技术创新扩散与引进技术国产化研究等项目。随着自主创新发展路线明确，创新成为引领发展的第一动力。相应地，创新型管理开始转向如何加强自主创新、通过创新驱动提升产业技术创新能力等问题。代表性项目有"从模仿学习到自主创新：我国产业技术进步的路径选择与政策研究（06BJY020）""创新驱动下中国打造具有世界影响力产业集群的机制与路径研究（17BJL076）"等。

（二）创新管理研究的方法进展

中国创新管理研究方法也大致经历了国外引进消化、本土化应用到再创新的发展。中华人民共和国成立初期，参考苏联技术经济理论，侧重大型项目评价等方法，强调项目建设的经济规律，为后续创新管理方法奠定了基础。20 世纪七八十年代，国内创新管理研究以引进、介绍国外先进理论方法为主，少数学者通过收集数据，结合逻辑推演、案例分析等相对简单的研究方法，对国外理论进行了本土化应用研究。这一阶段，国内学术研究的主要传播载体是影印本书籍，专门学术期刊较少，缺乏独创性的理论研究。随着改革开放进程推进，国外创新管理理论、方法和实践不断被引进，中国学者开始接触国际前沿创新知识，创新管理研究的活力被激发。20 世纪 90 年代，国内学者普遍认识到创新管理研究数据匮乏，开始注重调查研究。当时最具现实紧迫性的问题是摸清企业技术创新现状，探讨具有普遍指导意义的创新对策。故学术界注重调查研究与数据积累，陆续开展了诸多典型调查研究。如 1990 年国家科委研究中心在武昌和南阳两个城市开展的制造业企业技术创新试点调查。这一时期最常见的研究方法是逻辑推演，对创新问题进行案例调研、问卷调查以及基于问卷数据的描述性统计分析等。

随着我国加入 WTO 以及互联网技术的广泛应用，对外学术交流加强，创新管理研究方法逐渐与国际前沿接轨，数理分析等结构化研究方法开始得到应用。规范研究结合实证研究、定性分析结合定量分析，是这一时期创新管理研究的主流方式。国内学者基于经验和现实观察提出假设，并利用中国企业或产业数据检验西方创新理论。尽管这一阶段所应用的数理分析方法比较基础，但是中国学者开始掌握结构性语言，与国外学者开展深入交流。2012 年，党的十八大提出了实施创新驱动发展战略之后，学者更加关注本土情境的探索性研究，贡献具有中国特色的方法论。学者主张探索性研究范式，强调深入归纳提炼企业创新管理实践，并进行国际比较，从实践中抽象和归纳原创性理论。具有理论建构功能的探索性案例研究，辅以问卷统计方法，成为常见的研究方法。此外，技术经济和政策研究学者，结合我国丰富的创新政策和数据，在政策文本和政策工具分析与量化、专利评价与专利引文分析以及创新知识图谱等问题上，形成了具有中国特色、面向现实问题的系统方法论。

三、中国特色创新管理研究与历史贡献

创新理论起源于 20 世纪早期，1912 年，熊彼特提出"创新"的概念，对创新管理做了代表性开创研究。广义上，创新管理涵盖一种新思想由产生到研究、开发、试制、生产制造商业化全过程。狭义上，创新管理是整合创意、研发、制造与营销等管理模式，实现系统推进创新生产、发展与应用，有效调控创新程度、频率等目标的新型整合化企业管理理论与方法。创新管理是围绕创新活动的管理，目的在于优化创新支撑体系，使创新系统高效运行，提高创新效率。创新管理是随创新活动演进而不断变化的动态过程，通过平台支撑与机制协调，集聚企业家、资金、组织、人员、制度等多种要素，培育良性创新生态系统。

经过 70 余年的发展，中国创新管理研究在跟踪国际学术前沿的基础上，结合本国国情和科技创新实践，形成了后发优势国家赶超的特色创新管理理论。建立了与国外可比的创新管理理论体系，包括微观企业层次的价值管理，产业、区域等中观层次的集聚管理，国家宏观层次的系统管理。整体上，创新管理研究主题不断拓展与聚焦、研究内容不断深化、研究方法不断优化，涌现出一大批优秀学者和丰富成果，在指导我国科技创新事业发展中做出了重要理论贡献。

（一）　中国特色的创新管理研究

中国学者紧跟国际前沿，在开放式创新、创新网络、创新生态等主流理论研究领域，取得了丰富的研究成果。同时，针对中国创新发展的特殊现象和重点需求，全面创新管理、自主创新、技术赶超等原创性成果不断出现，形成了本土情景的特色理论。下面从学科特点、主题分布与核心问题等方面，分析中国特色的创新管理研究。

创新管理研究的跨领域、跨学科的交叉综合性特征明显，管理学属性日益加强。由于创新活动具有高度复杂性、不确定性以及非线性等特征，其研究涉及多个学科领域的理论方法。在学术期刊网络出版总库检索的以"创新管理"为主题的学位论文，按学科分类，发现所属学科包括工商管理、工业经济、数量经济、金融学、通信经济等，对应企业创新、产业创新以及创新融资等创新管理实际需求。进一步，结合国家社会科学基金资助项目数据，创新管理研究在学科上呈现经济学与管理学"平分秋色"的特点（见图 1-1）。经统计，1992～2018 年6 月资助项目中管理学项目共计 429 项，应用经济学项目共计 427 项、理论经济学项目共计 225 项。同时呈现出结构性变化趋势，2010 年之前资助项目以经济学尤其是应用经济学项目为主。2010 年之后管理学类资助项目快速增长，该领域的管理学属性加强。

创新管理的基本问题在于实现创新效益最大化。根据陈劲和郑刚（2016）的研究，我们认为创新管理涉及创新战略制定、创新资源获取整合、创新制度设计以及创新活动组织等内容，涵盖构想、研发、制造、销售、收益和评估的创新全过程。在此基础上，本章从创新战略、创新类型与创新模式、创新网络与创新系统、创新能力与创新资源、创新绩效与评估等方面，阐述创新管理研究的核心问

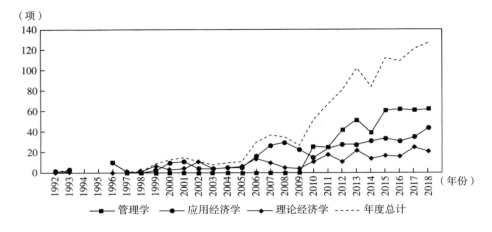

图1-1 国家社科基金资助的创新管理项目数量分学科

资料来源：国家社会科学基金数据库。

题。一是创新战略。主要关注 R&D 决策、FDI 与创新、全面创新以及开放式创新等问题。学者对 R&D 决策的影响因素及其对创新绩效的影响进行了大量实证研究，探索了 FDI 对创新绩效作用以及对自主创新的影响。基于中国特色创新实践形成了全面协同创新、开放式创新等理论。如许庆瑞等（2006）通过对比海尔和清华同方经验，提出企业创新要从传统的职能整合发展到创新协同。随着这一时期我国企业技术创新战略转向开放，开放式创新也受到了广泛关注。二是创新类型与创新模式。创新活动可以分为产品创新、流程创新、服务创新与商业模式创新等不同类型，不同类型创新之间的协同也是重要的研究问题。学者探讨了知识创新、技术创新和管理创新之间的动态匹配与协同互动。随着服务业地位日益重要，服务创新逐渐受到关注。技术创新生态化具有必然性，学者就环境政策与技术创新的关系进行了大量实证研究，比如环境规制对企业绿色技术创新的影响。三是创新网络与创新系统。创新网络作为一种新型创新模式，为复杂技术创新提供了条件。产业创新系统则是较为前沿的研究领域，通过构建产业创新系统模型分析产业创新机制。创新中心理论则是各类创新资源高度集聚的区域发展形态。此外，在以国家创新系统为基础的复杂技术追赶框架下，共性技术、创新平台和技术创新扩散也被广泛研究。四是创新能力与创新资源。创新能力研究集中在影响因素，包括技术人才资源、创新促进政策、融资环境以及区域技术创新能力形成条件等。专利作为重要的创新成果也是研究的热点话题。学者利用专利地图揭示技术发展趋势、构建企业研发定位分析框架、评估专利保护有效性等。五是创新绩效与评估。创新绩效、创新测度等研究大多为区域、产业与企业等层面的实证研究。创新绩效研究包括评价指标体系建立与创新效率评估等，通过不同实证手段和数据科学评估创新绩效，寻找提高创新效率的关键因素。此外，技术创新往往伴随着高风险，科学评估创新风险也是研究的关注点。

（二）中华人民共和国成立 70 年创新管理研究的历史贡献

创新管理理论研究的贡献，既表现为支撑国家科技创新战略与时俱进，也体现在指导科技事业的科学发展上。

创新管理研究为科技战略与创新政策制定提供了理论支撑。20 世纪 80 年代随着学术领域的对外开放，创新管理研究起步。1986 年，国家自然科学基金资助了多项技术创新领域研究，技术进步对经济增长的作用被广泛认识，科技体制改革启动。随着技术创新理论、创新动力机制等研究的不断深化，科技体制改革全面推进。高技术产业发展、国家高新区建设等政策相继落地。1992 年邓小平同志南方谈话后，知识经济、新增长理论、核心竞争力等研究推动了"科教兴国"战略提出。2001 年加入 WTO 后，技术引进带来了科技跨越发展。同时，创新管理研究开始与国际接轨，内生增长、破坏性创新等成为研究新热点，随后自主创新被列入国家战略。伴随着创新管理研究迎来历史高峰，集群创新、技术赶超等本土创新理论不断出现，我国科技实力跃升至世界前列，推动了 2012 年创新驱动发展战略提出。2014 年"大众创业、万众创新"提出，新一轮创新创业浪潮兴起，强调多主体要素协同的创新生态系统理论成为新热点。总之，随着创新管理研究不断深化拓展，科技创新战略高度不断提升，政策力度持续加大，政策范围不断扩大。

创新管理研究紧跟各项科技事业发展需要，指导着知识积累、企业发展与产业创新等实践发展。从总量来看，在创新管理理论的科学指导之下，中国创新投入与产出数量均已达到了世界前列。R&D 投入规模持续快速增长，从 1987 年的极小值（不足 100 亿元）增长到 2017 年的 17606.3 亿元（见图 1-2），达到了世界第 2，仅次于美国。R&D 投入强度也持续提高，1990 年 R&D 投入强度仅为 0.67%，到 2017 年达到 2.13%，已高于同期欧盟平均水平（2.07%）。其中，北京市（5.64%）、上海市（3.93%）等地区均已相当于发达国家水平。专利申请数量呈现"爆炸式"增长，已成为名副其实的世界专利数量大国。据世界知识产权组织（WIPO）统计，2011 年中国已超过美国，成为世界最大专利申请国。2017 年中国专利申请量占全球 43.6%，而美国（19%）、日本（10%）和韩国（7%）分列第 2 至第 4 位。

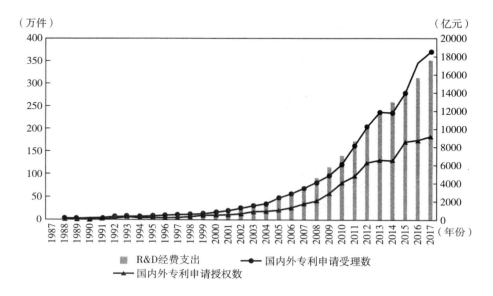

图 1-2　中国研发投入（R&D）经费与专利申请数量

资料来源：《全国科技经费投入统计公报》。

　　具体来看，随着对知识经济、内生增长、自主创新等创新管理研究的广泛关注，基础研究与知识创造在国家创新体系中的地位不断强化。衡量我国基础科研水平的科技论文发表数量快速增长，科学引文索引（SCI）科技论文量从 1988 年的不足 6000 篇上升到 2015 年的 29.7 万篇，增长了约 53 倍，世界排名由第 17 位上升到第 2 位，仅次于美国。同期工程引文索引（EI）科技论文数量更是翻了68 倍，排名由世界第 9 上升到第 1，已经达到世界领先水平（见图 1-3）。

　　企业作为创新的主体，是创新管理研究的重点，关于企业创新激励、创新风险管理、创新能力测度以及绩效评价等研究成果丰富。在理论研究指导下，企业创新主体地位不断强化，创新能力大幅跃升。据《全国科技经费投入统计公报》数据，2001 年企业、研发机构和高校的 R&D 投入规模分别为 630 亿元、288.47 亿元、102.4 亿元，而 2016 年分别增加为 12143.96 亿元、2260.18 亿元、1072.24 亿元，分别增长了约 19 倍、8 倍和 10 倍（见图 1-4）。企业研发投入占

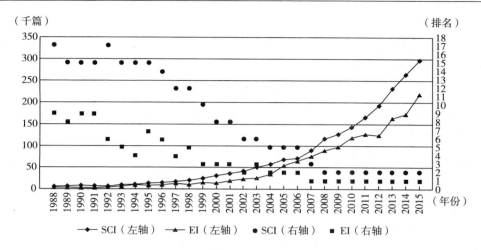

图 1-3 国外主要检索工具收录的中国科技论文发表数量与排名

资料来源：作者根据公开资料自行整理。

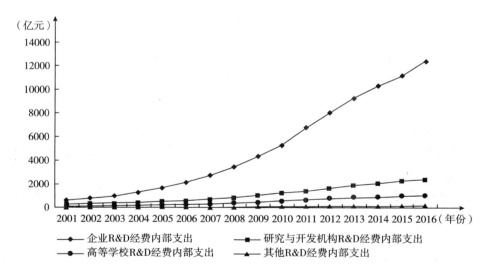

图 1-4 研发投入（R&D）经费支出主体比较

资料来源：作者根据公开资料自行整理。

比逐年增加，2016 年企业、研究与开发机构、高等院校研发投入占比分别为 77.46%、15.7%、6.84%，市场化力量已在创新中发挥主导作用。随着"双创"向纵深推进，大批创业型企业纷纷设立。截至 2018 年底，全国企业主体达

3474.2 万户，2018 年平均每天新增企业 1.83 万户。创新创业型企业已成为创新驱动发展的重要主体，新兴产业快速增长、新动能持续集聚。中国企业在通信技术、高铁、互联网+等领域的创新，已经形成引领世界创新的一种新模式，培育了华为、腾讯、阿里巴巴等一批世界级创新型企业。

在产学研协同创新、创新生态系统以及高技术产业发展等研究推动下，我国科技创新成果产业化能力大幅提升，推动产业创新水平不断提升，创新资源转化为经济实力能力不断增强。据《2016 年全国科技经费投入统计公报》2016 年中国工业 41 个细分行业平均 R&D 投入强度达到了 0.94%，其中有 16 个行业高于平均值，如铁路、船舶、航空航天和其他运输设备制造业（2.38%），仪器仪表制造业（1.96%），计算机、通信和其他电子设备制造业（1.82%）和医药制造业（1.73%）。高技术产业整体 R&D 投入强度为 1.9% 左右，远高于工业整体水平。据 WIPO 统计，2014 ~ 2016 年，我国在该领域的专利申请占全球份额的 13.5%，表明我国在该行业已具有一定的领先创新优势。

四、新时代中国创新管理研究展望

当前中国已成为世界创新大国，但与创新强国还有较大差距。根据《国家创新驱动发展战略纲要》"三步走"战略目标，我国在创新规模上已基本实现 2020 年进入创新型国家的阶段性目标，但离成为世界科技强国的中长期目标仍有较大差距。现阶段我国创新发展的问题主要表现为创新质量整体偏低，基础研究投入不足、顶尖科研人才和团队相对匮乏、重大原创性成果缺乏；专利数量扩张由低质量实用新型专利驱动，高质量发明专利占比较低；世界级创新型企业屈指可数，电子信息、生物医药等领域的关键技术尚未掌握。面对新时代科技事业发展的新要求，创新管理研究要关注全球技术竞争、可持续发展以及数字经济新业态等方向，以理论突破指导创新驱动高质量发展。

（一）从跟跑、并跑转向领跑的创新管理

当前中国科技创新从以往的跟跑、并跑开始转向领跑阶段，创新引领发展已成为新时代创新管理的基本命题。在这一时期，越来越多的企业将从技术追赶者

转变为技术领跑者，突破性技术和非连续性创新不断出现。一旦成为全球行业领跑者，企业将面临"无人领航、无既定规则、无人跟随"的局面。因此，需要调整现有创新管理模式，开展本土领军企业创新管理研究，关注新型创新模式。比如近年来突破性创新、颠覆性技术创新等创新模式不断出现，在变革现有行业基础上，形成了新产品、新业态、新模式等。这类突破性创新管理的基本特征包括高度不确定性、前沿探索性等，传统流程管理并不适用。基于创新引领与技术领跑要求，创新管理要加强突破性、颠覆性技术等创新管理问题研究。

（二）面向可持续发展的创新生态系统

随着全球资源环境制约日益严峻，创新管理正朝着绿色、低碳、可持续发展的方向演进。与此同时，资金、技术、人力资本等要素互动日益密切，系统化、网络化也是创新发展的重要方向。基于可持续发展背景，构建创新系统各要素之间高效分工协作的机制成为研究重点，具体包括以大学科研机构为主体的知识创新系统、以企业为核心的技术创新系统、由高等教育与职业培训构成的知识传播应用系统、以政府为核心主体的技术创新服务体系。研究内容涉及创新知识的生产、扩散和转移，技术创新能力提升的路径模式，具有创新意识与创新能力人力资源的培养，市场机制与国家调控结合的激励体制，以及围绕国家创新体系绿色可持续发展，企业、科研机构、政府等各子创新系统的相互协作。

（三）经济全球化形势下的创新管理

随着经济全球化不断向纵深发展，全球技术竞争日益加剧，围绕关键性核心技术的贸易摩擦不断增多，对创新管理研究提出了新要求。经济全球化带来了知识流动与技术创新的国际化，开放创新成为创新发展的大趋势。跨国技术研发网络可将先进技术本土化，但也会带来本土市场份额流失、技术扩散效应有限等问题。因此，要对加强自主创新、健全知识产权保护等方面进行深入探讨。跨国技术并购能够快速提高企业技术水平，如何选择合适的并购时机、并购类型，实现新技术与企业融合等都是重要研究方向。国际产业技术联盟在集聚优质资源、分担创新风险、提高合作深度和效率等方面能发挥显著作用，但也会带来一些潜在挑战，比如会限制企业自主研发、生产、销售活动受等。因此，也需要从全球视野考虑产业技术联盟的合作伙伴选择、联盟机制构建、联盟风险评估与控制等问题。

（四）数字经济时代的创新管理

伴随着新一轮技术革命席卷全球，互联网、云计算、大数据等信息技术给创新模式和过程带来了革命性的深刻变化，并渗透到经济社会发展的各个领域，在重塑传统产业的同时，催生了大量新兴业态。创新管理研究需要适应数字经济时代的新特征和新要求，要加速从封闭式、半开放式创新向开放式创新转变，更加关注以创新生态系统为核心特征的企业创新范式。当前我国已在数字经济领域取得了世界瞩目的成就，诞生了华为、小米、阿里巴巴、腾讯等世界级优质创新型企业。在数字经济时代，互联网与制造业深度融合、数字产业创新生态系统等，成为创新管理的重要研究方向。要在总结现有创新管理经验的基础上，针对影响数字经济发展的核心问题，提出适应数字经济时代的创新管理范式。

第2章　经济新常态下中国
产业政策的转型[①]

一、引言

改革开放40多年来，我国产业发展取得举世瞩目的成就，产业政策发挥了重要作用。20世纪80年代中期，我国从日本引入以政府为主导的产业政策模式，既保留了政府对经济发展的直接干预，与市场机制相结合，20世纪90年代以来，由于政策手段的灵活性，产业政策在中国得到了大量使用。尽管政府主导资源配置的模式诟病较多，但是从整体上仍极大释放了微观经济活力，有效促进了我国产业发展及产业结构调整。但进入21世纪以来，我国加强了对微观经济的干预，进一步强化运用选择性产业政策，形成了数量庞大、层级众多、形式多样的产业政策体系。近年来，既往产业政策效果逐渐降低，而由此带来的不良政策效应却日趋突出。

随着我国经济进入新常态，有关既往选择性产业政策的基本前提和某些理论依据已不复存在，而增长速度转变和创新驱动的发展目标，也迫使产业政策加快转型，亟须放松管制与维护公平竞争（江飞涛、李晓萍，2015）。

当前我国进入工业化后期，经济呈现出增速趋缓、结构趋优、动力转换的经

---

① 本章原文载于《现代经济探讨》2019年第3期，题目为《新常态下中国产业政策的转型——日本工业化后期产业政策演变的经验启示》，作者为于潇宇、刘小鸽。

济新常态特征，反思该如何推动产业政策转型及利用何种产业政策来促进经济转型，以实现新常态下中国经济"创新驱动"和持续增长，成为当前发展阶段所面临的重要挑战。这与日本在 20 世纪 70 年代受到国内外形势变化和各界批判，开始反思产业政策的背景颇为相似。日本在经济高速增长阶段结束后，也曾面临产能过剩、国际贸易摩擦、环境公害等严重问题。其后，日本开始对产业政策调整，成功克服了"增长的代价"，形成了成熟的经济和社会体制，为日本经济的发展立下了汗马功劳——不过，日本从 20 世纪 90 年代初至今的长期经济萧条也与其产业政策的失误与缺陷不无关系。马克思在《资本论》第一卷第一版序言中指出，"工业较发达的国家向工业不发达国家所显示的，只是后者未来的景象"。作为我国产业政策的主要借鉴对象，工业化后期的日本在经济高速增长后出现的问题与我国有高度相似性，因而综合分析日本产业政策演变的经验教训，对我国新常态阶段调整产业政策模式，防范虚拟经济泡沫，加快经济结构优化升级，有较强的借鉴和参考意义。

二、日本工业化后期产业政策的演变过程

从两次世界大战到 20 世纪 60 年代末，日本通过实施"倾斜生产方式""产业合理化"以及"重工业化"目标为代表的产业政策，形成了较为完备的工业体系，顺利完成工业化。自 20 世纪 70 年代初"经济高速增长"阶段的结束，标志着日本开始进入工业化后期阶段。随后依据国际国内形势的变化，日本对产业政策进行了几次调整，主要可分为以下三个阶段：

（一）产业结构调整时期（20 世纪 70 年代至 80 年代初）

日本经济在整个 20 世纪 60 年代高速增长，产业竞争力迅速提升，并出现持续性贸易顺差。但随着日本赶超战略的实现，环境公害、大城市病、社会福利和公共设施欠缺等社会问题引起了人们关注，要求政府关注焦点从经济增长转向国民生活质量。此外，受两次石油危机和日美贸易摩擦的影响，政府推行产业政策的能力下降，政企协调方式也开始往自由化发展。

日本在此时期对产业政策进行如下调整：①产业政策功能定位从政府主导转

为利用市场机制，并从单纯的产业化转为提高国民生活质量。在整个 60 年代的高速增长期，日本政府始终积极主导和介入，通过制定和实施大量产业化政策，以实现"经济赶超"。但从 70 年代起，日本政府认识到要"最大限度地利用市场机制"，并且以治理环境公害为开端，各种旨在提升国民生活质量的政策，成为产业政策的重点。②由施行纵向产业政策，开始转向横向产业政策①。从战后到高速增长时期，日本普遍采用的是纵向产业政策，即通过"实行优惠的、有选择的财政、税收以及金融政策"将资源直接分配给某些主导产业。然而从 70 年代起，以解决环境公害、中小企业、国际关系、资源能源、衰退产业等横向性产业政策逐渐替代了前者，成为产业政策的主要组成。③从"行政指导"干预，转为使用"信息展望"引导。经历过国际货币危机和石油危机后，日本企业界希望积极独立地参与市场竞争，厌恶继续实施政府主导型产业政策，并希望政府能在产业结构变动和尖端技术开发方向上提供有价值信息。从这一时期开始，以提供发展信息、科学咨询为宗旨的"展望"和"指南"开始发挥重要的作用，成为产业政策的重要实施手段。

在这一时期，日本的产业政策一改往日为人们所熟知的"事前性、重点扶持、政府直接干预"等特征，其运用发生了一个明显转折。在整个 20 世纪 70 年代，日本政府的产业政策基本围绕一系列国内外事件（如环境公害等）的应对而展开，表现出了较强的"被动性"，通过对市场调节无效率的经济社会领域进行干预，对日本经济的稳定与发展做出了积极贡献。另外，通过重视发挥市场机制的作用，减少了政府在竞争性领域的干预，资源配置效率也得到提高。

（二）"泡沫经济"前期（20 世纪 80 年代中期至 90 年代初）

进入 20 世纪 80 年代中期，日本经济发展势头良好，在主要发达国家"一家独秀"，产业结构不断优化，人均国民生产总值超过美国。但这一时期，日本在国际竞争中遭遇了新的挑战：一是随着电子工业等新兴产品的出口范围迅速扩大，国际贸易摩擦进一步加剧，并引发了国际社会对贸易不平衡问题的强烈不满。二是由于日元大幅升值和亚洲"四小龙"的激烈竞争，日本许多原有优势

---

①　产业政策通常可以分为纵向政策和横向政策两类。前者旨在通过政府直接干预的手段（而非市场机制）支持或扶持特定产业、地区或企业，后者主要是指利用市场竞争过程，非歧视性地支持整个行业、地区或企业的经济活动（如研发和创新等）。

领域的出口竞争力受到严重威胁。三是在日本国内，劳动者要求提高生活质量、减少劳动时间、增加社会公共设施投资的呼声也较强烈。因此，从 20 世纪 80 年代中期开始，日本政府不得不对贸易顺差问题展开实质干预，并先后实施了"内需扩大主导型"和"鼓励海外投资"战略策，以减少日元升值威胁和缓解国际贸易不平衡。

在这一时期，日本政府对产业政策进行了大刀阔斧的调整：①产业政策目标从干预供给转为干预需求。随着"内需扩大主导型"战略的推进，日本政府开始逐步加强对需求侧的干预。主要原因在于这一时期供给侧的规模扩大和结构优化已退居其次，确保进一步扩大需求成为日本国内经济长期稳定增长的主要矛盾。②政府干预彻底退居"市场失灵领域"。随着市场机制的全面展开，政府产业政策干预范围只存在于有风险的技术开发、经济发展与社会发展协调等。在这一时期，除继续对原有个别衰退产业的调整政策外，日本政府基本放弃了使用经济杠杆重点刺激方式和行政指导方式，而长期和超长期的"信息展望"已成为主要的产业政策手段。③从以产业结构政策为主导，到凭借产业技术政策推动创新。这一时期，日本从"贸易立国"战略开始转向"技术立国"，从政府主导干预资源分配、促进生产的扩大与集中，转向了通过资助技术和基础技术开发，与企业共担市场与技术风险。

20 世纪 80 年代后期，日本以维护竞争为导向的产业政策起到了一定积极作用，促成了日本"平成景气"的出现，使日本社会整体繁荣程度与西方发达国家比肩。但盲目的扩大内需和鼓励向海外投资政策，造成资本大量流出和外国商品涌入，使日本出现"产业空洞化"。同时，资金大量离开制造业流向房地产和金融市场等虚拟经济，最终导致了日本股票、房地产市场的经济泡沫。

（三）创新立国时期（20 世纪 90 年代初至今）

20 世纪 90 年代，随着"泡沫经济"的破灭，日本经济陷于持续低迷，被外界称为"失落的二十年"。一方面，美国凭借信息通信技术为代表的新兴产业，带动经济快速恢复增长，在高技术领域反败为胜；另一方面，亚洲新兴国家和地区通过引进外资和技术，利用"后发优势"在国际市场奋起追击，使日本在技术创新领域的优势地位受到很大挑战。因此，如何创造经济增长"新动能"成为日本产业政策的首要难题。但此时"泡沫破灭"的不良资产和"老龄化"问题所带来的保障负担使日本财政状况恶化，疲于应对。与此同时，民间呼吁减少政府规制、发挥市场机制的呼声也较为强烈，政府不得不顺应民意，逐渐加快放松管制，加强市场竞争。

以《新技术立国》（1994 年）和《科学技术创造立国》（1995 年）的提出为标志，日本的产业政策再次转型（杨海水，2004）：①产业结构政策目标从"单极型"向"多极型"转变。日本在高速成长时期，善于通过对比"标杆"（特别是美国）来模仿其既有路径，调整优化产业结构（张宏武、时临云，2008）。然而在 20 世纪 90 年代日本已处于创新前沿，再无现成的"主导产业"或"成熟路径"可借鉴时，政府与企业都陷入迷惘状态（包小忠，2001）。面对美国出现的"新经济奇迹"，日本在 20 世纪 90 年代《21 世纪的产业结构》中提出，要重点发展的主导产业有 14 个之多，试图实现由以电子、汽车产业为主轴的"单极型"引导，转向促进新兴产业共同发展的"多极型"产业结构。②加快放松政府管制，"产业政策"让位于"竞争政策"。随着日本市场经济的日渐成熟，政府管制阻碍社会资源自由流动所产生的负面影响日益凸显，日本政府开始重新反省产业政策和大集团战略，并加快放松政府规制①，将竞争政策摆到前所未有的高度。③产业技术政策成为政策焦点。20 世纪 90 年代，日本因基础研究的不足在新一代信息技术浪潮中逐渐丧失行业领跑者地位，并被美国远远超越。因此，日本政府提高对自主创新的重视，不断加大在基础科学技术研发方面的投入。进入 21 世纪后，为提高科技成果的转化率，日本政府日益重视"官产学研"的紧密合作，通过建立"区域联盟集群"，加强区域产业、大学及研究中心网络协同合作，不断促进和推广创新。

三、日本工业化后期产业政策效果分析与评价

纵观日本工业化后期的产业政策演变过程，可以发现随着日本经济发展的成熟，产业政策的转型逐渐淡化其政策指导功能，并逐步让位于竞争政策和创新政

---

① 自 1997 年以来，日本通过修订《禁止垄断法》、出台《控股公司规定修改法案》、简化外资引进手续等，大幅减少政府管制，促进市场竞争。

策（见表2-1）。就产业政策的实施效果而言，可谓喜忧参半：一方面，从工业化完成后，日本适时顺应企业家的要求，减少了政府直接干预，依靠市场机制与企业活力推动经济发展，充分发挥了政府和市场相协调的合力（黄群慧，2015）。另一方面，在工业化中后期日本从"消化模仿式创新"到"自主创新"转变的过程中，制度供给的滞后导致日本创新驱动力不足①，由于长期固守传统"追赶型"的体制未能及时调整，导致技术选择路径上的"偏离"和企业创新能力下降，造成日本制造业国际竞争力降低与经济发展长期疲软。

表2-1 日本工业化后期产业政策转型

时期	高速增长时期（1960~1973年）	稳定增长时期（1973~1985年）	经济结构调整时期（1985~1990年）	创新立国时期（1990年至今）
转型思路	在产业政策体系、目标、手段以及功能上开始往现代化市场经济发展	1. 政策目标从政府主导转为要利用市场机制，从单纯的产业化转为提高国民生活质量；2. 从纵向产业政策，开始转向横向产业政策；3. 从"行政指导"转变为"信息展望"引导	1. 产业政策目标从干预供给转为干预需求；2. 政府干预彻底退居"市场失灵领域"；3. 从以产业结构政策为主导，到凭借产业技术政策推动创新	1. 产业结构政策目标从"单极型"向"多极型"转变；2. 加快放松政府管制，产业政策让位于竞争政策；3. 创新政策成为政策焦点
政策重点	重化工业化，提升产业国际竞争力	控制环境公害、中小企业扶持、衰退产业调整和尖端技术产业开发	扩大内需、鼓励对外投资、发展知识密集型产业	以创造性知识密集型产业，由单一增长转向生活大国
主要政策	《中小企业基本法》《石油工业法》《机械工业临时振兴法》	《产业结构的长期展望》《八十年代通产政策展望》《特定萧条产业稳定临时措施法》等	《面向21世纪产业和社会长期设想》	《面向21世纪的日本经济结构改革思路》《经济结构改革行动计划》《产业再生法》
实施手段	通过"官民协调"方式推动企业兼并重组等	尖端技术产业的技术研发补助和特定产业优惠措施，开始使用"信息展望"引导	以技术研发促进产业结构转化的信息展望和限制性行政措施为主	以产业技术创新和主导产业的计划和信息指导手段为主

资料来源：作者自行整理。

---

① 由于日本的科学技术研究在20世纪90年代以前是以企业为主导发展起来的，多与产品生产与制造密切相关，而缺乏颠覆性、革命性和原创性创新。

从日本产业政策对产业结构的影响效果来看，工业化完成至今经历 40 年的发展，日本经济结构已经形成了以先进制造业为支柱、现代服务业为主体的典型"后工业化"经济体系。从表 2-2 可以看到，第一产业 GDP 的比重从 1970 年的 5.9% 下降到 2015 年的 1.1%，第二产业占比从 43.1% 降到 26.2%，第三产业占比则从 50.9% 大幅上升到 72.7%，制造业和服务业成为推动日本经济发展的两大动力。并且，通过表 2-2 数据还可以看出，1970~2015 年三次产业间就业人员构成比的变化也与名义 GDP 构成比的变化趋势保持高度一致。

表 2-2　工业化中后期日本三次产业占 GDP 比及从业人员构成比变化

年份	名义 GDP 构成比（%）			就业人员构成比（%）		
	第一产业	第二产业	第三产业	第一产业	第二产业	第三产业
1960	12.8	40.8	46.4	32.9	30.4	36.7
1970	5.9	43.1	50.9	19.7	35.3	45.0
1980	3.5	36.2	60.3	12.9	34.3	52.8
1990	2.4	35.4	62.2	8.8	33.8	57.4
2000	1.7	28.5	69.8	5.1	31.2	63.7
2010	1.2	25.2	73.6	4.2	25.3	70.6
2015	1.1	26.2	72.7	3.6	24.1	70.7

注：一、二、三产业就业人员构成比之和未达到 100%，是由于存在无法分类而未加统计的情况。

资料来源：［日］总务省统计局《日本经济统计年鉴（2017）》。

然而，20 世纪 90 年代后，由于政府制定的主导产业目标不明确，推行深层次制度创新的改革滞后等原因，使得产业结构政策作用日渐式微（徐梅，2015），创新对经济驱动作用较低。1990~1992 年，日本制造业的研究开发效率从 350~300% 一路走低，在 2002 年已经下降到 100% 左右，与之前水平相去甚远[①]。与此同时，日本和美国的 IT 技术对全要素生产率的贡献也不断拉大，1975~1990 年间二者相差 12%，而到 2000 年，差距已升至 48%。从信息时代核心生产零部件——全球半导体公司销售额前十名的更迭来看，日本从最辉煌时期 1990 年拥有 NEC、东芝、日立、富士通、三菱和松下 6 家公司上榜，到 2012 年只余 2 席（见表 2-3）。

---

① 王洛林．日本经济蓝皮书（2008）［M］．北京：社会科学文献出版社，2008：272.

表 2-3　世界半导体公司销售额排行榜（前十名）

序号	1971 年	1981 年	1990 年	2000 年	2012 年
1	德州仪器	德州仪器	NEC	英特尔	英特尔
2	摩托罗拉	摩托罗拉	东芝	东芝	三星电子
3	Fairchild	NEC	摩托罗拉	德州仪器	高通
4	IR	飞利浦	日立	三星	德州仪器
5	National Semicon	日立	英特尔	NEC	东芝
6	Signetics	东芝	富士通	意法半导体	瑞萨电子
7	AMI	National Semicon	德州仪器	摩托罗拉	SK 海力士
8	Unitrode	英特尔	三菱	英飞凌	意法半导体
9	VARO	松下	飞利浦	飞利浦	博通
10	Siliconix	Fairchild	松下	美光科技	美光科技

资料来源：Gartner 统计公司。

　　总体来看，日本产业政策在创新政策的转型效果上并不理想，出现了"基础研发投入不断加大、创新效率持续走低""产业技术政策不断重视、但技术方向不断失误"的窘迫局面①。之所以出现这种怪状与工业化完成后日本长期实行产业政策的积弊不无关系。首先，20 世纪 80 年代后期，依据"国民余暇需求将迅速增强"的错误判断，日本政府制定了"第四次全国综合开发计划"和"休养地法"，致使大量资金流入到房地产行业和金融行业，形成了经济泡沫。其次，在实现赶超之后，政府干预和保护措施的存在使得企业竞争不足，且养成了企业对政府的依赖，其后果便是日本企业在政府庇护下的竞争实力不足，在全球竞争中创新能力偏弱②。再次，日本政府多年来形成的模仿创新和依托企业创新的科技道路，造成基础科学研究相对薄弱，这也在以信息技术为主导的新一代科技革

---

　　① 20 世纪 80 年代初，当欧美国家正致力于"信息高速公路建设"之时，日本却在建设"第五代计算机项目"上陷入僵局；90 年代初高清电视的"数字技术"兴起时，日本仍热衷于"模拟技术"产品开发，导致日本彩电产业发展优势丧失；2007 年又试图举全国之力打造"自主搜索引擎"，却最终惨淡收场；2008 年以来，日本作为移动互联网的"鼻祖"，反而又继续在移动互联网浪潮中节节败退，全面落后于中国。

　　② 瑞士 IMD 商学院发布的 2015 年度世界各国竞争力排名显示，日本的国际竞争力排第 27 位，比 2014 年下降了 6 位，其中经济成长排第 29 位、政府效率排第 42 位、商务效率排第 25 位、基础设施排第 13 位。根据 1995 年日本《科技白皮书》对基础研究能力的统计，以满分为 100 分计，美国为 62.4 分，而日本仅为 6.4 分。

命中，制约了其自主创新能力，使产业技术政策的边际效果下降。最后，政府主导型政策机制和"赶超型"思维的后遗症，使日本在信息时代接连对技术方向做出错误判断，导致日本经济发展因此失去了（至少是延缓了）步入新发展阶段的时机。

四、日本产业政策演变对我国的启示

日本在工业化后期产业政策的主要矛盾与当前正处于新常态的我国高度相似。但有所不同的是，彼时日本并未充分意识到经济增长的支撑条件已发生变化（孙明贵，2000），也未对高速增长中积累的矛盾给予足够重视，其产业政策调整表现为较强的"被动性"，引起泡沫经济的教训较为惨痛，也未能顺利实现创新驱动转型；而我国政府已充分意识到经济已经进入"新常态"，并主动转变经济发展模式，明确提出要实现创新驱动发展。因而，产业政策可以利用好经济转型的宝贵契机，摒除在"经济赶超"这一特殊时期运用的政策思路和手段，在充分利用市场竞争机制和促进企业创新活力方面有所作为，以实现我国创新强国的目标。具体来看，可以从以下几个方面加以转型：

（一）产业政策目标转变：由市场干预型转为市场弥补型

长期以来，我国产业政策对微观市场直接干预的特征较为明显（江飞涛、李晓萍，2010）。但国际经验表明，市场竞争机制是实现创新和推动增长的最具效率的机制，任何企业和产业只有具有更强的创新能力和生产率，才能在市场竞争中获胜，繁荣、发展和壮大，不应该通过政府管制来挑选优胜者和失败者。如果任由政府来先验选择，则可能导致错选技术路线和方向而贻误产业发展时机——日本的经验教训需要充分吸取（盛朝迅，2018）。此外，由于产业政策还会产生"保护落后"的副作用，如果国家长期使用产业政策会使积极参与国内外竞争的产业养成政策依赖，国际竞争力下降[①]。

---

① 在日本，没有得到大量财政补贴或其他各种优惠政策的产业，多数最终国际竞争力较强，而产业政策大量涉及的产业多数最终未能形成较强的国际竞争力。说明国内市场的激烈竞争为企业创新提供原动力，提高了静态效率，其收益远超通过选择性产业政策通过维护规模经济带来的短期收益。

因此，为充分执行党的十八届三中全会关于市场改革的决定，需要调整产业政策功能，实现纵向产业政策到横向产业政策转型。一是要大幅减少政府规制。除涉及国家安全和战略以及个别衰退产业的引导外，废除所有政府对微观经济的"歧视性"干预。严令禁止实施各类违法的优惠政策行为，从替代市场、干预市场的政策模式，逐渐转到维护市场竞争、弥补市场不足的模式上来。二是要以竞争政策为主导，使产业政策与竞争政策配套协调。充分发挥市场的优胜劣汰选择机制，推动企业不断开发降低生产成本、提升产品质量以及创造新产品和新市场。三是政府应该对存在外部性（如基础设施、基础创新和共性技术研发等）和公共物品（如环境保护、教育领域、医疗领域、底层人民的房地产）等领域，积极发挥引导和管理职责，补充市场机制的不足，减小现阶段我国社会的主要矛盾。

（二）实施手段转型：从强制性的行政指导转向指针型产业政策

实施手段的变化是日本产业政策转型的重要方面，20 世纪 70 年代后，随着市场化条件不断成熟，日本政府一方面注重发挥各种专业协会和新闻媒体的功能，鼓励他们对产业升级的发展方向和问题展开研讨，建言献策；另一方面通过提供信息咨询等公共服务功能，激发企业自身活力，推动产业结构优化升级。反观我国产业政策，尽管自改革开放以来的产业政策手段逐步从行政手段向经济手段过渡，但在部分领域和环节，为追求"立竿见影"而大量使用行政手段的现象仍大量存在。另外，由于传统性支持手段创新不足，财政补贴、贷款优惠、要素倾斜等方式引发腐败和"骗补"等负面结果也屡见不鲜。此外，在国际贸易领域广泛实施的出口补贴也导致国际申诉较多，不利于产能的"走出去"和国际合作。

因此，我国应在产业政策工具的手段上做出创造性调整：一方面要灵活运用信息沟通和窗口指导等软性手段，大幅减少甚至取消行政"指令""决定""管制"等直接干预性手段。充分发挥政府在产业宏观发展中掌握信息收集的优势，加强对宏观经济信息、行业和技术发展及趋势的整理、研究与发布。另一方面是针对日益增多的贸易摩擦和贸易保护措施，贸易部门要加强国际贸易投资环境信息的综合利用，建立"预警"机制（黄汉权、任继球，2017），及时对外公布国外财税优惠制度、财经资料、法律法规等信息，并加强为"走出去"的企业提供财务风险防范等信息咨询服务。

（三）政策制定主体转型：从"政出多门"到"收缩统一"

日本的产业政策制定和实施过程，始终保持通商产业省（后更名为经济产业省）的主导地位，其他政府部门和地方政府均处于配合地位，无权制定产业政策，因此整个制定过程高度集中，行动迅速高效。在我国，由于特色的行政土壤和组织环境，形成了国家每个部办委局都能以"行政批文"等形式各自出台产业政策；同时，除中央政府外，各地方政府还会出台相应的更具针对性、特殊性的产业政策，造成数量庞大而分散的产业政策体系。由于地方政府作为竞争主体，出台的产业政策带有自己利益偏向，会诱发地方保护主义行为：一方面是通过廉价土地、违规减免税收等优惠政策扶持企业，造成产能过剩问题进一步加重；另一方面部分地方政府还通过市场壁垒扶持本地企业、排斥外地企业，通过量身限定"产品目录"的方式"以投资换市场"，逼迫企业重复投资。因而导致部分强势地区"强者愈强"而能力较弱地区"弱者愈弱"的局面，从而加剧新时期我国当前社会的主要矛盾。

因此，为避免产业政策政出多门交互错杂的局面，要规范产业政策制定和实施程序，可以借鉴欧美等国家相关经验，设定高级别的独立管控与协调机构——国家竞争与创新政策机构（刘涛雄、罗贞礼，2016），对国家的产业政策、竞争政策与创新政策等进行审慎的综合评估。首先，通过最高产业政策制定机构协调相关竞争与创新职能部门，采取有效的政策执行手段，以避免相互矛盾的产业政策对市场竞争产生潜在不良影响。其次，保护全国市场的公平竞争，确保施行全国性的产业政策。须确保中央政府在政策制定中的主导地位，发挥好地方政府在具体落实和执行中的从属地位（黄汉权等，2017），并且需保证中央组织制定产业政策的目标要集中和明确，而地方政府出台的相应政策与中央协调一致，且必须为非歧视性的、功能型产业政策，减少对微观主体干预，加强对企业服务功能。最后，需加强对国家竞争政策的管理监督作用，使权力下放和执行过程满足依法治国的要求，以建立完善全国统一竞争市场，消除地方保护主义。

（四）政策制定程序转型：从"封闭运行"到"多元参与"

日本产业政策的制定过程具有明显的"官民协调"的特色，从信息收集、目标确定、方案审定到具体实施，通产省内采取自下而上的决策方式，尤其注重与相关企业通气协商，广泛听取企业界意见。如此一来不仅充分调动了各方利益主体的积极性，得到多数企业的认可，而且在执行过程中实施效率较高。然而，从我国产业政策的实践经验来看，在产业政策制定过程缺乏公众和民间经济团体的充分参与，过程较为封闭，导致推行效果经常难达预期。

故此，我国在产业政策战略决策时，一方面要建立官民协调、广泛参与的产业政策形成机制，避免由政府部门直接出台相关政策。可以通过组间建立产业政策审议会（主要由政府官员、企业、高校、研究机构、行业协会等代表组成），构建多方利益主体共同参与的产业政策制定模式，形成"政府部门—产业企业—行业协会—研究机构"等多维度政策沟通机制，使产业政策充分反映相关利益者（尤其是企业界）的诉求，提高实施效率。另一方面要建立健全产业政策督察评估机制，逐渐形成"制定—实施—评估—反馈"的全流程治理机制。通过加强第三方评估机构和各级人民代表大会等对产业政策实施效果的评估、监督和反馈作用，形成行之有效的督查问责机制，促使政策不断完善，产业政策目标顺利完成。

（五）创新政策转型：减少政府规制，构建创新环境

创新是产业发展的原动力，也是应对新一轮科技革命与产业结构调整和转型升级的关键所在。由于日本"政府主导"的创新体制的决策失误和基础研究薄弱导致创新后劲不足，致使产业升级失败，经济走向了"泡沫化"——其中的经验教训需引以为戒（石莉，2015）。我国促进创新的市场竞争机制和知识产权保护等基础性制度仍不健全，创新及技术转移的公共服务支撑体系还不够完善，制约了我国技术创新、成果转化和技术转移应用效率。因此，在新常态背景下我国需要重点构建有利于促进创新产生和扩散的市场和制度环境，可重点从基础创新、产业创新和制度创新三个层面推动我国创新政策转型（徐平，2012）。

在技术创新层面，我国应充分吸取日本基础研究薄弱的发展教训，加强对科研单位的基础运行经费和科研业务费的支持，完善科研创新成果利益分享制度，进一步加强国家共性技术研发平台、科技信息交流共享平台、技术转移中心等建设，提高协调开放程度与公共服务能力，从源头上增强基础技术供给能力。

在产业创新层面，需改善企业创新创业环境，提高产学研的协同效率。一方面要发挥企业在研发投入、产品创新和技术成果转化中的创新主体作用，构建鼓励创新、包容审慎的市场监管体制（吕薇、马名杰、戴建军等，2018），减少政府通过计划和政策等方式干预企业对未来市场与技术发展趋势的判断。另一方面

理顺产学研的功能定位，进一步确立企业为主体、产学研有效分工的合作机制，通过完善公司法和合同法等基础法律制度，减少合作研发和技术转移中的谈判与契约成本，提高大学、科研单位与企业之间的合作效率。

在制度创新层面，政府需利用政策规制调节利益分配机制，减少非生产性或寻租行为的收益，使企业能更多依靠创新在市场上获利。通过进一步降低中小企业的税费负担，保证中小企业在土地征用、人才引进、融资渠道和政务服务等方面的公平机会，来提升中小企业开发新事业、新领域的意愿和能力。此外，通过转变市场要素的扭曲状况，减少企业通过土地、资本、劳动力关键要素寻租而获取超额利润的机会（葛立宇、王峰，2018），使企业重新回归到通过创新活动来获得利润的轨道中来，以熊彼特式增长动力推动国家的发展。

第3章　面向后摩尔时代的中国半导体产业创新战略

一、引言

半导体产业是支撑我国国民经济发展、保障国家安全的战略性和先导性产业[①]。当前芯片等半导体产品在智能手机、电脑、汽车、飞机等行业加速应用，成为推动传统产业升级的重点，也是全球大国科技博弈的焦点。近年来，我国不断加大对半导体产业发展的重视及扶持力度，产业整体技术创新水平快速提升，但由于产业起步晚和底子薄，仍然高端芯片的核心技术、关键部件和专用装备的对外依赖度仍较高，尖端技术的自主研发能力弱等明显短板，制约了产业发展潜力。目前，随着芯片制造环节晶圆节点不断演进，指导产业发展60余年的"摩尔定律"[②] 面临失效，深度摩尔定律、超越摩尔定律不断演进，半导体产业"后摩尔时代"已经到来（许居衍、黄安君，2020）。2021年5月14日，在国家科

[①]　半导体的材料范围最广，其产品可以分为四类：集成电路、分立器件、光电子器件和传感器。一般而言，集成电路市场占整个半导体市场的85%左右。国外的统计范围是半导体产业，而我国的统计范围是集成电路产业。按照用途，集成电路可以分为四大类：微处理器（芯片）、存储器（芯片）、模拟芯片和逻辑芯片。因此本章所研究的半导体产业主要是集成电路（或芯片）产业。

[②]　摩尔定律由 Gordon Moor 在1965年首次提出，一般指价格不变时，集成电路上可容纳的晶体管数目，每隔18~24个月便会增加1倍，器件性能亦提升1倍。摩尔定律存在极限：一方面随着硅片上晶体管密度的增加，会逐渐接近鳍式场效应晶体管制程（Fin FET）的物理极限，推进成本变得越来越大，制程微缩不再跟随着晶体管单位成本同步降低；另一方面一旦芯片上电路的结构尺寸缩小到一定量级时，如1纳米以内，材料的物理性能将发生量子效应，可能导致芯片上的晶体管无法正常工作。

技体制改革和创新体系建设领导小组第十八次会议上，专题讨论了面向后摩尔时代的集成电路潜在颠覆性技术①。可以预见，进入后摩尔时代，各类突破式、颠覆式技术将不断涌现，不同技术路线将激烈演化竞争，颠覆性创新存在多种可能，也为后发国家赶超打开宝贵的机会窗口②。纵观全球半导体产业发展史，日本、韩国、荷兰和中国台湾等后发经济体，借助半导体产业转移与升级窗口，成功完成了技术升级与产业赶超，在全球半导体生态链中占据重要一席。面向后摩尔时代，中国应如何设计半导体产业创新战略实现后发赶超？全球后发经济体的赶超路径可以提供哪些经验借鉴？以上问题的解答具有重要的理论与现实意义。

理论界从不同侧面对上述问题进行了诸多讨论。其一，中国半导体产业的"卡脖子"问题引起了学界的广泛关注（文炳洲、陈琛，2019），现有研究分析了中国半导体产业的发展起源、现状及问题（陈芳、董瑞丰，2018；冯锦锋、郭启航，2020），但有必要基于后摩尔的时代背景，重新梳理了中国半导体产业的发展基础和机遇挑战。其二，现有研究虽然针对主要经济体，如美国（文炳洲、陈琛，2019）、日本（方厚政，2006；潘铁、柳卸林，2007；冯昭奎，2018；吴松强，2020）、韩国（陈德智、陈香堂，2006；汪超、张慧智；2018）、中国（曹海涛、陈颐，2021）等，介绍了其半导体产业发展经验，但总体来看这部分研究主要从宏观层面进行国家或产业层面的归纳，缺乏从企业等微观层面的对比分析，因而针对性不强。其三，虽有学者围绕当前中国集成电路产业发展问题，从不同层面，如顶层设计（雷瑾亮等，2013）、财税政策（刘国艳，2015）、重大专项（李传志，2020）和人才培养（魏少军，2017）等提供了建议，但已有的文献很少从机会窗口和创新情境的匹配性出发去思考创新赶超战略，因而需要结合相关理论，对这一问题做出进一步探讨。

本章首先采用历史比较分析方法，以主要后发经济体的微观企业（日本的"VLSI"项目、韩国的三星、中国台湾地区台积电和荷兰的ASML）为研究对象，探讨其在全球半导体产业转移升级的关键历史时期，克服后发劣势并成功实现赶超的典型赶超路径。其次，借助机会窗口理论，从技术、需求和制度机会窗口层面分析其成功赶超的重要条件，并且依据"技术范式"和"创新模式"两个维

① 网易. 中央突然宣布！"后摩尔时代"来了！［EB/OL］.［2021-09-10］. https：//www. 163. com/dy/article/GA6G4LS50531G0IB. html.

② 新浪网. 工程院院士吴汉明：后摩尔时代是追赶者的机会［EB/OL］.［2021-06-10］. https：// finance. sina. com. cn/tech/2021-06-10/doc-ikqcfnca0255486. shtml.

度，划分了后发企业创新赶超的四类创新情境，分析了主要后发经济体赶超路径的一般规律和相关启示。最后，提供面向后摩尔时代中国半导体产业创新战略的六条政策建议。

二、后摩尔时代中国半导体产业分析

本章主要分析中国半导体产业现阶段的发展基础，之后探讨"后摩尔时代"中国半导体产业可能面临的主要机遇和挑战。

（一）中国半导体产业的现状问题

半导体行业的产业链由上游支撑产业、中游制造产业以及下游应用产业构成（见图3-1）。上游支撑产业主要是半导体材料和半导体设备，半导体关键材料可以分为晶圆制造材料和封装材料[①]；半导体设备可以分为硅片制造设备、晶圆制

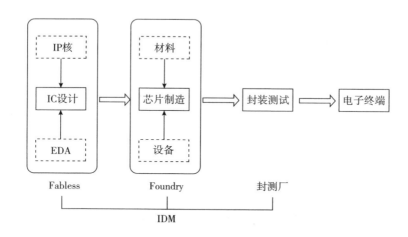

图 3-1　芯片制造产业链

资料来源：作者自行整理。

[①] 前者主要包括硅片、光刻胶、各种靶材、特种气体、CMP抛光液和抛光垫等；后者主要包括封装基板、引线框架、键合丝包封材料等。

造设备、封装设备和辅助设备等①；中游制造产业，以半导体集成电路行业为例，可分为 IC 设计、晶圆制备、测试封装三大过程构成；下游应用产业为半导体的终端应用，如通信设备包括智能手机、新能源汽车、高铁、电脑等。

当前，中国是全球集成电路产业增长最快的地区，技术发展水平已取得长足进步。从半导体贸易看，中国在全球半导体市场中的份额从 2000 年的 7% 持续快速增长，到 2015 年占比达到 45%。同时，越来越多的国内集成电路制造企业跻身全球前列，技术水平不断提升。目前国内集成电路制造产业正处于加快 45/40nm 技术产能扩充，32/28nm 技术量产并逐渐形成规模生产力，16/14nm 完成研发并进入客户产品导入阶段，国内领先的制造企业也已经积极投入 10nm 以下技术研发。但是，中国半导体产业长期呈现出结构失衡和供需失衡局面，如我国大陆芯片制造业规模占全球不到 10%，芯片产业链的装备、材料及关键零部件在全球的占比均不到 1%，制造技术水平与国际先进工艺技术还有 3 代差距，与我国作为集成电路消费大国的地位严重不匹配。总体来看，我国半导体产业的主要问题有以下几个方面：

1. 产业链关键环节缺乏核心技术

从芯片制造产业链各环节看，中国在晶圆加工、软件设计、光刻制造等关键环节与国外均有较大差距。首先，在上游 IP 核领域，我国企业基本上属于小而散的模式，利用率较低，如我国硅知识产权 IP 核的供应基本上来源于境外，ARM 和 Synopsys 是主要的供应商；同时在晶元加工环节，上游原料硅晶圆被全球寡头垄断，前五大晶圆制造商占据了全球市场超过 90% 的份额。其次，在软件设计环节，当前我国 EDA 市场 95% 由美国的新思科技、铿腾电子、明导三大厂商垄断，其余 4% 由其他境外企业占据，留给本土 EDA 的份额微不足道。在软件功能上，我国 EDA 企业大部分以点工具为主，缺乏全面支撑产业发展的能力，如北京华大九天等只能提供 1/3 左右的 EDA 工具（李传志，2020）。最后，在光刻制造环节，中国的光刻技术与国际先进相比有 15~20 年差距（曾繁华、吴静，2021），如 2019 年中国大陆晶圆加工的龙头企业中芯国际的芯片加工制程为14nm，而中国台湾地区台积电最小制程已达到 5nm。

2. 专用设备和关键材料技术差距明显

我国半导体产业长期对设备和材料产业缺乏足够重视，导致在部分领域竞争

---

① 在半导体设备中，晶圆制造设备占所有设备投入的 70% 以上，而光刻机、刻蚀机和薄膜沉积设备是晶圆制造的核心设备。

力较弱。从专用设备来看，国内半导体工厂的制造工艺水平接近世界先进水平，但目前国内市场占有率不到 8%（冯锦锋、郭启航，2020），主要还是依赖国外设备供应商，跟随国外的技术路线，尚未实现产业的自我迭代、持续升级和良性发展①。以光刻机为例，目前在全球市场上 ASML 占领了高端极紫外（EUV）光刻机市场，加工制程 7nm，三星和尼康占领了中端光刻机市场，加工制程为 22nm，而国产上海微电子生产的光刻机最小加工工艺为 90nm②。从半导体关键材料看，虽然国产材料已经在研磨液、电子特气等上取得不错的成绩，但是相较于我国市场的需求和发展，材料的自给能力明显偏低，与发达国家相比存在较大的差距（侠客岛，2019）。目前国内产值只有 154 亿元，约占全球总产值的 5%，占国内市场的 22.5%。另外，国产材料主要集中在中低端，根据工业和信息化部对 30 多家大型企业的 130 多种关键基础材料的调研，32% 的关键材料在我国仍为空白，52% 的材料依赖进口（朱雷等，2019）。

3. 高素质人才供给和培养难以适应产业发展需求

集成电路是典型的人才密集型产业，人才是集成电路产业发展的第一资源，也是制约我国集成电路产业发展的关键瓶颈。按照 2020 年我国集成电路产业达到 1 万亿元产值来算，人才缺口超过 40 万。由于国内芯片研发人员的收入相对于 IT 行业其他门类来说并不高，配套行业的材料、机械等从业人员的收入就更低，受房价推高生活成本等客观因素影响，大量的优秀研发人才被虹吸到房地产、金融、互联网等快速造富行业，相对欧美、日韩等发达国家，中国半导体产业拥有十年以上工作年限的人员非常少。在高端专业人才方面，受国内行业整体收益水平较低的影响，半导体企业对研发的高端人才缺乏吸引力，另外由于国外政策限制，难以通过海外并购、兼并等手段或者直接吸引国际先进企业的领军人才。在人才培养上，我国集成电路产业以追随为主，国内高校和研究院所的人才缺乏尖端技术前沿的经验，大多数都集中在技术应用层面，研究算法、芯片等底层系统的人才少，造成会"用计算机"的人多，而懂"造计算机"的人少。

---

① 据第三方研究机构 Gartner 2018 年统计表明，全球规模以上半导体设备企业 58 家，其中日本企业为 21 家，占 36%，高居第一位，其次是欧盟 13 家、美国 10 家、韩国 7 家，我国以 4 家之数位列第五，占比略低于 7%。

② 相比之下，阿斯麦在 2010 年就研制出了第一台 EUV 光刻样机（NXE：3000），实现了制程 22nm以下。

（二）当前局面的深层内在原因

中国半导体产业之所以出现当前局面，既有产业发展的客观原因，也有在产业发展战略方面的不足。主要可归纳为以下六点原因。

1. 客观上中国半导体产业起步晚，并遭到发达国家技术封锁

在中华人民共和国成立之初，"巴黎统筹委员会"即对中国半导体技术发展所需要的新材料、新设备、新技术进行贸易禁运和技术封锁（曾繁华、吴静，2021）。20 世纪 90 年代"巴统"解散后，其制定的《瓦森纳协议》继续保持对中国芯片等信息技术封锁和贸易禁运。进入 21 世纪以来，面对我国在集成电路领域的快速崛起，以美国为首的西方国家保持高度警惕，一直防备我国自主发展核心知识产权。近年来，在进出口贸易中，美国多次发布针对我国的"301 调查"和"337 调查"报告，并不惜采用多种极端手段对我高技术企业进行封锁和打压。受《瓦森纳协议》等影响，中国在芯片设计和制造多个领域均难以借鉴国外的最新科技，严重掣肘产业高质量发展。

2. 发达国家具有先发优势，已经形成产业"生态网络"

全球半导体产业有非常明显的"生态链"特点，国外领先企业如英特尔、高通等在早期通过建立技术架构和标准，形成半导体生态链的"树根"，在此基础上演化出微软、苹果、谷歌等"树干"型企业，进而再衍生出各类硬件软件的"树枝"型企业（刘碧莹、任声策，2020）。生态网络具有很强的壁垒，后发企业仅靠市场竞争很难完成突破。可以说，中国的集成电路产业的问题不仅缺乏世界领先的核心技术，而且无法进入已有的产业网络生态中，早年的"方舟""龙芯"失败即源于此。另外，在服务器等高端设备市场，生态网络具有很强的用户锁定效应，国内企业在采购时往往将英特尔等国际巨头视作首选，导致市场劣势"连累"技术升级，自主研发困难较大。

3. 中国基础科学研究相对滞后，对关键核心技术研发支撑不足

半导体产品制程涉及光学、物理、化学、数学、电子类等多基础学科技术，需要多学科技术协同发展。如目前市场上最高纯度的单晶硅可达 99.999999999% 来自日本信越公司，如果要达到技术的追赶，这需要化学和材料学等学科的学者长期倾心研究。然而，长期以来中国基础研究投入总量不足、结构不合理，同时基础创新研究具有周期长、变现能力差、投资风险大等特点，导致很多学者和企业"敬而远之"，偏向进行"短平快"的"热门"研究。基础科学研究的薄弱导

致中国半导体产业基础工艺能力不足，重大原创性成果缺乏，高端芯片、基础软硬件、开发平台、基本算法等瓶颈突出。

4. 在总体发展战略上，对构建自我主导的产业创新体系重视程度不够

在半导体产业链中，设备制造企业需要借助用户的意见来改进设计与工艺等，而设备制造企业又对供应零部件和元器件的上游企业起到同样的牵引作用，同样，半导体材料需要在制造企业反复试用，才能在品质上做到与制造企业的设备、工艺完全衔接。但在实践中，本土的整机生产企业对本土零部件信任不够，造成本土零部件供应商提高零部件的开发能力弱化，反过来加剧本土整机生产企业对国外零部件的依赖。当前国内企业彼此之间缺乏供应和需求上的较强联系，大部分对接的外国企业的供应商，参与的外企的循环，导致国内产业链尚未真正建立①。

5. 微观企业研发动力不足，陷入"没钱研发—产品落后—盈利困难"的怪圈

集成电路产业具有"大投入，大收益；中投入，没收益；小投入，大亏损"的投资规律：领先企业通过技术领先获得技术导入初期的垄断利润，进行巨额研发投入，最终达到技术始终领先，以此形成"利润积累—研发投入技术提高—降低成本"的良性正循环。但长期以来，受规模和盈利能力制约，国内企业研发投入相对较低。另外，在可以获得外来技术的情况下，国内半导体企业主创新意识普遍较弱，缺乏动力开发投入大、周期长、风险高的原始创新。2017 年，我国集成电路的研发总投入不超过 45 亿美元，仅占行业销售收入的6.7%，甚至未达到英特尔公司研发投入的一半（中国电子信息产业发展研究院，2018）。因而在产业内部，也没有形成像三星、高通和英特尔等市场竞争力超强的"链主"型企业。

6. 科研机构缺乏成果转化动力，科研成果未能充分转化为生产力

受传统科研项目管理体制机制制约，一些应用性的科研项目立项与实际产业需求之间并不匹配，甚至滞后于产业发展，导致许多成果"只能用于专家评审，之后束之高阁，无法实现产业落地"（冯锦锋、郭启航，2020）②。究其内在原

① 新浪网. 专访路风：芯片投资不能让地方政府决策，中央得参与［EB/OL］.［2021-09-18］. https://finance.sina.com.cn/chanjing/cyxw/2021-09-18/doc-iktzscyx4950103.shtml.
② 例如，2019 年国家审计署随机抽查 69 家科研院所 2015~2017 年科技成果转让、许可及作价投资等合同（总金额 52 亿元）履行情况发现，32 家 3 年成果转化低于 1000 万元，其中 12 家成果转化为零。

因，一方面是科研机构研发出新技术和新产品，不够成熟稳定，企业不愿意采购；另一方面是科研机构通过做国家项目挣钱，也没有动力持续投入研发，将科研成果推向市场（冯锦锋、郭启航，2020）。由于半导体产业投资、研发、市场转化、产品应用等主体无法达成共识，因此基础研究、应用研究、开发试验研究等尚未与产业链、供应链及其高中低各段价值链产生有效对接，原创性成果以及成果的市场转化水平不高。

（三）后摩尔时代中国的机遇和优势

进入后摩尔时代，随着诸多新兴技术的不断涌现，技术范式也将面临根本性改变，为中国半导体产业后发赶超带来重要机遇，同时中国半导体产业具备独特发展优势。

首先，行业技术轨道转变为中国后发赶超带来天然机遇。后摩尔时代的主导技术路线方向尚未确定[①]，从历史经验看，新兴的技术会在一定程度上削弱先行者的优势，引发产业格局的重新洗牌，一旦全球技术风向发生变化，大企业由于自身的惯性，反而容易错失良机。如在个人电脑时代，微软和英特尔的"Wintel体系"唱主角，但在智能手机时代，ARM 与安卓系统的"AA 体系"大行其道。在后摩尔时代，AI 创新等领域有望带来新的方式，当前虽然美国处于领跑地位，但尚未形成垄断，而中国在该领域有较强竞争潜力，如近 5 年来中国人工智能领域论文产出量较美国多出 43.1%，而 AI 领域高被引前 1%的 4130 篇论文中，中国以 1166 篇暂居第二，仅略少于美国（1345 篇）。

其次，中国占据全球最大的半导体终端应用市场。下游终端市场需求决定了半导体产业的发展潜力，在过去的 60 多年里，半导体产业发展的主要驱动力从最早的军事、工业应用，到 20 世纪八九十年代的个人计算机，再到近些年的手机等移动通信产品，经历了多次变化。中国对半导体产业有着广阔的需求市场，占全球市场的 1/3 以上。目前我国拥有全球最大的电子终端产品的消费群体，同时半导体产业位于电子信息产业链的上游，中国是全球电子信息制造业的第一大国。据最新预测，2020～2023 年，中国集成电路市场年均复合增长率将达 8%，而中国集成电路产业的年均复合增长率将达 15%。随着云计算、

---

① 许居衍和黄安君（2020）指出，后摩尔时代主要有四类发展方向，包括基于新兴状态变化和新兴器件技术的"新兴范式"，用硅技术电路系统模拟生物神经元的"类脑模式"，用硅的二进制编码表证事物的特征与演变的"硅—冯范式"，以及基于电荷变化进行器件技术的"类硅模式"。

大数据、物联网等产业逐步成熟，中国将成为全球半导体市场规模增速最快的国家和地区之一，巨大的市场需求为后摩尔时代我国半导体产业的快速发展提供了广阔的空间，也为半导体产业的技术赶超提供大量的反馈信息，促进产业技术进步。

最后，中国在相关特色工艺等领域具备制造封测优势。中国是制造大国，改革开放 40 多年来，我国建立了门类齐全的现代工业体系，是世界上唯一拥有完整的制造业体系、产品和产业链的制造大国。世界银行统计数据显示，2017 年中国制造业增加值为 3.59 万亿美元，占全世界的 28.57%，是美国和德国制造业增加值的综合，遥遥领先于世界其他国家。随着异构计算的发展，先进封装的重要性不断提升，先进封装测试规模在封测业中占比达到约 30%。虽然技术水平相对落后，但通过发挥中国制造的产业链优势，通过先进系统结构、特色工艺和先进封装在芯片制造方面结合运用，国产替代空间巨大，有望在先进芯片制造领域首先取得突破。

但同时也要看到，在后摩尔时代中国半导体产业仍面临诸多挑战。如在诸多新技术上，与国外大厂也仍存在很大差距，如异构集成领域的中高端技术仍掌握在几家国际巨头手中。在尚未实现产业化的技术上，仍存在很大不确定性。另外，在政策方面，中国仍将面临来自《瓦森纳协议》等的困锁和限制，国外相关精密零部件如光栅、镜头、轴承等对中国仍然禁运，因此供应链风险不容忽视。

总体来看，中国半导体已具备产业赶超的发展基础，但受后发劣势制约，仍存在诸多明显的短板和问题。后摩尔时代，中国半导体产业面临机遇和挑战并存，但机遇远大于挑战。中国需要把握半导体产业发展规律，合理利用技术路线转轨的窗口，结合自身超大规模市场优势和完整制造业产业链优势，以战略意志坚持自主创新战略，以在全球半导体产业链中占据一席之地。

三、主要后发经济体的典型赶超路径分析

全球芯片制造业主要经历了两次大的转移与升级，第一次是从美国向日本的产业转移，日本通过承接美国的芯片装配产业转，成功培育了索尼、东芝等系统

厂商；第二次是从美国、日本向韩国、中国台湾的产业转移，20 世纪 80 年代韩国在日美半导体争端期间，在存储芯片领域成功赶超日本，并培育了三星等厂商，而中国台湾从美国承接了晶圆代工环节，成功培育了台积电等厂商。此外，在芯片专用设备领域，荷兰的 ASML 公司仅用 30 余年时间在光刻机领域就建立起极高的技术壁垒，成为该领域的王者。因此，本章分别选取日本"VLSI"项目、韩国三星、中国台湾地区台积电和荷兰 ASML 为研究对象，总结其成功赶超的典型路径，以期对后摩尔时代中国半导体产业创新战略制定提供借鉴。

（一）日本 VLSI 的赶超路径：企业联合攻关

20 世纪 70 年代中期，日本半导体产业集成电路行业已经有一定的基础，但相比美国仍存在不小差距，整体水平落后 10 年以上。1976～1979 年，日本通产省组织了"超大规模集成电路（Very Large Scale Integrated circuits，VLSI）"项目，以日立、三菱、富士通、东芝、日本电气五家企业为主体，日本通产省的电气技术实验室等所为支持（方厚正，2006），就集成电路、计算机、激光制造、电子元件等技术进行联合研发。在组织结构上，VLSI 项目分为联合实验室和企业自有实验室两类（见图 3-2），联合实验室共包括六大实验室[①]，企业自有实验室有两个，一个是日立、三菱和富士通联合建立的计算机综合研究所（Computer Design Laboratory，CDL），另一个是日本电气和东芝联合建立的日电东芝信息系统（Nippon Electric—Toshiba Information System，NTIS）（潘铁、柳卸林，2007）。VLSI 项目实施了四年，共投入研究经费总额达 737 亿日元（其中政府补贴 291 亿日元，约占项目经费总额的 40%），取得了良好效果。1980 年，美国惠普公司招标采购 16KB DRAM 内存，日本 NEC、日立和富士通完胜美国的英特尔、德州仪器和莫斯泰克三巨头。1985 年，日本 NEC 登上全球半导体厂商年销售收入榜首，并在之后连续 7 年稳坐头把交椅。1986 年，日本的半导体产品占世界市场的 45.5%，超过美国（44%），成为世界最大的半导体生产国。在日本企业巅峰时期，日本电气、东芝和日立三家企业常驻全球动态存储器领域的前三

---

① 六大研究室的构成和分工如下，第一研究室设在日本日立株式会社，负责研制电子束扫描装置和微缩投影紫外线曝光装置。第二研究室设在日本富士通株式会社，负责研制可变尺寸矩形电子束扫描装置。第三研究室设在日本东芝株式会社，负责研制 EB 扫描装置与制版复印装置。第四研究室设在日本电气综合研究所，负责对硅材料进行技术开发。第五研究室设在日本三菱电机株式会社，负责开发集成电路工艺技术与最关键的投影曝光装置。第六研究室设在日本 NEC 株式会社，负责进行集成电路产品的封装设计、测试、评估研究。

名，其市场份额甚至一度超过 90%。

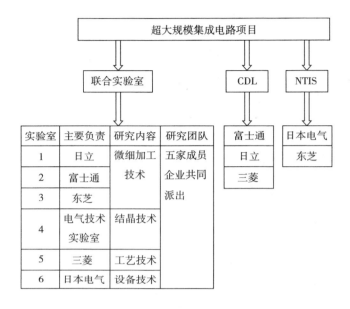

图 3-2　超大规模集成电路研究计划的组织和分工

资料来源：作者自行整理。

总体来看，日本 VLSI 项目属于"企业联合攻关"的赶超路径，主要经验做法有以下几点。

1. 通过政府组织和协调，加强企业技术合作

联合项目的研究协会主要由各参与公司和政府的相关人员组成，形成了董事会、总务委员会、小组实验室和联合实验室等组织层次，充分发挥各参与公司的积极性，有效保证研究项目的顺利实施（潘铁、柳卸林，2007）。另外，通产省还通过经常强调 VLSI 研究项目的意义和价值的方式，加强对协会的领导，增强了组织的凝聚力。例如，时任联合研究所所长的垂井康夫、通产省退休官员根岸正人等积极加强团队协调和技术融合，有效改变了当时不同研究室人员间互相提防、互不往来、互不沟通的局面，使各家力量得到了有效的融合，保证了计划按期顺利推进（冯锦锋、郭启航，2020）。

2. 精心选择研究领域，突出通用和共性技术

在 VLSI 研究项目中，政府通过设立通用性和基础性的技术标准作为进行联合研究的前提。项目通过设定六个研究室的主攻方向，全面覆盖了半导体产业的上下游和关键环节，但在该项目中共同开发的并不是 VLSI 本身，而是制造 VLSI 所必需的通用和基础技术（如 VLSI 的制造设备等）。各公司在通用技术的利用方式、制造过程中的组装和管理方法上，都有自己的技术窍门，从而有相互竞争的关系。同时，由于这些技术的开发费用一般很高，公司往往无法独立承担，因此都有意愿参与对通用性和基础性的技术的联合开发。

3. 保持企业主体地位，合理分配研究任务

日本政府在研究项目组织上按照研发项目与商业应用的"距离"分配任务："远距离"的研究，即通用性和基础性的研究由联合实验室进行；"近距离"的研究由成员企业在各自的实验室单独进行。同时，在资金和课题分配上，虽然项目以联合研究的形式进行，但承担技术攻关的主体是三菱、富士通等五家半导体领域的龙头企业，并且五家企业独立实验室承担了 80% 的技术研究项目和相应的 80%~85% 的项目资金，同时政府拨付的平均每年 175 亿日元的研发费用支出，相当于参与计划的五大计算机公司每年研发投入总和的 2~3 倍，有效激发了企业研发积极性。

（二）韩国三星的赶超路径：聚焦细分市场

20 世纪 90 年代，日本半导体产业在日美"半导体贸易战"后陷入颓势，而韩国半导体企业充分利用这一外部契机，从存储芯片市场入手，迅速提升技术水平，到 1992 年后成功赶超日本（见表 3-1），随后成为世界新的半导体产业中心①。韩国半导体最具代表性的是其产业龙头——三星集团：1983~1992 年，三星通过聚焦动态随机存取存储器（Dynamic Random Access Memory，DRAM）产品市场②，多次在产业低潮期逆周期投资，最终凭借低成本优势，以价格战击败竞争对手，迅速成为芯片行业后起群雄之一。三星从零起步到问鼎全球，只用了 10 年光阴——1984 年三星在存储芯片市场的份额几乎为零，但到 1986 年，已经增长到 1.4%，到 1988 年，增长到 5.6%，到 1993 年，获得了 10.2% 的世界市场

---

① 到 1994 年，韩国在全球 DRAM 市场的份额从零上升到 30%，成为一支可以抗衡日本的力量，日本则在 6 年时间内，从 80% 下降到不足 50%。日本基本退出半导体芯片制造领域，战略退缩到半导体设备和半导体材料领域，成为韩国半导体产业的配套环节，美国仍然占据半导体 IP 设计和制造高地，过去日美抗衡的格局扭转为美韩主导行业、日本配套的三方格局。

② 存储芯片是用来存储程序和数据的元器件，对于所有电子产品而言，只有有了存储芯片才会拥有记忆功能，才能保证产品的正常使用。存储芯片是半导体产业中应用（市场）规模最大的单一品种，几乎占到全球半导体应用（市场）规模的 20%~30%。

份额，1994 年，三星成为 MOS 存储芯片及 DRAM 领域的全球市场领导者。

表 3-1　韩国同美、日半导体 DRAM 技术差距的变化

	64K	256K	1M	4M	16M	64M	256M
美、日开发时间	1979	1982	1985	1987 末	1990 初	1992 末	1994 中
韩国开发时间	1983	1984	1986	1988	1990 中	1992 末	1994 初
技术差距	4 年	2 年	1 年	6 个月	3 个月	同时	领先

资料来源：金麟洙. 从模仿到创新［M］. 北京：新华出版社，1997：175.

在三星集团后发赶超历程中，采用了"聚焦细分市场"的赶超路径，其主要经验有以下几个方面：

1. 专注细分市场，形成低成本优势

三星在选择细分领域时，并未一味追求高精尖产品，而是首先集中力量攻克次先进技术（动态存储器 DRAM），并通过低成本的量产优势赢得市场。1984 年三星推出 64KB DRAM 时，全球半导体产业正处于一个低潮期（汪超、张慧智，2018）。此时，英特尔退出存储芯片领域，日本电气等日企大幅削减资本开支，而三星却选择逆周期投资继续扩大产能，并开发更大容量的存储芯片。三星扩大的产能，立即填补了日本限产自废武功的市场空缺，供给全球半导体市场的刚性需求。最终，凭借低成本优势，三星成功迫使 DARM 领域多数竞争企业走向负债破产，大幅提高 DARM 领域的市占率。

2. 利用政府和财团支持，加大研发投入

韩国政府从鼓励财团发展半导体角度出发，一直尽其可能地将优质资源向财团倾斜，形成了"政府+财阀"支持模式。1982~1987 年，韩国半导体产业振兴计划实施期间，韩国政府共投入贷款 3.46 亿美元，激发民间投资高达 20 亿美元。另外，当半导体市场在 80 年代遭遇周期性波动和衰退时，财团强大的实力为三星持之以恒的研发生产提供了保障。在财团的等级制中，三星上层领导有绝对的话语权和掌控权，行政管理效率极高，因此能够保持三星战略性研发投入使三星技术水平不断提升。

3. 抓住外部机遇，扩大市场份额

20 世纪 80 年代，随着日本企业在全球半导体市场份额不断上升，导致美日

贸易冲突日渐加剧，最终以日本对美出口产品进行价格管制等手段结束。韩国三星借助美日半导体贸易冲突，迅速成立全球化公关团队，积极向美国白宫、议会、贸易及科技部门人员进行游说，使其 DRAM 产品作为"双向型数据通选方案"被美国半导体标准化委员认可，成功扩大出口，挤占日本厂商原有份额。同时，为了尽量避免与美国的贸易摩擦，三星优先选择美半导体设备影响力较弱的亚洲地区（而非像日本一样将半导体设备主要出口到美国）①。

（三）中国台湾地区台积电的赶超路径：重构分工体系

中国台湾地区在发展半导体产业的过程中另辟蹊径，走出了一条不同于任何国家的、"品牌代工"的发展道路——其中最具代表性的为"台湾积体电路制造股份有限公司"（以下简称"台积电"）。台积电是世界上第一家纯粹的半导体代工企业，也是目前全球最大的晶圆代工（Foundry）企业。20 世纪 90年代末，台积电的制程工艺还远远落后于英特尔，但是台积电在第二个十年中开始快速追赶。1999 年，台积电领先业界推出可商业量产的 0.18 微米铜制程制造服务。2001 年，台积电推出业界第一套参考设计流程（Reference Design Flow），协助开发 0.25 微米及 0.18 微米的客户降低设计障碍，以达到快速量产之目标。21 世纪初，台积电的技术工艺逐步取得领先地位。2005 年，领先业界成功试产 65 纳米芯片，在晶圆代工行业内占据了绝对领先的地位。

纵观其发展历程，台积电采用了"重构分工体系"的商业模式创新，对半导体产业原有价值链进行拆分，成功在芯片制造环节积累起深厚壁垒，主要分为如下几个方面：

1. 以晶圆代工嵌入全球分工体系

台积电成立时，全球的半导体巨头（如日本厂商 NEC、东芝、日立等）均采取的是单一的 IDM 模式，即企业内部完成芯片设计、芯片生产和测试封装三个流程。这些公司大多把面向外部的晶圆代工作为副业，而主业是设计和销售自己的产品，因此市场上没有专业的代工服务。台积电创始人张忠谋认为，"如果

---

　　① 20 世纪 90 年代，美国在初步解决与日本的半导体纠纷后，还是向韩国三星发起了 DRAM 产品反倾销诉讼。三星则巧妙地利用美国仍高度提防日本半导体产业东山再起的心态，派出了强大的公关团队游说克林顿政府，表示如果三星无法正常制造芯片，日本企业的竞争者将会越来越少，其垄断优势也将得到加强，那么美国企业购入芯片的成本就会一直高昂，使美国产品在与日本竞争中会更加不利。最后，美国仅象征性地向三星收取了 0.74% 的反倾销关税，三星渡过了危机。

既要做设计又要做制造，台积电显然无法与大型传统半导体公司竞争，最后无非是夹缝中生存的小公司"（吴晓波等，2021）。台积电正是看准细分市场的机会，专注于晶圆代工，以此嵌入全球产业链。

2. 以高强度研发保证制程技术的领先

1992~2017 年，台积电每年研究费用从 500 万美元快速增长至 27 亿美元。由于摩尔定律所面临的技术挑战日益复杂与困难，台积电不断扩大的研发规模保证了能持续提供给客户领先的制程技术及解决方案。台积电成立初期以 3.0um 与 2.5um 切入市场，落后当时世界领先的英特尔 2 个世代。1999 年公司首先引入了 0.18um 铜制程制造服务，2005 年公司领先业界实现了 65nm 芯片的试产，2007 年公司则将工艺节点一举更迭至 45nm。凭借高强度研发投入，台积电逐渐缩小了与英特尔的技术差距。

3. 以高额资本投入强化市场竞争力

对于晶圆代工产业，资本开支主要用来形成物业、厂房和设备，扩大晶圆厂的数量及规模，从而保证稳定且充裕的产能。台积电长期高额资本投入，既保持了公司现阶段经营的可靠性，也保证了公司未来的竞争力。此外，台积电选择激进的资本折旧方式，在面对价格波动时影响更小，可以通过价格策略获得市场份额优势；同时，充沛的现金流可以保证公司未来更高的资本开支，形成正向循环，从而稳固公司优势地位。

4. 以"高标准严要求"提升产品质量

相较芯片设计环节，代工企业对产品品质要求极高。在具体经营上，通过设定完善细致的企业规章制度，对产品质量做出更高要求。

（四）荷兰 ASML 的赶超路径：整合利益网络

光刻环节是集成电路制造中最复杂、最为关键的工艺步骤，而光刻机作为芯片制造的核心设备，被誉为半导体产业皇冠上的明珠。在光刻机领域，荷兰阿斯麦（ASML）占据绝对垄断地位，在 45nm 以下高端光刻机设备市场占据份额高达 80% 以上，并且是当前全球唯一极紫外光（EUV）尖端技术的厂商。作为 1984 年才成立的"后起之秀"[①]，阿斯麦通过积极展开上下游战略合作，整合利

---

① 最初是由飞利浦光刻机项目部与荷兰先进半导体材料公司（Advanced Semiconductor Materials，ASM）共同创立的合资公司，但母公司 ASM 由于不堪亏损随后撤资。

益网络，一举完成对行业龙头尼康、佳能的赶超，成为全球超高端光刻机市场的独家垄断者。

ASML 采用了"整合利益网络"的赶超路径（见图 3-3），具体可以概括为以下几个方面：

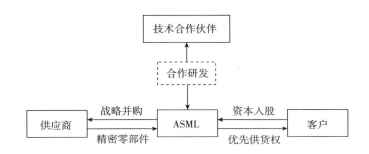

图 3-3　ASML 的整合利益网络

资料来源：作者自行整理。

1. 专注核心技术积累，掌握合作主动权

掌握产品设计的核心技术是对外合作的基础，自主研发能力越强，越能找到强大的合作伙伴。成立之初，ASML 便一直以超强的战略定力进行高强度的研发投入，在光刻机领域建立极为深厚的技术壁垒（严鹏，2021）。同时，ASML 围绕客户需求开展关键技术研究和系统设计，并将人才和资源集中投入能够创造核心价值的技术中，而把大多数模块、零部件委托外包研发生产，在紧贴市场需求的同时，大大缩短研发和生产周期。

2. 整合上游供应商，获得先进技术

在供应商方面，ASML 通过并购将具有战略意义的光学系统厂商进行垂直整合，通过投资、入股等方式与重要厂商开展战略合作（张金颖、安晖，2019），快速打通上游供应链，攫取了光源、镜头等光刻机零件领先的技术，占据技术高地，进一步促进公司核心技术的创新。例如，入股卡尔蔡司 SMT 子公司并投入大量研发资金，以获得 EUV 反射镜片；收购美国光源技术公司 Cymer，获得公司量产 EUV 的决定性技术。

3. 绑定下游客户，降低研发风险

在客户方面，ASML 以接受股东注资的方式引入英特尔、三星、台积电等三家重要客户作为战略合作方，这三大巨头每年为 ASML 注入大量资金；ASML 则给予股东优先供货权。通过客户入股，ASML 与客户结成紧密的利益共同体，在共享股东先进科技的同时，有效地降低了自身研发风险。在 2002 年的"干湿"技术路线之争中①，ASML 通过采纳台积电工程师林本坚的技术路线，同台积电共同合作研发，成功推出全球首台 193nm 浸润式光刻机，成为其赶超的关键转折点，使 ASML 的全球市场占有率从 2001 年的 25%一路攀升到 2009 年的 80%。

4. 利用项目平台，提升自身技术

ASML 通过参与打造囊括外部技术合作伙伴、研究机构、高等院校的巨大开放式研究网络，积累了深厚的专利制度管理知识产权和研究成果。在政府经费方面，阿斯麦从欧盟第六框架研发计划中获得 2325 万欧元研发资助。另外，阿斯麦还与全球各大高校和研究机构密切合作，联合 3 所大学、10 个研究所、15 个欧洲公司共同开展"More Moore"项目。1995 年，ASML 成功获准加入美国 EUV LLC 联盟②，大大推进了极紫外光刻机（EUV）的研发进程，最终于 2010 年成功研制出全球第一台 EUV 光刻机 NXE：3100，成为全球 EUV 超高端市场的独家垄断者。

四、案例的纵向比较与启示

在后发经济体的赶超中，创新战略与机会窗口和创新情境的配合至关重要。本章首先结合"机会窗口"理论，分析主要后发经济体的成功赶超与技术、需求和制度三类机会窗口的交互作用。其次，从"技术范式类型"和"创新类型"纬度划分了四类创新情境，分析了后发经济体的赶超路径和创新情境的匹配作用。最后，探讨了对后摩尔时代中国半导体产业创新战略的相关启示。

（一）三类机会窗口的交互作用

在后发经济体的赶超过程中，企业外部机会窗口是渗透主流市场和掌握主流

---

① 2002 年前后摩尔定律的延续遇到瓶颈，传统的"干式"光刻技术无法将芯片制程推进至 65nm 以下，而由于新提出的"湿式"光刻技术太具颠覆性，日本厂商龙头尼康、佳能等基本持观望态度。

② EUV LLC 联盟是由 Intel 和美国能源部共同发起，囊括了美国三大顶尖实验室，目标是论证 EUV 的可行性。英特尔最初向尼康和 ASML 发出邀请，但美国政府由于长期对日本公司有所忌惮，最终只同意 ASML 加入。

标准的重要机遇，如果错失机会窗口则会继续陷入落后的状态（吴晓波等，2019）。学者基于行业创新系统的知识与技术体制、需求条件、制度和参与者构建了机会窗口理论框架（Malerba，2002，2004），并将机会窗口分为技术、需求和制度三类（Lee and Malerba，2017）。其中，技术机会窗口指后发者可以先于先发者采取新技术，在新的技术领域取得优势；需求机会窗口指后发者利用市场需求的改变给新技术提供反馈信息，改善新技术；制度机会窗口指后发者利用新的公共政策保证企业进行技术创新，以取得产业优势。基于机会窗口理论的视角分析，本章四个典型案例均有效利用了其中一个或多个机会窗口，而完成后发赶超（见表 3-2）。

表 3-2　四个赶超案例的纵向比较

时间	后发经济体	典型案例	技术机会窗口	需求机会窗口	制度机会窗口
1976~1979 年	日本	VLSI	√	√	√
1983~1992 年	韩国	三星	—	√	√
1986~2005 年	中国台湾	台积电		√	√
2002~2009 年	荷兰	ASML	√	—	√

资料来源：作者自行整理。

日本 VLSI 研究项目在赶超中，成功抓住了技术、需求和制度机会窗口。首先，日本通过技术协同攻关，进行几代 DRAM 技术的同步研发，以及超前使用 5 英寸晶圆制造装备等，成功抓住了第一类窗口。其次，20 世纪 80 年代日本本土电子消费品领域，如随身听、录像机等消费电子市场的繁荣发展，为其半导体芯片产业提供了终端应用，因而日本庞大国内需求提供了需求机会窗口。最后，日本官产学合作技术联盟为产业研发提供了稳定和连续的资本保证，体现了与政策、体制相关的第三类机会窗口。

韩国三星的后发赶超成功利用了需求和制度机会窗口。三星等企业积极抓住日美半导体贸易冲突这一外部需求机遇，在市场需求处于低谷时继续扩大产能，成功挤占日本厂商的原有份额，综合利用了第二类和第三类机会窗口。最后，韩国特有的"政府+财阀"支持模式，将资源集中于少数财团，使企业迅速进入资本密集型的存储芯片生产领域，帮助其克服生产初期巨大的财务损失，进而成功带动整个产业的发展和兴起，属于利用了第三类机会窗口。

中国台湾地区台积电的后发崛起，主要利用了需求和制度机会窗口。台积电抓住行业需求积极参与全球化分工，通过专注晶圆代工，迅速完成技术积累并打开市场，体现了需求机会窗口的重要。此外，在产业国际转移的潮流中，中国台湾地区积极主动承接封装、测试技术环节，为台积电发展提供了条件；同时台湾地区政府重视技术引进与招商引资、整体规划与政策支持（如提出"积体电路计划草案""两兆双星"的发展目标），为企业提供了第三类机会窗口。

荷兰阿斯麦的后来居上，主要利用了技术和制度机会窗口。阿斯麦公司在193nm 光刻技术的技术路线变轨期，成功利用技术机会窗口，通过押注"浸润式"光刻技术完成对日本尼康等竞争对手的技术赶超。另外，在阿斯麦的发展初期，不仅荷兰与欧洲共同体为公司提供了大量研发补贴和技术贷款，而且美国政府也在其背后暗中扶持。阿斯麦正是利用美国政府对日本半导体厂商的忌惮，成功加入美国光刻研发联盟（EUV LLC），而其对手日本尼康则被拒之门外，双方差距逐渐拉开，属于巧妙利用了制度机会窗口。

（二）四类创新情境的匹配分析

综观本章四个案例可以发现，一方面在技术范式上，半导体企业的创新活动存在基于旧技术范式和新技术范式的区别；另一方面从创新类型上，后发企业不但可以通过"技术创新"完成赶超，也可能通过"商业模式创新"达到同样目的（吴晓波等，2021）。因此，笔者从"技术范式"和"创新类型"两个维度，来对本章所述案例做进一步归纳分析，共分为四类不同的创新情境，如表3-3 所示。

表3-3 不同情境下的赶超路径分类

		创新类型	
		技术创新	商业模式创新
技术范式	旧	企业联合攻关	聚焦细分市场 重构分工体系
	新	整合利益网络	—

资料来源：作者自行整理。

第一类创新情境是"旧技术范式+技术创新"，此时日本 VLSI"企业联合攻关"式赶超路径值得借鉴。面对半导体产业旧技术范式，此时产业技术路线基本确定，因而企业赶超路径属于渐进式创新，日本政府 VLSI 项目"联合攻关、成员共享"的模式具有一定借鉴意义。虽然在后摩尔时代技术范式面临变化，但在既有技术范式和成熟工艺条件下后发经济体仍有较大创新空间，因而可以通过管产学研合作实现技术水平提升。但这一赶超路径对政府和企业的要求较高，一方面芯片属于相对短周期的、技术前沿不断推进，需要参与企业本身已经具备较高程度技术储备和积累（如 20 世纪日本半导体领域技术积累雄厚，20 世纪 70 年代即有索尼公司凭借在隧道二极管领域贡献获得诺贝尔物理学奖）；另一方面创新主体需要对技术和市场变化做出快速反应，因而政府要适时协调好各方参与主体的利益，处理好参与企业间"竞争"和"合作"关系，方能最大程度发挥企业联合技术攻关的优势。

第二类创新情境是"旧技术范式+商业模式创新"，此时韩国三星的"聚焦细分市场"和中国台湾地区台积电的"重构分工体系"式赶超路径有较强启示。当在旧技术范式下技术创新存在较大困难时，后发国家可采用商业模式创新的方式优先占领细分市场。一方面，后发企业可以借鉴三星"聚焦细分市场"路径，对消费者市场进行重新细分和定位，利用低成本优势等使新产品首先占据某一细分市场，而后在积累技术能力的基础上以颠覆式创新谋取主流市场。另一方面，也可以借鉴台积电"重构分工体系"模式，针对新出现的产业链分工需求（如设计、测试、组装和代工等），对产业链原有分工体系进行细分重构，成为全球半导体产业链不可或缺的一环。

第三类创新情境是"新技术范式+技术创新"，荷兰阿斯麦的"整合利益网络"式赶超路径具有较强借鉴意义。在新技术范式下，技术创新方向难以预料，技术路线仍不确定，因而属于风险极大的"突破性创新"。在后摩尔时代，中国半导体产业可重点把握新技术范式下的创新机遇，借鉴荷兰阿斯麦的"整合利益网络"方式，发挥国内超大规模市场和制造业优势，通过加强集成电路产业上下游战略合作等方式，提高半导体产品和技术在国际市场的综合竞争力。

第四类创新情境是"新技术范式+商业模式创新"，是中国等后发国家半导体企业在后摩尔时代具有潜力的发展方向。在新兴技术范式下的商业模式创新，意味着主动发现新兴技术对应的新市场需求。虽然在本章分析的案例中尚未出现成熟的赶超路径，但进入后摩尔时代，中国等后发国家可以重点考虑通过需求侧创新的方式，利用商业模式创新匹配新技术，成为行业新技术范式的开拓者和领导者。例如，从需求侧看，当前新能源、电动汽车、5G 网络、大数据中心和工业互联网等新基建项目为半导体产业提供了丰富的应用场景，政府可以针对早期用户提供补贴等需求侧政策支持，为企业创造通过"用中学"不断提升技术能力的机会。另外，半导体后发企业可以结合在 5G、AI、IoT 和量子计算等下一代信息技术，加速芯片技术研发、标准研究制定、系统应用开发以及大规模产业化。例如，芯片企业可采用"蛙跳式路径"，由"通用计算"变为"异构计算"提升算力，即通过"云计算"背景下的"芯片开源"解决先进芯片制程技术难题。目前，阿里巴巴、华为、百度等企业已提前布局云计算和 AI 芯片，是对这一新赛道的有益尝试。

（三）小结与启示

在后摩尔时代，中国半导体企业在后发追赶中需要重视技术、需求、制度机会窗口带来的发展机遇。目前，中国半导体产业的前两类"机会窗口"已经自然打开。从技术机会窗口看，后摩尔时代集成电路产业的技术范式面临转变，新兴技术创新机会的不断涌现为后发企业自然打开了技术窗口。从需求机会窗口看，5G、人工智能、大数据、量子计算等新一代信息技术的加速普及应用，正带来全新的商业生态和生活方式改变，成为中国半导体产业创新发展的驱动力，因此第二类机会窗口也已开启。最后，制度机会窗口则需要政府主动开启，应根据当前的技术范式特征结合企业创新类型，制定适宜的创新战略，以适应产业的发展。此外，中国半导体企业要注意从动态视角分析企业创新环境，应根据创新情境与所掌握的资源和能力选择合适的创新战略，通过企业创新战略与创新情境的动态性匹配实现成功赶超。

五、后摩尔时代中国半导体产业
创新战略的政策建议

半导体产业已成为国际市场竞争的重点和大国战略博弈的焦点。纵观全球半导体产业发展兴衰，后发经济体的成功赶超，离不开制度优势与"技术窗口"

和"需求窗口"的有效配合。面向后摩尔时代，中国应合理运用体制机制优势，优化政策支持工具，实现半导体产业高质量发展。本章中国半导体产业创新战略制定提供以下几方面思路建议：

（一）坚定自主开发意志，打造产业完整生态

目前中国半导体产业生态体系尚不完善，提升产业环节整合水平不足，企业分工仍不明确，严重制约了产业发展潜力。面向后摩尔时代，中国要想从半导体产业大国变成产业强国，必须构建一个自主可控的产业生态环境，掌控半导体产业发展方向的主动权。第一，以自主产品开发打通产业链循环。当前国内企业在产业链各环节布局较全，但彼此之间缺乏供应和需求上的较强联系，大部分对接的是外国企业的供应商，参与的都是外企的循环，因而导致国内产业链尚未真正建立[①]。面向后摩尔时代，中国应坚定自主产品开发意志，从基础的指令系统做起，到底层的芯片、到系统软件和中间件，打通"芯片—软件—整机—系统—信息服务"的产业链循环。第二，推进产业上下游协同演化进步。在半导体产业链中，设备制造企业需要借助用户的意见来改进设计与工艺等，而设备制造企业又对供应零部件和元器件的上游企业起到同样的牵引作用，同样，半导体材料需要在制造企业反复试用，才能在品质上做到与制造企业的设备、工艺完全衔接。因此，应以产业链布局为抓手，加强 EDA 工具与设计制造的协同，材料与制造的协同，设备与制造的协同，使"设计—制造—封装测试—装备与材料"之间形成协同演化效应。第三，以技术开发带动基础研究突破。技术开发和技术研究两者是"互动"而非"决定"关系，技术开发固然离不开现代科学的进步，但技术开发中发现的问题也常给基础研究提供方向[②]。另外，大量来自生产实践的工程技术知识难以直接还原成基础原理，正如吴汉明院士指出，产业技术不应只是科研机构转化后的应用开发，而是引导科研的原始动力[③]。中国基础研究应更加

① 新浪网.专访路风：芯片投资不能让地方政府决策，中央得参与 ［EB/OL］.［2021-09-18］. https：//finance.sina.com.cn/chanjing/cyxw/2021-09-18/doc-iktzscyx4950103.shtml.

② 例如，20 世纪索尼在研制短波和调频收音机中，针对如何研制出可靠的短波晶体管，还有调频用的高频晶体管的问题进行了深入研究。索尼技术负责人江崎经过研究发现，只要将原材料磷的浓度控制在特定值以下即可生产出合格的晶体管，他由此发明了隧道二极管，获得诺贝尔物理学奖。

③ 吴汉明院士指出，"转化是一个夹生饭，因为本来题目方向定不好，成果做完了要转化到企业，这个动作是很奇怪的。例如英特尔或台积电根本没有研发线，就是在线上做研发，成果就地转化，没有转来转去的事。转来转去说明当时做的事情没想明白。当然做基础研究可以这样做，做集成电路还是需要产业引领的科技文化"。

重视产业技术开发实践中提出的要解决的重大问题、"卡脖子"问题，提高科研成果转化效率。

（二）完善新型举国体制，强化企业技术水平

新型举国体制有利于组织战略科技力量，协同市场资源，进而实现产业链关键核心技术突破，因而在推进既有技术范式下的技术创新有重要作用。另外，半导体产业链的龙头企业是我国集成电路产业链的链核，是拓展和延伸产业链的核心。在实践中，应不断完善新型举国体制，明晰其使用范围，并且坚持企业创新主体地位，以市场化方式提升企业技术创新水平。第一，加强产业关键核心技术攻关。对于（国外）相对成熟的关键核心技术，可发挥我国集中力量办大事优势，立足于集成电路产业发展关键领域和国家重大战略发展需求，开展重大技术研发专项，强化集成电路产业前沿性技术研究和核心关键技术、重大装备攻关。在实践中，可优先选择一两个具有突出代表性、各项条件相对较成熟的关键共性技术攻关项目，选择试点单位展开相关体制机制建设探索，再逐步推广到其他项目。第二，支持构建企业技术创新联盟。借鉴日本 VLSI 项目研究经验，中国可遴选一批在集成电路产业链上有能力承担"数十亿美元"投资的、具备综合技术知识经验的龙头企业，组建产学研协同参与的共性技术创新关联盟（马文君、蔡跃洲，2021），引导其在通用芯片的共性技术进行持续研发投入，同时支持成员企业沿不同技术路线独立研发后摩尔时代有前景的芯片专用技术，切实提升半导体产业在特定环节的技术优势。第三，推进半导体产业创新基础性、支持性服务。应充分发挥公共创新平台优势，积极推进技术、模式、制度机制创新，打造产业内合作开放平台及成员间同等条件下优先专利技术许可共享机制，建立共性关键技术的产学研协同创新生态，保障最终成果转移、落地、扩散和商业化进程，加速最终科研成果产业化进程。

（三）发挥制造市场优势，做优产业细分领域

后摩尔时代，后发者通过集中资源聚焦于具有相对优势的有限目标领域，更容易不断积累优势，在细分领域形成具有全球影响的制约能力。因此，中国应充分利用自身完整的制造体系优势和超大市场规模优势，以长板补短板，集中主要力量发展优势环节，全力培育若干项优势核心技术，确保在经济领域有对等反制的"震慑"能力。具体而言，第一，在半导体设备领域集中力量，单点突破。

目前国产半导体制造设备企业，大部分解决了有无问题，少部分解决了可用问题，极少部分做到了进口替代水平。应利用我国制造体系优势，先集中力量把单个种类设备做到"独门绝技"或替代方案，再逐一突破，连点成面，最终实现产业的整体跃进。例如，在刻蚀、清洗、沉积三个方向上，本土企业技术储备最为充分，且单体产业规模较大，可以作为半导体设备产业的集中突破点。第二，打造终端产品与芯片市场互动发展的产业链格局。中国应抓住国内超大规模产品市场优势，鼓励智能手机和平板、智能家电、新能源汽车等终端产品厂商和芯片厂商联合研制整机所需芯片，并进行联合测试、试用，以产品升级推动芯片的研发，以芯片的研发推动产品的升级，形成从集成电路芯片设计到产业化应用的大产业链环境。第三，利用新基建等市场机遇，加速产业化应用。新基建相关产业的发展将带动上下游产业对于集成电路产业的需求，成为带动集成电路上下游产业链的强大牵引力。中国应在 5G 基站、大数据中心、人工智能、工业互联网等新基建项目，为本土芯片设计公司提供参与定义和试用国产芯片的机会。引导企业在 5G、AI 和智能计算等新赛道，加速芯片技术研发、标准研究制定、系统应用开发以及大规模产业化，在若干具有中国特色的细分领域里打开创新突破口。第四，加强政府采购，增加市场需求。纵观日韩等国家半导体技术赶超历程，政府采购在其中扮演了核心角色。在半导体产业技术的先导期，中国应积极探索符合世界贸易和投资准则的政府采购政策，从军用、航空、民用等多方面共同支持本土半导体企业发展，提高拥有自主知识产权的半导体产品在各级政府采购中的比例，鼓励国内企业相互采购自主创新产品，使企业在面临严峻的国际贸易形势下，能够得到资金支持。

（四）激发企业创新动力，紧抓新兴技术机遇

后摩尔时代，新兴技术路线处在不断演化和竞争之中，此时由于缺乏相应的知识和能力，政府官员、企业家或专家均没有能力预见哪条技术路线最终实现商业化，挑选某一条技术路线进行集中扶持失败的风险极大，只能通过市场竞争机制这一"试金石"来筛选出最终的优胜者。中国应坚定鼓励企业家精神，以财税手段为抓手，提升企业创新动力，紧抓新兴技术涌现的宝贵机遇。第一，发挥企业家在企业创新中的核心作用。纵观后发经济体半导体产业赶超经验，企业家的坚强意志对企业的生存和发展起了至关重要的作用。因此，政府应树立和宣传具有高度使命感的企业家先进典型，为半导体技术创新提供强

力精神支撑。此外，应加强资本市场管理，减少寻租和套利空间，在减少"套利型"企业家的基础上，产生更多的"创新型"企业家，促进企业产生更多突破式和颠覆式创新。第二，以财税手段鼓励企业保持战略性研发投入。建议加快国家大基金（二期）计划落实到位，重点投向制造以及设备材料、设计、封装测试等各个环节，支持各领域骨干龙头企业做大做强，带动产业链协同发展；同时应考虑增设专项业务投资基金，重点增加支持设备和材料企业、存储器企业以及 EDA 和 IP 核企业等，力争在 5G、高端存储器和高端传感器等关键技术上取得突破。此外，应落实半导体产业的税收支持政策，针对性地制定政府补助方案，为具有较强发展潜力的企业提供税收减免服务，以激发企业家的创新动力。第三，鼓励企业以颠覆式创新打破国际巨头技术垄断。在后摩尔时代，中国在诸多新兴细分方向上与同行站到一条起跑线上，因此，应鼓励国内企业力争在垄断巨头尚未形成前，利用自身优势打破国际巨头的技术垄断，如在人工智能芯片等新兴领域，鼓励产生更多寒武纪、地平线等智能芯片独角兽企业，支持阿里巴巴、小米等互联网公司开展针对自身垂直业务的平台与芯片研发等。

（五）优化人才引育机制，保持产业发展潜力

后摩尔时代半导体技术加速传播、扩散和转移，而技术的载体依赖高素质的人才，因此中国半导体产业要建立人才引入和培养的长效机制，以从根本上提升半导体产业的发展潜力。其一，重视半导体领域人才培养。应加快世界一流大学和一流学科建设，推进我国高等院校与境外高水平院校和科研院所联合办学，提升国内基础学科的教学质量和科研水平，加强本硕博连贯式的培养方式，扩大半导体人才储备池；同时应加强企业联合培养模式，支持相关企业与高校共研共建，引导学生通过生产实践全面把握高度系统化、专业化的半导体生产流程技术和原理，促进人才培养精准对接市场需求。其二，加大集成电路高端人才的引进力度。高端人才是集成电路企业做大做强的根本保证，建议依托国家、省、市各级双创计划等支持政策，从美国、欧盟、日本和韩国吸引一批掌握关键技术、能够突破产业发展瓶颈、引领产业发展方向的科技人才及研发团队；积极营造有利于海外高端人才在华工作条件，鼓励外来团队带头人、技术领军人以及具有创新创业能力的外国企业家申请我国重大科研项目，打造具有国际水平的战略人才梯队。其三，深化现行的人才评价机制改革。积极优化多元人才福利制度，着重提

高行业从业人员的待遇水平，提升个人贡献在福利补助中所占比重。破除片面将论文、专利、项目基金作为人才评价的标准，坚持以创新能力、工作质量、已有贡献为导向，充分考虑人才潜在能力，促进保护、引导、激励并行，实施动态人才评估机制，将科技工作者的重心重新引导到创新跑道上，使其能够潜心科研，助力创新。

（六）加强国际开放合作，积极参与国际竞争

集成电路产业链具有较强的全球化属性，没有一个国家可以在封闭环境中实现产业循环和升级①。面向后摩尔时代，中国秉持开放性和包容性的原则，鼓励企业积极参与国际合作，在参与国际竞争的过程中获得话语权和反制能力。第一，加强与中日韩和中欧等国际项目合作。在半导体设备与原材料领域，日本、韩国与欧洲地区拥有举足轻重的地位，可进一步加强与日本、韩国、欧洲供应商的供需往来、技术合作、资本对接，引导海外先进技术补齐我国缺失环节，建立更广大的产业技术战略同盟，达到互利共赢②。充分发挥 RCEP、CAI 等国际和区域贸易协议的作用，积极争取尽快加入 CPTPP，为我国半导体产业发展国际合作创造条件（杨道州等，2021）。第二，支持国际企业"引进来"，补足产业链环节。30 多年来，我国已引入了国际上众多优秀的集成电路企业，其中制造、设计、封装领域的龙头企业均在我国落地了一部分产能，但部分产业链环节仍有明显缺失：如在材料领域，全球五大硅片企业，均没有在我国设立工厂；在设备领域，美国应用材料公司在西安设立了工程和技术服务公司，在上海设立了销售公司，但尚未在我国开展设备开发、研制工作。上述领域作为集成电路产业的重要组成部分，应在自主可控前提下，加大政策支持"引进来"力度，鼓励更多优秀的企业来中国落地生产。第三，鼓励国内企业"走出去"，参与海外跨境并购。虽然近年来美国和欧盟等以国家安全为由不断加强对中资收购的审查，跨国并购难度有所提升，但是全球集成电路产业的兼并重组步伐不断提

---

①　自主开发与全球化看似矛盾，实则是同一个事物的两个方面。脱离了全球化，形成闭门造车乃至闭关锁国的产业思维，自主开发就很难取得实质性的突破。而对一个行业来说，如果没有自主开发，只要关键部件的核心技术掌握在他人手中，就无法保证自己的产业链安全。

②　例如，可以同日本企业合作布局模拟芯片或开发下一代集成电路用材料技术，这是日本的强项但又不如美国强大，而我国虽是短板但拥有最大的市场，可以共赢；可以与韩国企业合作布局半导体材料，这是韩国的痛点，也是我国的盲点，需求统一；也可以与欧洲企业合作开发集成电路装备，欧洲集成电路产业除了光刻机之外其他装备布局甚少，我国有庞大的资金投入可以借助欧洲雄厚的工业底蕴，可以共赢。

速，跨境并购是"后摩尔"时代集成电路产业的大势所趋。中国企业应积极获取全球半导体技术与投资对接机会，瞄准能够显著提升自身技术能力的标的，重点关注集成电路设备和材料、设计架构和设计工具等领域，实施产业链的上下游并购。

第4章　新形势下中国企业的国际创新合作：风险与应对

　　全球科技创新的实践表明，加强国际科技合作、主动融入全球创新网络，是企业创新实力不断增强的重要原因。随着全球化进程加速和企业间竞争加剧，企业通过合作研发、联盟、外包、众包、并购等方式获取全球的知识、信息和人才等创新要素，以分散研发风险、开拓国际市场、提高企业竞争力，实现"双赢"或"多赢"格局。进入21世纪以来，新一轮科技革命和产业变革正在重构全球创新版图、重塑全球经济结构，全球科技创新合作进入空前活跃期。党的十八大以来，我国企业牢牢抓住世界新一轮科技革命和产业变革的机遇，全球科技创新合作迈上新台阶。当前，以人工智能、量子信息、移动通信、物联网、区块链为代表的新一代信息技术加速突破应用，有力推动科学思想的全球交流、科技资源的跨国流动、科技研究的跨域合作、科技成果的广泛传播。目前我国已与158个国家和地区建立了科技创新合作关系，加入了200多个政府间国际科技合作组织，深度参与国际创新合作，企业竞争力持续提升。

　　当前，世界正经历百年未有之大变局，单边主义和贸易保护主义深刻威胁国际秩序。美国政府以扭转贸易逆差为借口与中国产生贸易摩擦，以威胁美国国家安全为由对中国高科技行业的制裁，对中国科技企业国际创新合作构成重大风险。新形势下，厘清我国企业面临的国际创新合作风险，研究政府层面协助企业预防和化解风险的新战略思路，对进一步提升企业国际创新合作的质量和水平，维护我国高技术产业安全和高质量发展具有重要意义。

　　目前，有关中国企业国际技术创新合作的风险问题，学术界从多个侧面进行了尝试性探索。一是针对开放式创新的新趋势，有学者探讨了企业开放式创新的特征（张林、罗乐，2013），构建了风险识别机制（张春勋、刘伟，2007），并且从合作方内部因素、技术因素和外部环境等不同维度探讨了企业合作创新面临的风险点（罗兵、阿木布打，2010；刘利平、江玉庆，2017）。二是针对企业国际技术创新合作的不同方式，学界探讨了科技企业在国际化、海外投资和并购、海外技术联盟中面临的主要风险点（王宗光、姜颖佳，2011；杨泽斌等，2015）。三是基于中美贸易摩擦和全球新冠肺炎疫情的最新形势，有学者从产业链、供应链安全的视角，分析了对中国产业链安全和稳定带来的风险和挑战，并提供了相关对策建议（周建军，2020；李雪、刘传江，2020；孙华平、魏伟，2020）。现有研究为分析中国企业国际创新合作风险提供了有益思路，但总体来看，研究主题较为分散，对企业国际技术创新合作的诸多关键问题仍有待正面而深入的研究。

基于此，本章主要从三个问题展开分析，其一，当前我国企业国际创新合作面临的最新形势以及主要风险点；其二，国外政府（如日本）协助企业应对国际创新合作风险的经验和启示；其三，新形势下我国政府如何协助企业防范化解国际技术创新合作风险。

一、我国企业国际技术创新合作形势分析

科技企业是国际技术创新合作的主力军。科技企业的界定尚无统一的标准，一般而言，是指依托一定数量的科技人员从事于高级技术研发，取得自主知识产权并转化为高科技产品或服务，能够不断推陈出新生产适销对路的产品，并形成自己的核心竞争力，在市场上占据一定地位的企业①。本章探讨的科技企业，既包括传统意义上的科技企业，即从事信息电子、新能源、生物工程等高技术领域

---

① 目前，大多数国家都是在确定高科技行业的基础上，通过考察此类行业中企业的研发投入比例、科技研发人员所占的比例、产品与技术的科技含量及复杂程度等指标来界定一个企业是不是科技企业。不同国家往往根据自身的国情来确定划分的具体标准，如美国将高科技行业中研发投入强度和科研人员比例这两项指标高于全国制造业平均水平两倍的企业认定为科技企业。我国对于高科技企业的认定也是在划定高科技行业范围的基础上，进一步对高科技企业进行界定。根据经济和科技发展需要，划分了重点支持的高新技术领域，具体通过研发投入比例、科技人员所占比例、科技成果等指标来界定高科技企业。根据国家 2016 年修订的《高新技术企业认定管理办法》，将高新技术企业定义为在国家重点支持的高新技术领域内，持续不断地进行技术研究与技术成果的转化，并在此基础上形成企业的核心自主知识产权，进行生产经营活动的企业。

的企业，还包括以客户信息和偏好开发供应链管理或特许经营、知识密集为特点的企业。

近年来，在政府的高度重视下，中国科技企业取得了跨越式发展，同时，与国际优质科技创新资源对接更加密切，国际创新合作创新架构加快完善，科技企业国际创新合作的层次与水平不断迈上新台阶。

（一）我国企业国际创新合作的类型

从以往我国企业参与国际创新的经验看，实质性合作研发比重逐步增大，合作形式也越来越丰富。依据合作导向的不同，可分为市场导向型、要素导向型和研发导向型三种类型。

市场导向型创新合作是指我国企业通过合作形成有市场竞争力的产品，开拓国际市场来提高市场份额以及地位。主要合作形式包括技术入股、技术转让、出口贸易、国外合资合营、建立海外子公司或分公司等。企业通过市场导向型创新合作，以有效提高自主创新能力、开拓国际市场，如海尔集团最初通过 OEM 的方式打开美国市场，逐步在美国欧洲等建立起有竞争力的贸易网络、设计网络、制造网络、营销网络和服务网络等。

要素导向型创新合作是指企业整合国际科技人员、资本、设备、信息等各方面资源，提升相应科技创新能力的跨国合作。主要合作形式包括人才流动、科技合作交流、管理经验和模式借鉴、长期资金支持等。企业通过要素导向型国际创新合作，更好地利用国际科研资源和引进高端人才，能有效缩短自主研发的进程。如华为公司不断引进海外高端人才、领军人才、青年科学家和技术创新团队，为华为5G时代技术优势做出巨大贡献。

研发导向型创新合作是指企业通过重大科技课题与国外进行联合攻关，从而获得理论和技术突破。主要合作形式包括项目型合作、组建技术联盟和标准联盟、联合研发等。如中航工业集团加入国际航空研究理事会（IFAR）、国际航空科学理事会（ICAS）等；华大基因从1999年开始参与"国际人类基因组计划"，并负责中国部分的"1%"，国际人类单体型图计划（10%）等。

（二）我国企业国际创新合作的主要特点

1. 合作规模不断扩大

随着经济与科技全球化的发展，我国同各国经济关系日益紧密，近年来开始进入合作深化阶段，项目合作数量呈现"井喷式"增长态势（见图4-1），这是中国经济实力增强、国际地位提升与合作需求迫切等综合因素作用的结果。并且，中国技术贸易规模不断壮大，据国家科技部统计数据，2018年，中国当年高技术产品贸易进出口总额达14085.7亿美元，同比增长12%，高技术产品进出口贸易占商品贸易比重为30.5%。同时，中国境外研发投资影响力不断提升，2018年，中国企业实现对外直接投资1430.4亿美元，占全球外国直接投资流量比重超过10%。中国企业赴海外开设研发机构数量大幅提高。截至2017年底，国家高新区企业共设立境外研发机构994家，如在美国硅谷就聚集了京东硅谷研发中心、美的硅谷研发中心、滴滴美国研究院等多家中国企业的研发机构。

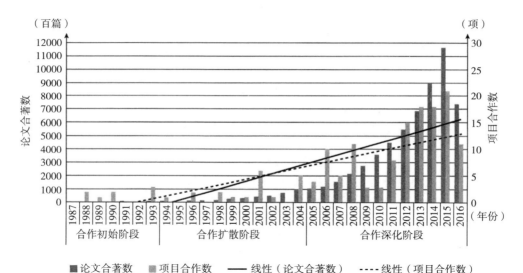

图4-1 1983～2016年中国参与的国际论文合著与项目合作数量增长趋势

资料来源：曾婧婧，张阿城．中国参与国际科技合作30年（1987-2016）：论文合著与项目合作分析视角［J］．科技进步与对策，2018（11）：1-9.

2. 合作形式多元化

随着我国科技和经济实力的增强，我国企业国际创新合作已经从一般的人员、信息和经验交流，开始向以联合研发、关键技术攻关、成果产业化为主的实质性合作转变。在具体合作方式上，有人员交流、举办学术会议、联合调查、技术咨询、合作研发、国际标准制定、参加国际组织、建立研发中心、跨国并购、合资企业等（单玉丽、苏美祥，2011）。在人才引进上，有引进海外高端人才、领军人才、青年科学家和技术创新团队等形式。在具体操作方式上，则包括项目合作、联合实验室和联合研发中心等。多样化的创新合作形式，为我国企业高质量发展提供了有力支撑。

专栏　中央企业国际科技合作的主要模式

中央企业开展国际科技合作的主要目的就是获取国外先进技术资源，弥补中央企业在某项技术研发方面的短板，从而能进一步提高中央企业的技术核心竞争力，及时有效地响应市场需求，实现中央企业的战略布局（鲁瑛、陈建刚等，2016）。在近年来央企国际科技合作的实践中，有四大主要成功模式：

1. 设立海外研发中心

在海外设立研发中心是中央企业开展国际科技合作最常见的合作方式。从开展形式上又可细分成两种：一种是与国外顶级院校、研究机构成立联合研发中心开展产学研基础研究合作；另一种是中央企业根据战略需要单独在海外设立研发中心，作为中央企业技术引进、人才引进的窗口平台。如中国兵器装备集团在"五国七地"设立研发中心、中国中车集团与捷克技术大学成立联合研发中心、中粮集团有限公司与澳大利亚成立联合研发中心。

2. 引进海外高端人才

高端的技术人才是企业开展科技创新的动力引擎，拥有高端技术人才就会让企业科技创新动力十足，引入一位高端人才比引入一项技术更具有长远意义，如中国石油天然气集团、中国一汽集团、中国中材集团加强对国际化人才的引进。

3. 加入全球工业联盟组织

工业战略联盟组织通常由国际知名大学、机构、公司或各国政府发起成立，吸引有相同目的的大学、机构或公司等参加，公司作为会员进行赞助，集中研究某一个课题。中国石油天然气集团参加世界石油大会（WPC）、国际天然气联盟（IGU）、国际石油技术大会（IPTC）等；中航工业集团加入国际航空研究理事会（IFAR）、国际航空科学理事会（ICAS）等；中国一汽集团加入MTS 智能汽车联盟等。

4. 国际并购

通过海外并购，以兼并代替研发的模式能够快速地提高企业利用国际创新资源的能力，迅速掌控全球产业领域的先进技术，使企业的研发能力能够在短期内实现跨越式发展，并迅速占领国际市场，提升企业发展速度。如中国化工集团对安迪苏、ADAMA、倍耐力等国际并购等。

3. 合作对象分布广泛

近年来，我国企业国际创新合作的广度和深度迅速扩大，现已形成了一个以美国、欧盟、日本为重点合作国的全方位、多层面、宽领域的国际创新合作新格局（见表4-1）。一方面，与发达国家（地区）的合作迈上新台阶。我国科技合作对象从20世纪末主要局限于地理位置较近的日本、新加坡等国家以及中国台湾、中国香港地区，已经扩展到与美国、英国、德国、大国、日本等多个发达国家的深入合作。另一方面，与各新兴经济体，尤其是"金砖国家"间的合作也在逐步增加，合作的产业范围包含了先进制造技术、电子信息、生物技术、纳米技术与材料等多个重点合作领域。

表4-1 我国科技合作国家和领域

合作国家		合作领域
发达国家	美国	清洁能源、电动汽车、节能环保、电信通信等
	英国	可再生能源、气候变化和环境、生物技术、纳米技术和材料科学、网络技术等
	德国	能源、环境、农业等传统领域；信息技术、生物技术、新材料技术、先进制造及自动化等高技术领域
	法国	信息技术、电动汽车、环境、可再生能源和核能等
	日本	生态环保、能源、材料、生物、软件技术等
发展中国家	俄罗斯	精密机械制造、电子和信息通信技术、生物技术、节能技术、纳米技术与材料等
	印度	生物制药、电子信息、纳米技术与材料、气候变化和天气预报等
	巴西	信息技术、通信、节能环保、清洁能源、生物技术、新材料等
	南非	生物技术、可再生能源、信息通信技术、新材料、先进制造技术、环境和可持续发展等

4. "引进来"与"走出去"并举

当前，我国企业国际创新合作的内容，已经从20世纪八九十年代单纯的引进技术、科技人才为主，逐步转向利用当地的科技研发人才、建立海外研发中心、开拓国际市场，实现了"引进来"与"走出去"的紧密结合，推动了企业在研发、设计、生产、销售等环节的国际化。我国的华为、中兴、清华同方、上海电器、奇瑞、宝钢等知名企业，在积极引进海外高层次技术和管理人才的同时，也纷纷走出国门，与国外的科研院所合作，建立海外联合研究室或研发中心，以当地的工资标准聘请当地的技术人员从事技术研发，实现了产品和技术研发的国际化。

二、中国企业国际技术创新合作风险点分析

预判未来一段时期，我国企业国际创新合作形势严峻、紧迫、复杂，主要面临以下几大风险点：

1. 技术风险

我国企业与国外的研发合作中，关键领域技术和产品对外依赖度较高，若干领域和环节"卡脖子"风险严峻。长期以来，我国在全球知识产权贸易中总体处于逆差地位。根据世界知识产权组织（WIPO）统计，1993~2018年，中国持有的美国发明专利累计为7.3万件，美国持有的中国发明专利累计为24.5万件，是前者的3.4倍。在若干关息国计民生的重要领域，我国对国外关键产品和设备的依赖较为严重，一旦上游国家对中国高技术产业进口的中间品或设备实施禁售，可能造成企业产业链中断或者生产停摆[①]。从过去一段时间来看，美国频繁以维护国家安全、出口商利益及保护就业为名出台对华高科技产品出口管制新规定（姜辉，2020），不断增加对华管制实体清单（见表4-2）。美国还迫使其盟友

---

① 以电子通信产业为例，我国大型通信设备企业通信核心元器件严重依赖美国进口。中兴通讯的营收水平虽已超过155.8亿美元，但营业收入几乎全部源于通信设备制造领域，其光通信、智能手机与核心网产品等主要业务板块的核心芯片，超过90%依赖于美国进口，RUU基站零部件100%来自美国公司，因此导致遭美全面封杀时，陷入无技术可支撑、无零件可购买的"停摆"境地。华为公司每年采购价值约670亿美元的零部件，其中大约1/6是来自美国，尤其是CPU、GPU、FPGA以及高阶内存等供应，对美国的依赖程度同样较高。

加入对华高技术出口管制阵营，意图在原有瓦森纳机制基础上形成西方国家控制技术外流的联盟。受该政策影响，美国的盟友在与中国开展相关科技合作和交流时，不得不事先评估美国出口管制所导致的合规风险（张亚军，2018），从而不利于中国高技术产业的跨国技术交流与合作研发。

表 4-2　美国对华出口管制实体清单

时间	清单对象	管制内容
2016 年 3 月	中兴通讯及 3 家关联公司	禁止对中兴通信出口芯片和软件
2018 年 8 月	中国航天科工及中国电科旗下部分企业	将 44 家军工为主的企业列入实体清单
2018 年 10 月	福建晋华集成电路有限公司	列入实体清单，实施禁售令
2019 年 5 月	华为及 70 个附属公司	控制重要技术和配件对华为的销售
2019 年 6 月	曙光、成都海光集成电路、无锡江南计算技术研究所等	将 5 家电子信息通信技术企业列入实体清单
2019 年 8 月	中广核集团及其关联公司	将 4 家高新清洁能源公司列入实体清单
2019 年 8 月	华为科技投资有限公司（阿根廷）、华为技术有限公司（澳大利亚、意大利、墨西哥）等	将 46 家华为附属公司列入实体清单
2019 年 10 月	海康威视、大华股份、美亚柏科、溢鑫科技等	将 28 家物联网、监控、网络安全、大数据等机构和企业列入实体清单
2020 年 5 月	奇虎 360、云从科技、烽火科技等	将 33 家传统芯片、军工、高性能计算机、精密仪器制造、通信、人工智能（AI）和互联网企业列入实体清单

资料来源：作者自行整理。

2. 需求风险

过去较长一段时期，我国企业研制的新产品和服务很大部分面向国际市场，伴随美国越来越多通过市场禁入措施割裂企业与中国供应商的联系，使我国企业海外市场需求链脱钩风险加大。中国高技术产业具有显著的外销型配置特征，尤其是在计算机和通信领域，新产品对海外市场依赖较为严重（见图 4-2）。在中美贸易摩擦背景下，美国 AT&T 中止与华为合作，零售业巨头百思买等也停止销售华为手机。2019 年 5 月，美国政府授权商务部裁定"敌对个体"，禁止美国企业采购此类目标的设备、零部件和技术服务，旨在将中国产品、服务和零部件"逐出"美国通信网络，阻断中国参与美国 5G 网络建设的可能性。同时，美国联邦通信委员会（FCC）禁止美国运营商利用联邦补助资金购买"国家安全潜在威胁企业"的产品，其中就包括中兴和华为这两家通信企业。不仅如此，美国还采用言语说服、正面诱导和威胁警告的方式游说盟国政府与运营商，渲染华为等高技术公司的安全威胁。由于受到"特定用途"和"合格用户"等规定的限制，中国高技术产业不能将相关物项配置到被美国制裁的国家和地区。美国等国家的系列举措，致使我国科技企业海外市场面临较大不确定性。

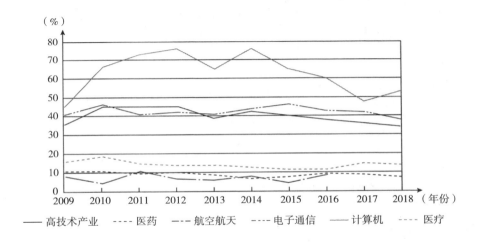

图 4-2　中国高技术产业新产品出口额占总销售额比例

资料来源：历年《中国科技统计年鉴》。

3. 人员风险

近年来，中美两国的人员交流趋缓，以中国赴美留学人数为例，中国赴美留学人数虽有上升但增速不断下降，由 2015 年的 8.1% 降到了 2018 年的 1.7%。受到疫情影响，2020 年，中国留美学生人数增速下降到 0.5%，初高中留学生人数与 2020 年 1 月相比几乎减半，本科生与硕士研究生数量与 2020 年 1 月相比下降25% 左右，博士研究生减少 5% 左右（见图 4-3）。

4. 投资风险

科技企业大多集中在智力密集型行业，跨国风险投资和企业并购是开展国际合作的重要方式，伴随当前美国和欧盟等加强外资安全审查，科技企业海外投资

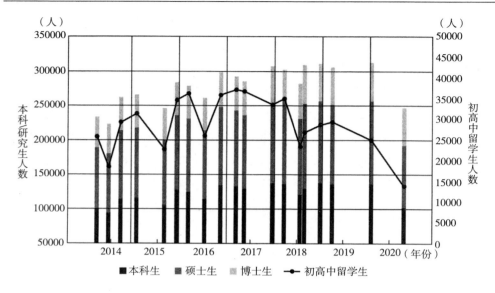

图 4-3　中国在美国留学生人数（2014~2020 年）

资料来源：美国国际教育系协会（IE）。

风险加大。美国方面，2018 年 8 月，美国总统正式签署了《外国投资风险审查现代化法案》，不仅扩大了安全审查范围，而且增加了安全审查的考量因素，试图切断中国资金进入硅谷的渠道（赵家章、丁国宁，2020）。近年来，在美国外商投资委员会（CFIUS）的干预下，造成中国华为、三一重工的多起对美并购交易宣告失败（见表 4-3）。在欧盟方面，2019 年 3 月欧盟正式通过了欧盟的外资安全审查制度条例，首次出台了统一的外资审查规范，对涉及关键技术和关键基础设施的外国投资并购活动予以重点审查，包括半导体、人工智能、通信、数据、金融、能源等，其范围覆盖了 80% 以上的中国企业的并购活动。美欧这一系列新的收紧外资安全审查的举措，进一步提高了对中国企业在敏感行业，包括高科技行业、涉及国家安全等领域并购的审批条件，中国企业海外并购的境外审批难度明显提升，受到更加严格的监管，为我国科技企业海外并购带来了不小的阻碍，增加了失败的风险。据美国统计数据显示，中国企业在美投资额于 2013 年达到顶峰后，近六年来逐年下降，2020 年来自中国的投资额度只有 2013 年的 1/10（见图 4-4）。

表 4-3　中国企业投资美国准入审查风险案例

失败原因	企业案例
未通过 准入审查	中海油并购美国优尼科
	华为收购美国网络设备公司 3COM
	华为和中兴收购 Sprint
	三一集团关联公司美国罗尔斯公司（Ralls）在俄勒冈州投资的风电项目
	荷兰皇家飞利浦旗下照明组件和汽车照明业务出售给 Go Scale Capital（由中国风险投资公司金沙江创业投资牵头的一只投资基金）
	三安光电收购 GCS HOLDINGS，INC.
	安邦保险集团收购美国年金与寿险公司（Fidelity & Guaranty Life Co.）
担心无法通 过准入审查 而取消交易	华为并购美国 2Wire
	华为竞购摩托罗拉无线网络设备业务
	北京卓越航空收购美国豪客比奇
	清华紫光投资美国数据存储集团西部数据
	安邦保险收购黑石（Blackstone）旗下酒店公司

资料来源：作者自行整理。

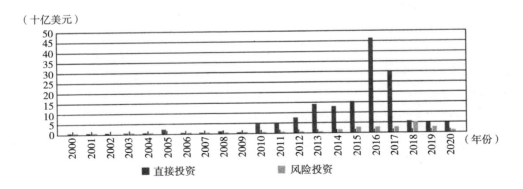

图 4-4　中国对美投资统计（2000~2020 年）

资料来源：China Investment Monitor［EB/OL］. Rhodium Group，https：//rhg. com/impact/china-invest-ment-monitor/.

三、日本应对企业国际创新合作风险的经验教训及启示——以 20 世纪 80 年代日美"半导体贸易战"为例

20 世纪 50~70 年代，随着日本经济"二战"后强势崛起，与美国贸易冲突加剧，先后在纺织品、钢铁、彩电、汽车、通信五大产业爆发贸易战。到了 20 世纪 80 年代，日本半导体产业在实现赶超，加剧了不断升级的"日美贸易摩擦"，半导体领域开始成为日美贸易冲突的焦点（任泽平、罗志恒，2019），并最终导致"半导体贸易战"爆发。因此，深入回顾日本政府应对举措，总结其政策经验教训，可为中美贸易摩擦背景下，防范化解我国高技术企业全球创新合作风险提供有益启示。

（一）日美半导体贸易战的背景

20 世纪 70 年代后期，日本半导体产业实现赶超，进一步加剧了原有的日美贸易摩擦。1976 年，日本通产省牵头组成"超大规模集成电路研究计划"（VLSI），于 1979 年领先美国掌握了集成电路记忆芯片技术；并且，在随后 64k、1M、4M、16M 集成电路生产中相继获得成功，在国际市场占领先机，对美出口不断扩大。1980 年，日本在对美半导体贸易上首次产生 28 亿日元顺差，甚至出现美国军用企业的产品生产开始依赖日本半导体零部件的情形。到 20 世纪 80 年代中期，日本半导体领域全球市场占有率由 1977 年的 4.2% 上升到 34.8%，而美国半导体市场占有率则从 66.5% 降至 38.4%。日本高技术企业的快速赶超，引起了美国的警惕与不安。美国开始以国防安全为由，强力制裁日本半导体等高技术企业，造成日本企业国际发展环境面临严峻挑战。

（二）日本科技型企业面临的主要风险

日美"半导体贸易战"爆发后，美国政府动用 301 调查、施加关税等方式对日本政府施加压力，并且加强对日本高技术企业引进美国技术的技术管控，使日本半导体产业的市场和技术等风险骤增。

1. 市场风险

由于美国政府设定日本产品海外市场销售价格，并强制限定美国在日本市场占有率，使日本半导体企业面临市场"脱钩"风险。1986 年，美日双方通过签订《日美半导体贸易协定》，对日本半导体产品的贸易情况强加限制：一方面，在海外市场，美国要求日本限制倾销，减少对美国的半导体产品出口。不但日本在美国市场上的半导体产品价格和市场份额受到严格管控，而且美国还动用关税手段，对日本输美半导体等商品大幅加征关税。到 1985 年，美国更是通过《广场协议》，迫使日元大幅升值，以此削弱日本产品的出口竞争力。另一方面，在日本国内市场，美国还要求增加自美进口，鼓励引入外国半导体产品。1991 年，美国通过签订第二轮协定，明确要求外国产品在日本市场的份额必须达到 20%，强行增加美国对日出口。为达成这一目标，日本高技术企业在生产过程中不断增加对美国半导体产品的使用，甚至出现了鼓励优先使用美国竞争对手生产的半导体产品的情形。

2. 技术风险

美国政府加强技术管控，阻碍日本高技术企业继续引进美国先进技术，使日本企业面临技术"脱钩"风险。首先，美国采取措施加强对日本科技情报流出的限制。如为限制复合材料、陶瓷等尖端科技情报流向日本，美国政府强制规定加入美国复合材料学会的会员必须为美国公民。其次，美国政府加大对日本企业收购美国企业项目的审查力度，阻碍日本企业通过并购获得美方技术。例如，1986 年美国政府阻止日本富士通公司收购美国半导体制造商仙童半导体（Fairchild）公司，以防止半导体技术流失。最后，美国政府强化对违反技术出口限制企业的惩罚措施。如 1987 年，美国以违反《国家安全机密法》和《出口管理法》为由，指控东芝非法向苏联销售高技术国防产品，使东芝受到终止合作及出口禁运的制裁（"东芝事件"）。在"IBM 间谍案"中，美国更是以涉嫌盗取美国 IBM 公司技术为由，直接逮捕了日立公司的员工。

总体而言，在日本高技术企业面临的外部风险中，市场风险居主要地位，技术风险只居其次。这是由于日本政府自 20 世纪 70 年代起大力支持技术引进、消化、吸收，并加强自主创新，20 世纪 80 年代，日本在高技术产业已经具备技术领先优势。据数据统计，在 1985 年全世界 120 万件专利中，日本即占有 42%，远超过美国（9%）；1989 年日本本国专利申请量有 31.7 万件，批准授权 5.47 万件，而美国当年专利申请量为 8.3 万件，批准授权 5 万件。因而在日美贸易战中，相比美国，日本在技术方面还略有优势，但市场小且自主性较差，因此在竞争中总体处于"技术优势、市场劣势"的地位。

（三）日本政府应对举措

1. 鼓励企业国际化战略

日本政府鼓励企业积极开展海外投资布局，以抵消《日美半导体协议》等对市场形成的冲击。日本通过加强与亚洲国家的合作，扩大在中国、东南亚地区的生产与经营业务，使东亚地区成为日本最大的出口地区，以降低原本以美国为首的欧美地区的贸易比重。此外，为规避出口限制措施，日本政府鼓励其转移原本在日本本土生产的、部门中的高端制造业至美国，在美国直接投资设厂。资料显示，日本在 1980～1989 年对美制造业投资比重由 19.8% 升至 24.8%，且 1986～1988 年投资超过前 35 年的投资总额。这种本土化生产不仅有助于化解贸易战风险，也增加了美国消费者对日本品牌的认同度。

2. 加强企业自主创新

日本政府为提振市场销售，鼓励高技术企业实施自主创新战略。从产业层面来看，1980～1985 年，日本半导体产业的研究开发投资资金从 695 亿日元迅速提升至 2549 亿日元。在《日美半导体协议》签署后，日本半导体产业的研发投入并未减少，1988 年甚至进一步增加到 3207 亿日元。在微观层面上，日本高技术企业也积极推动研究开发活动。例如，东芝在 1989 年设立"综合研究所"，并于当年投入资金 2331 亿日元，旨在通过实施自动化技术、精密加工生产技术、材料应用技术等方面的研发，提高自身的技术水平。

3. 积极开展外交公关

日本政府主动发起多种形式的公关活动，借助非市场因素以达到市场目标。一方面，利用在美国具有一定影响力的前政府官员，对美国国会内部进行"院外游说"，积极争取有利外交政策。由于美国法律允许外国政府和外国民间团体在美国法律许可的范围内，进行影响美国对外政策的游说活动，日本政府借此"美国式民主"漏洞，力求借此渗透至美国国会内部的决策层，以协助日本政府解决日美贸易争端。另一方面，积极利用行业协会等民间组织开展民间外交，宣扬日本和美国之间的相互依存和互惠互利等内容，赢得美国民众对日本的好感。日本民间外交的公关活动泛至美国的各个行业的各个阶层，以至于美国政府在后来的制裁中，不得不顾及美国民众的情绪，以免引起本国内部的暴动。

（四）日本应对举措的实施效果

面对美国政府以"减少贸易顺差"为名进行的经济压制，日本政府的应对举措有效为高技术企业争取到有利发展空间。概括起来，日本政府的应对策略可归纳为"对外缓和矛盾，对内加强创新，发扬技术优势，弥补市场劣势"，即一方面通过企业国际化战略、积极开展公关活动等来缓和贸易摩擦，另一方面加强自主创新，有效缓冲了美国制裁政策，维护了日本半导体企业的竞争力。从当时全球半导体行业销售来看，日本半导体企业在排行榜前十名的占比不降反升，从1981 年的 4 家，上升到 1991 年的 5 家。然而，20 世纪 90 年代，在以信息技术为主导的新一代科技革命中，日本半导体产业忽视了技术转轨带来的转型要求，对技术方向接连做出错误判断，才最终导致产业发展"由兴而衰"，到 2000 年，日本在全球半导体销售前十名排行榜中仅余 2 席。另外，由于日本出于对美经济、军事和政治的依赖，造成其宏观政策缺乏独立性，因而在后续外交中步步退让、应对失当，过急的金融自由化为催生了投机和泡沫，最终陷入"失去的二十年"，导致日本经济发展因此失去了（至少是延缓了）步入新发展阶段的时机，其教训也异常深刻。

（五）经验与启示

回顾日本政府在"日美贸易战"的应对经验，为当下政府协助高技术企业破局提供了有益启示。综观日美半导体贸易战始末，美国政府对日本半导体产业的直接遏制，并未真正影响到其产业竞争力；最终阻碍其发展的真正原因，是日本政府对美国外交政策的步步退让、应对失当，以及日本政府出于主导型和赶超型思维，在产业技术方向的选择失误。

四、防范化解企业国际创新合作风险的对策建议

当前，中国高技术企业面临外部形势严峻、紧迫、复杂。自中美贸易摩擦以来，美国政府对我国高技术企业发展遏制打压手段持续升级。回顾日本政府在"日美贸易战"的应对经验，为当下政府协助高技术企业破局提供了有益启示。

综观日美半导体贸易战始末，美国政府对日本半导体产业的直接遏制，并未真正影响到其产业竞争力；最终阻碍其发展的真正原因，是日本政府对美国外交政策的步步退让、应对失当，以及日本政府出于主导型和赶超型思维，在产业技术方向的选择失误。与彼时日本相比，当前中国在宏观调控政策独立性和社会政治制度方面具有显著优势。因此，面对美国政府对我国高技术企业无端制裁，我国政府只要理性应对，稳妥出招，完全可以协助高技术企业实现破局，而完全避免日本产业发展失误和"泡沫经济"的覆辙。具体来看，本文给出以下几点建议：

（一）拓展中美合作空间，缓解科技"脱钩"态势

充分深化经济互融程度，增加科技"脱钩"成本。相比 20 世纪 80 年代的日本，当前中国与美国之间的经济相互依赖程度更为紧密。例如，中国有发达的海陆交通和物流，众多高素质的劳动力以及完善的工业制造链，在智能制造和电子产品全球价值链中的优势很难被替代。同时，中国依然是全球最大、最具活力和潜力的市场，也是诸多美国高科技企业的最大市场①（黄奇帆，2020）。客观评估，中美乃至中外的创新合作是打不散、剪不断的，企业的国际创新合作更不会因为某国的阶段性干扰而终止。

充分探索中美双方在共同关切领域的创新合作。当前，全球热点问题波及的范围更加广泛，全球问题已超出单个国家的解决能力，成为国际社会共同面对、关乎人类共同命运的问题。中美两国当前在应对全球气候变化、公共卫生、知识产权保护等领域仍存在巨大合作空间，如在知识产权领域双方可以加强知识产权机构的交流与合作，共同参与国际知识产权规则和标准的制定。

充分发挥中美地方合作在中美关系中润滑剂的作用（赵刚、林源园，2016）。不同于美国联邦政府方面强烈"遏制"中国崛起的政治主张，美国各州政府层面更加务实，更多考虑的是如何发展本州经济、推动出口、吸引投资、拉动就业

---

① 据美国《波士顿咨询》报道，美国的 7 家芯片企业占世界市场份额的 60%，而中国上年采购了全球 5000 亿美元芯片的 3000 亿美元，也占 60%。若中美贸易"脱钩"，美国的七家企业会永久丧失 60% 的市场，进而造成缺乏足够利润进行后续投资，在技术进步上将陷入螺旋形萎缩，最后导致美国芯片企业"脱钩"世界。

等。中美建交以来，中美地方政府间科技合作基础深厚①，中美经贸关系的真正主体是地方、企业和人民，深化同美地方交流尤其是经贸交流，是一条可以绕过国会、实现"地方包围中央"的便捷之路。

（二）打造多边合作格局，拓宽资源全球配置

拓宽关键设备进口来源地，降低技术集中依赖度。在中美科技斗争"常态化"的背景下，我国应更加坚定加大对外开放力度，采取更为主动的方式积极融入全球创新网络，加强与欧洲、日韩、"一带一路"沿线国家的科技合作，形成与"重要大国""关键小国"的国际创新合作布局，拓宽关键资源全球配置布局，降低对美国等主要国家的技术集中依赖。

建立高水平的自由贸易区，更好把创新主体"引进来"和"用起来"。通过降低关税和非关税壁垒，加强政策沟通和深入合作，分享发展成果，把全球创新资源"引进来"。同时，进一步激发地方积极性，与"重要大国""关键小国"的省（州）、市签订合作协议，构建更加灵活、高效、务实的工作机制，把全球创新资源更好地"用起来"。

加强"一带一路"倡议科技创新合作，架起"技术转移"合作新桥梁。建议加快与"一带一路"沿线国家在科技创新领域的规划对接、资源共享，编织更加紧密的创新"网络朋友圈"。未来在平等合作的前提下，更多为发达国家和发展中国家提供解决方案，共同解决相关经济和社会问题，进一步巩固和树立中国"守信用""讲共赢"的大国形象，扩大中国在全球科技版图的影响力。

（三）厚植中国创新优势，畅通创新合作链条

面向全球创新合作和产业分工，强化关键领域科技创新。不论技术战如何演变，中国都应建立好具有自身优势特点的技术体系，嵌入全球跨国技术网络之中，力争在相关领域全球创新格局中占据重要位置。针对美国遏制中国发展的前沿和颠覆性领域，航空航天、电子通信、人工智能、生物医药等高技术产业，须加大合作创新力度，引导企业提升全球资源配置能力，提升产业的技术创新能力和竞争实力。

---

　① 例如，犹他州政府注重科技兴州，发展新能源技术，不仅在中国无锡设立中美产学研创新联盟，致力于推动发展中美低碳技术、清洁技术及应对气候变化的合作，还与中国青海省签署了清洁能源和教育领域的合作协议。此外，加利福尼亚州与中国江苏省也签订了两个新能源框架协议。

充分发挥我国超大规模的市场优势，畅通国内创新链。通过实施更大范围的应用示范，为科技创新创造各种应用场景，进一步拓展市场空间，缩短新技术、新产品迭代周期，吸引更多创新成果来中国研发、到中国转化落地、在中国实现再创新。如在人工智能、物联网等处于发展初期的产业，加强市场驱动的技术创新，实现专有芯片突破。此外，通过区域协同，打造开放、协调的区域创新资源网络，为深度融入全球创新网络提供良好的腹地支撑和区域化分工架构。

探索完善新型举国体制，深化科技体制改革。从历次科技革命和产业变革以及大国兴衰更替的演变来看，制度重于技术。从本质上来看，中美科技斗争的本质是制度与制度之间的竞争。我们要充分发挥社会主义政治制度优越性，不断探索完善新型举国体制，要加强研究有关国际规则创新，增强国内创新政策与国际规则的协调性，提升在全球创新治理中的话语权。

（四）发挥政府平台作用，打造有利外部环境

充分重视国家间官方平台的作用，澄清我国对外投资和技术合作意图。建议充分利用已有官方平台，如联合国、G20、亚投行、"一带一路"倡议等，与外方加强沟通交流，展现我国企业近年来按照市场经济原则进行对外投资和技术合作的事实，澄清国际舆论对我国政府和企业意图的误解。

充分发挥商务外交的作用，为企业创造有利的国际环境。建议在外交层面上讲好中国故事，宣传我国和平发展、合作共赢的外交政策理念。同时，进一步拓展外交资源服务功能，主动加强与各行业协会的协调和联系，向企业介绍商务外交的服务功能和项目，为企业国际创新合作提供帮助。同时，驻外商务人员也应凭借其广泛的商界关系为企业寻找合作伙伴，降低企业国际创新合作交易成本，提高合作效率。

及时发布全球资源配置风险预警，化解企业资源配置风险。对于具有较高对外依赖的高技术产业发布风险警示，政府应敦促其尽早布局，提前化解资源紧缺或进口受限风险。对于在高度敏感地区从事商业投资和资源配置的中国高技术企业，要及时提供政策风险预警和外交保护，评估美国出口管制带来的合规风险和不确定性风险，促进中国高技术产业在全球配置资源的供应链安全。

（五）充分发挥民间力量，拓宽企业融入渠道

坚持市场为主导、政府为引导的创新网络融入。我国应更多发挥各类商业协

会、产业联盟、技术联盟、企业、利益集团等民间力量，畅通和拓宽融入渠道。加强企业中介服务机构建设，推动科技服务机构"走出去"，为企业在海外开展各种形式合作提供全面的风险保障和风险信息管理咨询服务，为技术特别是关键、核心技术跨境转移面临的制度障碍提供完备的应对措施。

充分发挥进出口商会等服务机构的协调和指导作用。通过出口商会为企业提供国际市场信息，促进中外企业信息交流和项目对接，加大企业对外宣传力度，规范产品出口秩序，协助企业开拓国际市场、防止恶性竞争、应对国际纠纷、促进国内国际标准制定。

（六）优化人才引育方式，保障人才交流顺畅

坚持人才资源的全球化配置，多渠道引进海外高层次科技人才。针对当前部分国家对我国海外人才引进与交流施加的限制，我国要更加关注日本、欧洲等发达国家和地区的优势领域，加强国际科技合作交流和高层次海外人才的引进，减少对美国作为海外人才来源国的依赖，同时进一步完善移民政策，放松外籍高端创业人才办理签证和绿卡的限制，大力吸引高技能人才来华创新创业。

创新高层次人才引进的方式方法，逐步减少人才引进的行为。充分发挥企业、科研机构、"猎头公司"、创投机构的积极作用，以市场化方式评价和遴选创新创业人才。做好人才引进过程中法律风险审查和评估，研究和掌握国外知识产权保护、科研管理、人员管理等规章制度，在人才引进过程中要做好规范性审查和预警。

加强友华机构和人士的交流沟通，营造有利于人才交流的舆论氛围。我国应加强与美国百人会、美国科学促进会等友华机构和人士的交流沟通，同时，我国也可考虑借助《纽约时报》《科学》杂志等高影响力报刊，列举科技交流促进中美双赢的数据和案例，营造有利于我国人才引进和留学访学的良好舆论氛围。

强化人才培养和引进的环境建设，根本保障企业人才链安全。健全科技人才出入境管理制度，建立健全人才待遇的社会化、市场化机制，推进外籍人才的养老保障、医疗保障制度建设，加大知识产权保护力度；针对 301 调查和制裁中兴等事件，加快推进科研机构的人才遴选和评价制度改革，以促进高技术领域的产学研合作，以及基础研究、应用基础研究和技术研发的有机衔接，化解我国企业人才链风险。

第5章 美国智库视角下的
对华科技竞争战略

当前，世界正经历百年未有之大变局，科技竞争日益成为中美战略博弈的焦点，其未来走向备受瞩目。自拜登就任美国总统以来，中美科技竞争呈现新形势，新一届美国政府更加重视科技创新发展，不仅在定位上将中国视为"战略竞争对手"，而且在高技术领域升级竞争策略，采用"选择性脱钩"等新举措，试图对中国防范和遏制。2021年6月，美国国会参议院通过《2021年美国创新与竞争法案》，授权美国政府在未来5年内投入千亿级规模的美元资金以增强美国科技，可以预见，未来中美在科技创新领域的竞争合作态势更加复杂。因此，有必要科学分析美国新一届政府对华科技竞争的战略特点以及政策走向。鉴于美国智库在美国政府对华科技竞争政策制定中的巨大影响力，本章选取7家美国顶尖智库12份相关研究报告等进行综合分析，总结了美方对华科技竞争战略的四大基本特点以及三点政策走向。本章对更精准把握中美科技竞争趋势、科学稳妥地制定应对策略、争取掌握国际博弈主动权具有一定理论和现实意义。

一、拜登政府对华科技战略的基本特点分析

拜登政府的对华战略脱胎于奥巴马的"接触政策"和特朗普的"冷战对抗"，战略语境从"新冷战"转向"竞争性共存"，试图在所谓"不脱钩""不冷战"的基调下，在任期内阻止"中国超越美国"，形成"选择性接触、选择性

竞争、选择性对抗"的基本模式。从对华团队人员构成看，特朗普时期对华以鹰派为主，在外交上奉行"孤立主义"，对中国大打贸易战、大搞极限施压；而拜登的核心成员以建制派精英为主，代表了全球化和自由贸易的受益者，多数认同"多边、自由、规则、竞争"等价值观。从拜登个人背景看，拜登作为身居参议院外交关系委员会主席和副总统多年的"政治老人"，亲历中美建交四十余载，既是"接触"政策的执行者，也是亚太再平衡战略的制定及执行者，具备丰富的外交经验和沉稳的政治性格，难以认同对华"全政府"模式的战略打压。结合过往的发表的言论和文章分析，内阁成员中，布林肯、珍妮特·耶伦、沙利文等均不赞成"脱钩"，主张"联合盟友"对华施压；而坎贝尔和罗森伯格等对华核心智囊虽态度强硬，但也注重"规则和竞争"，不主张对华采取冒进手段。因此，总体来看，拜登政府对华科技战略总体呈现如下几方面特点。

（一）追求"美国领先"

在战略竞争理念上，相较于压制中国科技发展，拜登政府更关注提升美国自身竞争优势。2020 年 10 月，拜登在接受采访时表示，现阶段中国"不是美国最大的威胁，而是最大的竞争者（competitor）"。这一表述既否定了特朗普将中国视为"对手"（rival）或"敌人"（adversary）的论断，也与奥巴马的一般性"伙伴"（partner）定位有明显区别。相较于特朗普大部分时期施行的是"遏制型"战略，拜登将更倾向于"自强型"战略，即强调在竞争中挖掘自身优势，通过改善自身的不足和持续的改革与投入来保持相对优势。在 2021 年 3 月举办的首场记者会上，拜登威胁称在任期内"绝不会允许中国超越美国成为世界头号强国"，并强调"为确保美国在研究领域的竞争力，将扩大对生物技术、量子计算、人工智能等新兴技术领域的投资，并将研发支出占 GDP 比重从 0.7% 提升到 2%"，以"确保美国在世界最大的两个经济体之间的竞争中取胜"。

（二）重返多边体系

在对华遏制战略上，拜登政府将从单边施压转向多边围堵。拜登在竞选时曾多次表达，将采取有别于特朗普单边主义做法，联合盟友共同应对中国挑战。2020 年 3 月，拜登在《外交事务》（Foreign Affairs）上发表的文章《美国为何必须再次领导世界》中提出，美国将回归"以规则、制度为基础的国际秩序""多边主义和自由贸易""民主和开放社会"，具体包括重返《巴黎气候协定》和世界卫生组织，填坑修补联盟体系和伙伴关系网络等。民主党党纲甚至直言"民主党将与盟国一道，发动世界上超过一半的经济体对抗中国，并尽可能从最强有力的位置进行谈判"。考虑到在奥巴马时期美国曾意图通过"亚太再平衡战略"和"跨太平洋伙伴关系协定"（TPP）给中国施加多边压力，美国联合盟友对华科技施压可能是拜登任期内对华科技竞争做出的重大战略调整之一。

（三）注重意识形态

在意识形态问题上，从某种程度来看，建制派的拜登政府可能比特朗普走得更远。特朗普面对美国经济遭受疫情重创的困局，曾高调宣称对新冠肺炎疫情"追责"，并将意识形态作为低成本掩盖其施政缺陷的一项舆论工具。但相较而言，民主党更多将捍卫民主价值理念本身当作一种目标，其党纲明确表示要"重新将价值观置于对外政策中心位置"。拜登在竞选时曾多次公开指责特朗普在捍卫美国价值观上软弱无力。此外，拜登对科技价值观因素也十分重视。

（四）聚焦有限目标

在对华科技战略目标上，不同于特朗普"全政府"对抗模式，拜登政府将更加注重"关键有限"目标。特朗普执政时期全面升级了与中国的对抗。但是民主党党纲批评特朗普对中国发起的贸易战"根本没有胜算"，最终伤害了美国农民、制造商、工人和消费者的利益。因此，拜登政府对华科技战略目标更加细腻，不同于"一刀切"政策，而是更具理性和针对性，如在人员交流上，拜登曾承诺将废除特朗普任期内的多项移民政策，包括放宽工作签证 H1-B，更加平等开放地对待外国留学生，以吸引全球高技能人才。

二、美国对华科技竞争战略具体走向分析

在美国政府对华科技竞争政策制定过程中，美国智库发挥着巨大影响力。尤其拜登新政府上台后，美国智库精英重返决策中心，充实拜登对华智囊团队，其

中仅来自战略与国际问题研究中心、布鲁金斯学会和新美国安全中心这三大智库的就达到 13 人。在美国政府全方位调整对华科技政策背景下，美国一批顶尖智库围绕对华科技竞争问题进行全面深入的探讨，积极谋划对华竞争路线图。因此，详细梳理美国战略界的政策主张，可作为研判拜登政府未来对华科技政策走向的一扇重要窗口。在综合考虑智库影响力等因素基础上，本文重点选取布鲁金斯学会、新美国安全中心、战略与国际问题研究中心、中国战略小组、中美科技关系工作小组、美国国家科学院、约翰霍普金斯大学等 7 家美国顶尖智库 12 份相关政策报告等相关资料进行了综合分析（见表 5-1）。

表 5-1 近期美国重点智库研究报告汇总

智库机构	研究报告	日期	主要观点
布鲁金斯学会	《美国对华政策的未来：给拜登政府的建议》	2021 年 2 月	对美国而言，中国同时是合作伙伴、竞争对手和挑战者；美国必须通过改革和投资来增强自身实力；应该与亚欧盟友合作；要在双方共同利益的问题上与中国合作
新美国安全中心	《共同规范：民主联盟政策的联盟框架》	2020 年 10 月	讨论了美国如何通过加强盟国合作，保护关键领域的技术竞争优势，并促进形成新兴技术的使用的共同规范和价值观
	《绘制应对中国的跨大西洋路线》	2020 年 10 月	建议美国和欧洲在技术、投资、贸易和全球治理四个领域加强合作，形成跨大西洋联盟，应对中国的"战狼外交"
	《掌舵：应对中国挑战的国家技术战略》	2021 年 1 月	分析了美国技术政策的历史成功经验，为美国制定国家技术战略、开展技术竞争绘制了路线图，包括指导政府资源分配的技术优先级模式、技术战略应遵循的基本原则，以及制定和实施该战略的政策建议
	《设计美国数字发展战略》	2020 年 9 月	制定了美国数字发展战略的框架，给出了四条指导原则和五大战略理念，认为应该在美国经济增长和领导力的框架下，与盟友和私营部门参与者共同努力推动
	《迎接中国挑战：更新美国印太竞争力》	2021 年 1 月	评估了印度—太平洋地区的地缘政治状况。特别关注如何"支持美国在前沿防御、确保进入广泛前沿基地，以及在该地区建立和加强联盟和伙伴关系"

续表

智库机构	研究报告	日期	主要观点
战略与国际研究中心	《分离程度：美—中脱钩的针对性策略》	2021 年 2 月	认为与盟友和伙伴国合作十分必要；美—中全面脱钩既不可行，也对美国不利；有必要对某些活动加以限制，并针对性评估其后果
	《保持美国创新优势》	2020 年 10 月	给出国家技术战略的三大重点（投资创新、保护关键技术、倡导数据治理），七大要素（加强基础创新、支持关键技术、制定全球标准、全政府技术控制、多边技术控制、国家数据隐私法规、多边数据治理）
中国战略小组	《非对称竞争：应对中国科技竞争的战略》	2020 年 11 月	提出评估两国竞争的关键技术的新框架；建议科技领域对中国开展"非对称竞争""选择性脱钩"；强化科技领域情报能力、大力争夺科技人才、降低供应链对华依赖；建立成立"T-12"联盟，共同抵抗中国
中美科技关系工作小组	《应对中国挑战：美国科技竞争的新战略》	2020 年 11 月	对美国基础科学研究、5G 数字通信、人工智能和生物技术四个科技领域发展，提出了 3 点政策目标与 16 条发展建议
美国国家科学院	《无尽的前沿：美国的下一个 75 年》	2020 年 12 月	讨论了如何应对科研事业、科学传播、政府—大学伙伴关系的演化等变化，如何重塑美国科学领导地位以及如何重构美国现代科研结构
约翰霍普金斯大学	《三思而后行：评估某些中美技术联系》系列报告	2020 年 11 月	共计七个分报告，分别针对电信、半导体、人工智能、生物经济、太空领域、大学和 STEM 人才竞争等细分领域探讨了中美联系、脱钩的可行性和潜在后果

资料来源：作者根据美国各智库官网等信息汇集自制。

　　总体来看，当前美国战略界在如何通过限制中国科技实力的发展来维持美国科技竞争力的问题上有较大重合区域。我们认为，美国对华科技竞争战略未来走向下阶段主要呈现三大方面，即以"小院高墙"为原则的技术保护、以"可控依赖"为目标的供应链脱钩和以"多边标准价值观"为手段的遏制打压。

（一）以"小院高墙"为原则的技术保护

　　"小院高墙"这一概念最早源自军事领域，2018 年 10 月，由"新美国"（New America）智库高级研究员萨姆·萨克斯首次将其运用到对华科技防御中，主张筛选与美国国家安全直接相关的特定技术和研究领域（即"小院"），采取更严密更大力度的对华科技封锁（即"高墙"），而在非关键技术领域可以与中国合作。经过两年多时间的学界讨论、国会辩论，"小院高墙"策略最终得到拜登团队的认可。

第一，多边针对性出口管制。中国面临美国政府联合盟友制定针对性管制措施的挑战。美国战略界建议"建立围堵和遏制中国的多边同盟，利用多边机制削弱和限制中国"。同时，中美科技关系工作小组《应对中国挑战》报告认为针对性的出口管制措施十分有必要，可以"为美国公司保留重要的收入来源的同时，减少中国追求本土化的动机"。因此，未来美国政府可能放松对中国次高精尖技术和产品和芯片成品的出口限制，而对人工智能、半导体芯片等高精尖技术和设备的出口管制则可能进一步加强。

第二，关键领域投资审查。在特朗普执政期间，美国通过《外国投资和风险审查现代化法案》等，明显加强了外商投资限制，将美国外国投资委员会的审查权限扩大到对"关键技术"公司的"非被动、非控制性"投资，包括某些类型的风险投资。在拜登政府期间可能进一步提高对中国企业在敏感行业，包括高科技行业、涉及国家安全等领域并购的审批条件。美国未来继"五眼联盟"之后，或联合加拿大、澳大利亚和英国建立新型国家技术实体管制机构，在外国投资审查、技术出口管制、研发、供应链政策等方面统一行动，给中国带来更大挑战。

第三，基础研究人员限制。在基础研究领域，美方或选择通过筛选和分类的方式加强敏感信息保护。美国国家科学院的报告《无尽的前沿：美国的下一个75 年》指出"美国需要平衡好严格保护敏感信息的责任，特别是从事国家安全相关的实验室"。下一阶段，美国政府或遵循"小院高墙"的原则，与科学家一道对相关敏感技术领域进行分类，"从大学转移到诸如国家实验室等机构，只允许审查和合格的研究人员参与"。因此，美国严格审查中美联合研究项目和在美国进行技术转移的中国企业，为中美两国在基础研究领域的合作带来更大阻碍。

（二）以"可控依赖"为目标的供应链脱钩

当前，中国与美国两国供应链紧密融合的局面被美方战略界视为对国家和经济安全构成"不可控战略风险"，但鉴于中美全面脱钩"既不可行，也不有利"，拜登政府可能在关键环节上采取以供应链转移、替代为主的"针对性脱钩"措施，降低各领域对中国的依赖程度。

第一，供应链回流。在当前美国新冠肺炎疫情加重背景下，出于供应链"安全"和重振国内经济等因素，拜登政府可能优先推动医疗等特定产业供应链的回流，"帮助部分关键美国企业将生产线回迁"。还有智库建议加快在依赖程度较高领域的技术研发和产业链转型，以从根本上降低对中国的需求，如应加强美国基础设施配套，以更好承接制造业回流，如"围绕进口和分销集装箱进行优化，并增加对铁路、卡车和港口的投资"。

第二，供应链替代。在部分依赖中国的关键环节，未来美国可能采取多元化供应链方式对中国供应链部分替代，如通过发展更多"盟友"的同时从中国手中夺取更多领域价值链中的更多份额，同时在出现供应中断时具备替代方案。在芯片领域，美国战略界建议应"加大澳大利亚稀土回收计划，保护中国台湾的芯片制造业角色"；在医药领域，美方可能与其他国家合作，如吸引制药原料药领域的印度加入；在电信领域，或与欧洲爱立信和诺基亚等加强合作，以更快地减少对中国的依赖程度"。此外，针对劳动密集型领域，更多采用墨西哥、印度、东南亚等部分美国"盟友和伙伴"国家的生产线，也被美方战略界视为重要选项。

（三）以"多边标准价值观"为手段的遏制打压

在对华遏制策略上，美国战略界认为美国与盟友和伙伴国家组成的全球关系网络是"中国所不具备的战略优势"。未来中国需要防范，美国政府在地缘政治、技术与创新、全球规则和规范、人权与公民社会等多方面联合盟友施压。

第一，重塑盟友网络，共同对抗中国。在美方加强盟友网络方面，中国的挑战主要来源于三方面：一是"联欧制华"和"联日（韩）制华"，如美欧通过加强跨大西洋对话，减少对华依赖，"联合日本和韩国推动中国采取措施，对华施加更大压力"等。二是围绕技术合作交流构建"九国联盟""十二国论坛"等"新多边技术联盟"，就"研发下一代技术、确保供应链安全及其多样化、保护关键技术、制定国际标准和规范"等进行技术政策合作，以此孤立中国。三是利用"数字外交"，与中国周边的印度、印度尼西亚、越南新加坡等结成联盟；并且美国可能通过支持印太地区的高质量基础设施项目、援助计划，以对抗我国数字丝绸之路。

第二，加强标准竞争，重建领导地位。美方战略界认为未来需要"推动自上而下由国家主导的标准制定方法"，"重建在全球技术标准制定方面的领导地位"。一方面在国际机构，美国未来可能加强高级别外交，利用全球标准的领导地位遏制中国，如"召集或管理共识小组等方式，在制定全球标准方面发挥更大的作用"。另一方面在美国国内，美国可能超前布局，加强对未来技术标准的竞争，如在 5G 领域，通过政府采购，激励美国公司参与标准制定，加强 ORAN 和 vRAN 标准，转向互操作性和虚拟网络技术路线，以引领基础技术，并实现开放和模块化的体系结构。

第三，高举意识形态，共同对华施压。未来中国可能面临美国政府在意识形态问题上的持续施压。一种可能是围绕所谓"不正当竞争"问题继续纠缠中国，并建议"联合对中国施加国际压力，使其遵守国家补贴政策的规定"，以此在全球市场上孤立中国。另外，还可能继续借口新疆、香港人权问题和数据隐私问题对华施压。因此，未来需要防范拜登政府以不正当补贴、人权和数字安全等为由对中国科技企业的打击制裁。

【实证篇】

第6章 政府补贴如何影响中国信息技术企业创新

　　作为中国当前重点发展的战略性新兴产业，新一代信息技术产业正成为中国经济增长的重要引擎。新一代信息技术产业具有技术含量高、应用范围广且易与传统行业深度融合等显著特点，对促进国民经济发展、经济结构优化转型具有重要意义。自2010年10月国务院发布《关于加快培育和发展战略性新兴产业的决定》（国发〔2010〕32号）以来，中央及地方政府纷纷设立产业专项基金，大力推动信息技术产业的培育和发展，使中国信息产业迎来发展高峰①。中国新一代信息技术产业起步较晚、基础研发能力较弱，关键核心技术对外依赖性强、自主创新能力不足已成为制约该产业发展的主要瓶颈。近期中美贸易摩擦不断，核心技术是双方争议的焦点。"中兴被罚"事件使得中国"缺芯"问题集中凸显，过往政府补贴在推动高技术企业自主创新方面的促进效率也备受关注。

　　政府补贴对企业创新行为究竟有何影响，在学术界长期存在争议。一方面，政府补贴可以缓解企业资源约束，帮助企业降低研发项目初期的固定成本，分散创新失败的风险。另外，企业通过获取政府补贴还可作为积极响应政府政策指引，并得到政府对产品和研发项目认可的利好信号，帮助企业拓宽外部融资渠道，提升企业研发强度。另一方面，反对政府补贴的学者认为，政府在甄别创新补贴项目过程中存在事前的"逆向选择"，因此会造成在预期成功率高、资本回报率大和获得收益快的研发项目中，政府补贴对企业自有研发投入产生替代作

---

　　① 据国泰安数据库统计，超过98%的中国信息技术上市企业享受到各类政府补贴。另外，据工业和信息化部数据，2016年我国电子信息产业全年销售规模达到17万亿元，利润达到1.3万亿元，年均增速分别达到11.6%和17.3%。

用。此外，在政府自由裁量权过大以及缺乏有效监督时，企业对补贴资金的使用还存在事后的"道德风险"。

正处在转型期的中国，企业所有制性质多样，在平等保护产权、平等参与市场竞争和平等使用生产要素等方面还有很大进步空间。虽然既有部分研究考察了企业规模、所有制性质、企业创新能力和政治环境等因素对政府补贴绩效的影响作用，但对高技术企业的创新状况缺乏关注，对于如何推动新一代信息技术企业自主创新的现实问题，也缺乏系统性研究。因此，本章选取"十二五"期间中国沪、深186家信息技术产业上市公司为研究对象，探究不同所有制性质和规模的企业在利用政府补贴进行创新时决策和行为机制的差异。与既有文献对比，本章贡献可能体现在：第一，当前世界创新引领与技术竞争加剧，关键性高技术领域创新至关重要。本章重点考察了所有制性质和企业规模这两个与信息技术企业创新最为密切的两个企业特征，检验了两者对政府补贴和企业创新关系的调节作用，丰富了现有研究结论。第二，既有文献对所有制性质的影响作用讨论较为单一，结论也呈现分歧。本章除考察了所有制性质和企业规模这两个特征单独的调节作用外，还分析了这两个因素如何共同作用于政府补贴和企业创新绩效，进一步揭示了所有制影响的复杂性。第三，我国既有的关于政府补贴的研究大多针对规模以上工业企业或中国战略性新兴产业上市企业，但高技术产业创新的周期长、难度大和高投入等特征，使得该研究问题较为特殊。本章聚焦于中国信息技术企业，剔除了不同行业、不同区域的潜在干扰效应，对揭示政府创新补贴扶持高技术企业发展的合理性和局限性，为启发中国创新政策的改革方向，提供了有益的研究结论。

一、理论分析与假设提出

创新是国家经济发展的持久动力，企业是创新的重要主体。由于技术创新具有具备高风险性和溢出效应，因此在提升社会整体福利的同时，会出现私人投资不足和所谓"市场失灵"等问题。此时，政府通常倾向于伸出"援助之手"，通过给予企业补贴和税收优惠等方式激励企业持续创新投入。但关于政府补贴对企业创新活动的影响，理论界尚未给出一致意见，本章主要基于企业所有制性质和企业规模两个重要因素，研究在信息技术产业中政府补贴对企业创新的实际效果。

（一）所有制性质对政府补贴与企业创新关系的调节作用

在当前经济转型阶段，中国坚持公有制为主体、多种所有制经济共同发展，国有企业和民营企业皆是国家经济发展的重要力量。但长期以来，民营企业"融资难、融资贵"问题突出，同时面临着"市场的冰山、融资的高山、转型的火山"，而信息技术行业创新所需研发投入大、研发周期长、技术更新快和产品周期短，这使得受到创新资源约束的民营企业创新活力严重不足①。同时，民营企业在经营目标激励上与国有企业也有较大差异，进而造成在利用政府补贴的创新机制上存在区别。

对民营企业而言，首先，由于研发资本、科技人才等创新资源相对匮乏，倾向于选择技术模仿和技术引进的创新策略。其次，相对于国有企业，补贴资金对民营企业家的激励扭曲也更加严重。最后，对部分公司规模大、研发能力强和成功预期较高的民营企业而言，补贴项目评审过程中存在"逆向选择"困境，会使政府补贴挤占企业自有研发投入，造成补贴资金的配置低效率，难以达到激励企业研发投入的预期效果。

通常国有企业经营活动遵循政府主导逻辑：一方面，在政策支持和经营保护下，国有企业本身掌握了大量创新资源，同时经营中的"预算软约束"特征使得国有企业有更高程度的风险容忍性，即对研发项目的资金成本和收益回报敏感度较低，因而更有实力和可能性进行高水平研发投入。另一方面，由于国有企业内部管理者和董事会通常是由行政任命并接受国资委定期考核，因此导致在国有企业中容易产生高管晋升考核压力。在中国创新驱动发展战略的大背景下，国有企业研发项目进展和创新专利产出都会内化为政绩考核的重要指标，因而更具动力配合政府项目补贴，配套提升企业研发投入水平。

基于以上分析，提出以下假设：

H1：所有制性质对政府补贴与企业研发投入的关系有调节作用。相比民营企业，政府补贴对国有企业研发投入的促进效应更强。

---

① 据国泰安数据库统计，在信息技术产业上市公司中，数量占 1/3 的国有企业获得了大部分政府补贴（超过 55%）；另外，民营企业研发支出占总资产比例（2.93%）明显小于国有企业（3.93%），民营企业专利产出在行业中占比也仅为 47.18%，远低于全国平均水平（逾 70%）。

（二）企业规模对政府补贴与企业创新关系的调节作用

作为影响企业创新能力的重要因素，企业规模和市场势力等均得到理论研究的持续关注和争论，并产生了历史上熊彼特与阿罗的著名论战。本章重点考察企业规模在政府补贴与创新绩效关系中的调节作用。当前，中国信息技术行业的规模差异巨大，不同规模的信息技术企业在创新资源、风险分担和规模经济上具有较大差异，同时，在利用研发补贴进行创新活动时的作用机制也不尽相同。

首先，企业规模与内源融资的可用性和稳定性密切相关。在新一代信息产业中，研发风险高、周期长，因而大企业在确保企业融资安全方面无疑比中小企业更具优势。在受到政府资助后，规模较大的企业更有实力和意愿配套增加自有研发投入。其次，随着企业规模扩大，企业对企业家创新活动的风险容忍度更高，倾向采取相对积极的技术创新战略，将资源配置到高水平技术创新领域。而小企业则对难度大、周期长的研发风险承受能力较差，通常采用"跟随战略"而非冒险自主创新，即使受到政府补贴资助，基于风险权衡也较难大幅提升研发投入水平。最后，由于大企业存在规模经济和其他互补优势，因此可以摊薄企业研发的固定成本，提升企业研发收益率。具体而言，大企业具有更高水平知识积累和非生产活动优势（如营销和财务活动等），增加企业研发项目成功的概率。而小企业获得政府补贴资助后，由于缺乏规模经济和互补性优势不足的原因对研发投入的提升效果有限，导致政府补贴难以达到预期绩效。

基于以上分析，提出以下假设：

H2：随着企业规模的扩大，政府补贴对企业研发投入的促进作用会增强。

（三）所有制性质和企业规模的联合调节作用

为更好地考察政府补贴对企业创新的影响，进一步探讨不同所有制、不同规模的企业在受政府补贴资助后的创新绩效差异。

随着企业规模扩大，国有企业利用政府补贴获取资源，进而提升创新绩效的优势会得到强化。一方面，规模越大的国有企业，在资本市场上融资优势越强，创新资源也更为丰富，对研发风险容忍度也较高，因而内源性研发资金投入的持续性和稳健性更高。另一方面，从国有企业治理的现状来看，国资委等管理机构对规模越大的国有企业也更为重视，如从 2004 年开始，针对中央企业，国资委专门颁布了经营业绩考核办法对央企负责人实施奖惩，使得大型国有企业管理人员面对考核的压力更为强烈，他们更具动力保证政府补贴的政策效果，加大企业研发投入。

因此，笔者认为随着企业规模扩大，政府补贴对国有企业和民营企业研发投入的激励差异进一步增大。

基于以上分析，提出以下假设：

H3：所有制性质和企业规模对政府补贴与企业研发投入具有联合调节效应，政府补贴对大规模国有企业研发投入的促进作用更强；反之，对小规模民营企业研发投入的促进作用更弱（见图 6-1）。

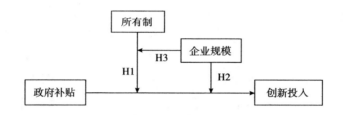

图 6-1　政府补贴对创新投入的作用

资料来源：作者自制。

二、研究设计

（一）数据来源

本章选取了 2010~2016 年中国 A 股信息技术行业的上市公司作为研究样本①。研究数据主要来自两方面，政府补贴、企业研发投入和企业基本财务数据（如企业总资产、年龄）等来自国泰安经济金融研究数据库和 Wind 数据库，部分缺失数据通过企业网站和年报加以补充。另外，剔除总资产、研发投入和政府

---

① 选取 2010 年作为起始年份的依据是我国在 2010 年发布了《国务院关于培育和发展战略性新兴产业的决定》（国发〔2010〕32 号），这标志着国家重点加强对新一代信息技术等新兴产业的支持。并且，考虑到政府补贴的滞后性和减轻内生性问题的影响，本章对自变量和控制变量均做了滞后一期处理。

补贴等主要财务指标数据存在异常和缺失的样本。经过筛选，共得到 186 家公司，623 个观测样本。本章对所有连续变量进行了 1% 和 99% 百分位的 Winsorize 缩尾处理。

（二）计量模型设定

通过构建计量模型对研究假设进行实证检验，模型设定如式（6-1）所示：

$$Rd_{i,t} = \alpha_0 + \alpha_1 Sub_{i,t-1} + \alpha_2 Size_{i,t-1} + \alpha_3 Sub_{i,t-1} \times Size_{i,t-1} + \alpha_4 SOE_{i,t-1} +$$

$$\alpha_5 Sub_{i,t-1} \times SOE_{i,t-1} + \alpha_6 Size_{i,t-1} \times SOE_{i,t-1} + \alpha_7 Sub_{i,t-1} \times$$

$$Size_{i,t-1} \times SOE_{i,t-1} + \sum \alpha_k Controls_{i,t-1} + \gamma_i + \mu_{i,t} \tag{6-1}$$

其中，i 代表公司；t 代表年份。因变量为公司的研发投入强度（Rd），自变量为政府补贴（Sub），参考余明贵等相关研究，本章选取的控制变量包括企业规模（Size）、资产负债率（Lev）、企业年龄（Age）、现金流动比率（Cashratio）、资产收益率（ROA）和年度哑变量。γ_i 表示个体不可观测效应，代表公司间的异质性，$\mu_{i,t}$ 表示随机误差项，最终为双向固定效应模型。各个变量定义如表 6-1 所示。

表 6-1　主要变量和定义

变量	名称	定义
Rd	研发投入强度	公司研发费用/营业收入
Sub	政府补贴	公司年度所获政府补贴收入/营业收入
Size	企业规模	公司年末总资产（取对数值）
SOE	企业所有制	国有企业=1，民营企业=0
Lev	资产负债率	总负债/总资产
Age	企业年龄	公司自成立年份起的年数
Cashratio	现金流动比率	经营活动产生的现金净流量/期末流动负债
ROA	资产收益率	净利润/总资产余额

（三）描述性统计

表 6-2 是按不同所有制性质（国有企业和民营企业）进行分组，对样本主

要变量进行描述性统计分析的结果。可以看出，国有企业研发投入强度（Rd）的平均水平为 7.03%，略高于民营企业（6.73%），从侧面反映了民营企业可能存在技术创新投入和产出水平不足的问题。但从政府补贴水平来看，民营企业平均获得的政府补贴水平（2.19%）反而要高于国有企业（1.61%），这也部分反映出补贴资金对民营企业的促进效率或弱于国有企业。另外，国有企业的平均公司规模（22.07）和企业年龄（12.08）均远高于民营企业。但民营企业的现金流动比率则更高，平均达到了 1.5。最后，对于资产收益率指标，国有企业和民营企业两者无明显区别。

表 6-2　主要变量描述性统计

变量	国有企业					
	样本量	平均值	标准差	中位数	最小值	最大值
Rd/%	184	7.03	11.97	4.93	0.00	169.41
Sub/%	184	1.61	2.66	0.84	0.03	32.94
Size	184	22.07	1.10	21.92	19.54	25.75
Lev	184	0.41	0.19	0.39	0.05	0.94
Age	184	12.08	6.02	13.00	1.00	25.00
Cashratio	184	1.03	1.49	0.53	0.03	10.71
ROA	184	0.04	0.05	0.04	-0.17	0.17
变量	民营企业					
	样本量	平均值	标准差	中位数	最小值	最大值
Rd/%	435	6.73	6.73	5.15	0.00	72.75
Sub/%	435	2.19	4.67	1.00	0.02	69.49
Size	435	21.38	0.84	21.35	19.56	24.08
Lev	435	0.33	0.18	0.33	0.05	0.94
Age	435	5.50	4.19	4.00	1.00	24.00
Cashratio	435	1.50	2.30	0.56	0.03	10.71
ROA	435	0.04	0.05	0.04	-0.17	0.17

资料来源：作者自行整理。

三、实证分析

本章利用 Stata 统计软件，以企业研发投入强度为因变量进行回归分析。在进行模型估计前，对模型设定进行了 Hausman 检验，得到统计量的伴随概率为 0，因而选择固定效应模型。

我们遵循逐层回归的方法，对变量之间的关系分步进行验证（见表 6-3）：模型（1）仅引入控制变量；模型（2）在此基础上添加自变量（Sub）；模型（3）在此基础上增加企业所有制性质（SOE）和企业规模（Size）分别与政府补贴（Sub）的交互项；模型（4）进而又增加了政府补贴、企业所有制和企业规模的三重交互项。

表 6-3 政府补贴与企业创新投入估计结果

变量	因变量：研发投入强度			
	模型（1）	模型（2）	模型（3）	模型（4）
Sub		1.038***	−19.984***	−4.233*
		(7.257)	(−10.192)	(−1.913)
Sub×SOE			3.810***	−37.538***
			(18.913)	(−10.435)
Sub×Size			0.918***	0.179*
			(9.994)	(1.726)
Size×SOE				−1.193
				(−1.107)
Sub×SOE×Size				1.899***
				(11.501)
Rd[①]	0.279**	0.201*	0.061	0.096
	(2.403)	(1.826)	(0.889)	(1.567)

---

① 自变量（Sub）和主要控制变量（Rd 等）均为滞后一期数据。

续表

变量	因变量：研发投入强度			
	模型（1）	模型（2）	模型（3）	模型（4）
Size	−0.680	−1.022	−2.515***	−1.066
	（−0.562）	（−0.895）	（−3.338）	（−1.415）
Lev	1.946	4.211	2.428	−1.162
	（0.368）	（0.843）	（0.774）	（−0.423）
Age	−0.008	0.203	0.023	0.373
	（−0.010）	（0.282）	（0.052）	（0.960）
Cashratio	0.293	0.268	0.285**	0.253**
	（1.489）	（1.448）	（2.472）	（2.520）
ROA	46.407***	41.594***	18.721***	8.089
	（4.422）	（4.193）	（3.017）	（1.478）
SOE	−3.139	−3.963	−8.780***	18.200
	（−0.631）	（−0.844）	（−3.013）	（0.787）
Constant	17.968	21.875	59.090***	26.622*
	（0.731）	（0.943）	（3.864）	（1.715）
年份和个体	控制	控制	控制	控制
N	623	623	623	623
R^2	0.064	0.169	0.684	0.763
Adj-R^2	−0.353	−0.204	0.539	0.653
F	2.830	7.679	68.474	87.866

注：表格内的上方数字为估计的系数，括号内为 t 统计量；*、** 和 *** 分别表示 $p < 0.1$、$p < 0.05$ 和 $p < 0.01$，下同。

模型（1）结果显示，企业上期研发投入强度（Rd）和盈利水平（ROA）与当期研发投入强度呈显著正相关关系，与现实情况基本吻合，也间接证明了支持文章数据和模型设定的有效性。在模型（2）中，政府补贴（Sub）的影响系数显著为正（$\beta = 1.038$，$p < 0.01$）。这说明总体而言，在信息技术产业政府补贴能够促进信息技术企业的研发投入强度。

在模型（3）中，政府补贴对研发投入强度的单独影响显著为负（$\beta = -19.984$，$p < 0.01$），但与企业所有制类型的交乘项（Sub×SOE）回归系数显著为正（$\beta =$

3.810，p<0.01）。说明在国有企业中，政府补贴对企业创新投入的正向影响作用更强，H1得到支持。并且，政府补贴与企业规模的交乘项（Sub×Size）的回归系数也显著为正（β=0.918，p<0.01）。这说明企业规模在政府补贴与企业研发投入强度的关系中发挥了正向的调节作用，H2也得到支持。结果显示，与所有制性质相比，企业规模对政府补贴政策绩效的回归系数较小，表明所有制性质对政府补助的调节作用相对更强。

在模型（4）中，政府补贴分别与所有制性质和企业规模的交乘项回归系数依然显著，并且三者的交乘项（Sub×SOE×Size）显著为正（β=1.899，p<0.01），表明企业规模在所有制性质与企业创新投入的关系中也发挥了正向调节作用。即所有制性质和企业规模对政府补贴与企业研发投入强度的关系有正向的联合调节作用，H3也得到支持。

在表6-4中，为了更清晰地识别所有制性质和企业规模的调节作用，本章分别依照所有制性质（国有业企/民营企业）和企业规模中位数（大规模/大规模）进行分组，共计四个小组分别进行回归。比较表6-4的第（1）列和第（3）列，以及第（2）列和第（4）列可以发现，在控制了企业规模的影响后，政府补贴对不同所有制性质的企业发挥的作用具有显著差异：在民营企业中，显著挤出了企业研发投入，而对国有企业则呈现"激励作用"，显著促进了国有企业研发投入。另外，比较表6-4中第（1）列和第（2）列，以及第（3）列和第（4）列可知，在控制了所有制性质的影响后，企业规模越大，政府补贴的促进作用越大。综合来看，在表6-4第（4）列（大规模国有企业）中，政府补贴对研发投入强度的正向影响要高于其他组合，与上文预期相符。

表6-4　所有制性质和企业规模对政府补贴实施绩效的调节作用

变量	因变量：研发投入强度			
	小规模民营企业	大规模民营企业	小规模国有企业	大规模国有企业
	（1）	（2）	（3）	（4）
Sub	−0.567***	−0.105	0.178	5.255***
	（−5.807）	（−0.673）	（0.840）	（20.406）
Rd	0.259***	0.011	−0.560**	−0.392**
	（3.042）	（0.094）	（−2.478）	（−2.039）

续表

变量	因变量：研发投入强度			
	小规模民营企业	大规模民营企业	小规模国有企业	大规模国有企业
	（1）	（2）	（3）	（4）
Size	0.831	−0.319	3.633	1.015
	(0.641)	(−0.368)	(0.921)	(0.470)
Lev	−5.129	2.408	−13.809	−14.342
	(−1.282)	(0.549)	(−1.376)	(−1.447)
Age	0.132	0.053	−0.829	0.112
	(0.226)	(0.089)	(−0.995)	(0.094)
Cashratio	0.231 **	0.735 ***	0.648	−0.600
	(2.045)	(3.809)	(1.180)	(−1.017)
ROA	14.441 *	10.379	−7.378	35.847
	(1.964)	(1.172)	(−0.931)	(1.513)
Constant	−11.559	10.256	−55.744	−18.464
	(−0.433)	(0.574)	(−0.712)	(−0.435)
年份和个体	控制	控制	控制	控制
N	245	190	45	139
R^2	0.331	0.164	0.464	0.891
Adj−R^2	−0.126	−0.486	−0.475	0.816
F	7.169	1.945	1.383	62.357

四、进一步研究

　　上文分析结果表明，信息技术产业的政府补贴显著促进了国有企业，特别是大规模国有企业的研发投入强度。但对民营企业，尤其是小规模企业的研发投入则具有挤出作用。但政府补贴如何作用于对企业创新产出，仍需进一步探讨。这是由于在信息技术产业中，开展"实质性"创新所需周期长、难度大和风险高，这与现实中国有企业管理者努力在任期内做出更大"政绩"的目标激励恐难以相容。换句话说，国有企业管理者由于对研发周期短、见效快的"策略性"研发项目更加青睐，会造成政府补贴对不同创新类型的影响效果产生差异。为此，本章针对企业专利产出的不同类型，构建了式（6-2）来进行检验。

$$y_{i,t}(Pt_{i,t}, Pti_{i,t}, Ptud_{i,t}) = \alpha_0 + \alpha_1 \cdot Sub_{i,t-1} + \sum \alpha_k \times Control_{i,t-1} + \gamma_i + \mu_{i,t} \tag{6-2}$$

被解释变量分别为企业专利申请总量（Pt）、发明专利申请数量（Pti）和非发明专利申请数量（Ptud），资料来源于国家知识产权局网站和国泰安数据库。

表6-5显示了全样本、民营企业和国有企业中政府补贴对专利申请总量的估计结果。表6-5第（1）列的全样本回归结果显示，政府补贴对企业的专利申请数量有一定负向影响，但不显著。从表6-5第（2）列和第（3）列中可知，政府补贴对企业创新产出在不同所有制性质企业中的作用呈现显著差异，显著促进了国有企业的专利申请总量（$\beta = 0.031$，$p<0.1$），而对民营企业表现出一定程度的抑制作用，但并不显著（$\beta = -0.016$，$p>0.1$）。

表6-5　政府补贴对信息技术企业专利申请总量的影响

变量	因变量：专利申请总量（Pt）		
	全样本	民营企业	国有企业
	（1）	（2）	（3）
Sub	-0.004	-0.016	0.031[*]
	（-0.318）	（-0.925）	（1.685）
Rd	0.014	0.012	0.043[***]
	（1.330）	（0.886）	（2.771）
Size	0.527[***]	0.609[***]	0.377[**]
	（4.758）	（4.165）	（2.348）
Lev	-0.159	0.218	-0.850
	（-0.336）	（0.363）	（-1.134）
Age	-0.070	-0.093	-0.029
	（-1.001）	（-0.977）	（-0.310）
Cashratio	-0.000	0.013	-0.052
	（-0.003）	（0.625）	（-1.121）

续表

变量	因变量：专利申请总量（Pt）		
	全样本	民营企业	国有企业
	（1）	（2）	（3）
ROA	1.849 *	2.861 **	−2.212
	（1.951）	（2.298）	（−1.607）
SOE	0.210		
	（0.469）		
年份和个体	控制	控制	控制
常数项	−7.178 ***	−9.142 ***	−3.440
	（−3.192）	（−3.056）	（−1.078）
N	623	435	184
R^2	0.169	0.177	0.295
Adj−R^2	−0.199	−0.207	−0.103
F	7.992	6.346	4.885

为进一步考察政府补贴对国有企业创新产出的影响，本章按照发明专利和非发明专利的类型进行细分，并加入企业规模变量进行了回归，结果如表 6-6 所示。首先，表 6-6 第（1）列的结果显示，在加入企业规模与政府补贴的交互项后，政府补贴对企业专利申请总量的影响系数仍然显著为正（β = 0.708，p<0.1），没有发生变化。但进一步观察表 6-6 第（2）列和第（3）列可以发现，政府补贴对国有企业发明专利影响并不显著（β = 0.191，p>0.1），而只是显著增加了非发明专利的申请数量（β = 1.517，p<0.01）。这表明，在国有企业中存在一定程度的"策略性创新"现象，即国有企业管理者出于面对政绩考核的压力，对研发周期短、见效快的"策略性"研发项目更加重视，因而导致政府补贴对"非发明专利"产出提升效果也更加显著。另外，在表 6-6 第（1）列和第（3）列中，政府补贴与企业规模的交互项的回归系数都显著为负，说明规模越小的国有企业，政府补贴对企业创新产出水平的促进作用越强，尤其对非发明专利的促进作用也越强。这也与当前国有企业治理现实相符，随着近年来国资委对中央企业高管的考核机制的科学化，央企高管因顾虑短期业绩考核压力而导致的短期行为得到缓解，使得大规模国有企业"策略性创新现象"得到抑制。

表6-6　政府补贴对国有企业创新产出的影响

变量	专利申请总量	发明专利	非发明专利
	（1）	（2）	（3）
Sub	0.708*	0.191	1.517***
	（1.863）	（0.459）	（3.257）
Sub×Size	−0.031*	−0.008	−0.067***
	（−1.783）	（−0.418）	（−3.168）
Rd	0.039**	0.043**	−0.016
	（2.510）	（2.527）	（−0.868）
Size	0.454***	0.346*	0.489**
	（2.756）	（1.859）	（2.423）
Lev	−0.991	−1.253	−1.182
	（−1.327）	（−1.528）	（−1.291）
Age	−0.060	−0.026	−0.073
	（−0.630）	（−0.248）	（−0.633）
Cashratio	−0.059	−0.057	−0.065
	（−1.259）	（−1.121）	（−1.132）
ROA	−1.348	−1.491	−0.195
	（−0.931）	（−0.936）	（−0.110）
年份和个体	控制	控制	控制
常数项	−4.716	−3.300	−5.787
	（−1.455）	（−0.898）	（−1.457）
N	184	184	184
R^2	0.313	0.286	0.182
Adj-R^2	−0.083	−0.133	−0.291
F	4.812	4.159	2.342

五、研究结论与启示

本章以中国信息技术产业上市公司为研究对象，评估了在不同所有制性质和企业规模下政府补贴对创新绩效的影响差异。结果显示，单纯采用政府补贴的扶持方式，对推动信息技术产业自主创新总体效率仍待提高。具体来看，一是在不同所有制性质的企业中，政府补贴对企业研发投入力度的影响呈现显著差异，抑制了民营企业研发投入力度和企业创新产出水平；而对国有企业呈现了"激励效应"，促进了企业的研发投入和企业创新产出水平。二是企业规模对政府补贴的政策绩效有正向影响，即随着企业规模的扩大，政府补贴对企业研发投入力度的促进作用越强。三是所有制性质和企业规模对政府补贴与创新投入的关系具有联合调节作用，即政府补贴对于大规模国有企业的正向影响更强。四是在促进创新产出方面，本章未发现政府补贴促进民营企业和国有企业的实质性创新的证据，并且存在补贴或导致国有企业"策略性创新"问题。与现有部分研究不同，本章从企业创新资源禀赋、预算软约束和管理者晋升激励角度给出了解释。本章为更好理解中国高技术企业自主创新难题，并制定相应创新支持政策提供一定借鉴和建议：

首先，政府需通过创新人才培养、知识产权保护和减轻企业税费负担等方式，进一步完善对高技术企业的创新支持政策。同时，应减少对企业行为的微观干预，尤其是逐步弱化以直接补贴扶持企业创新的方式，使市场在要素价格决定、创新资源配置以及技术路径选择等方面真正发挥决定性作用。其次，当前民营企业面临的创新资源约束和存在的各种隐性壁垒，严重束缚了其应有的创新活力，也影响了创新金融政策的使用效率。因此，须减少所有制歧视，营造"权利平等、机会平等、规则平等"的市场环境，激发民营企业的竞争力和创造力。再次，针对中小企业补贴资金利用效率不高的问题，应参考引进其他创新支持机制，如通过拓宽外部融资渠道、加强产学研合作和共性技术联合攻关等方式，多管齐下，帮助中小企业补齐创新、人才和技术等方面的短板，增强中小企业创新的内生活力和动力。最后，需完善国有企业监管和治理方式，实现政企分开和政资分开，促成国有企业创新资源优势转化为创新能力优势，激励国有高技术企业转向难度大、周期长和风险高的基础研究和关键技术创新，引导企业从低水平、重复性创新走向高品质、引领型创新。

第7章　经济增长压力与地方产业政策制定[①]

一、引言

关于产业政策的有效性，多年以来学术界歧见纷呈，仍无定论。然而自改革开放以来，我国采取了形式多样、内容复杂的产业政策，并按照"规划—项目—配套政策"的逻辑，围绕特定目的，就特定事项，由财政安排专项资金直接或间接向企业提供无偿的资金转移，最终形成了规模庞大、形式多样的产业发展财政补贴。这不禁让人疑问：既然关于产业政策的有效性并无定论，那么在现实层面上，是什么因素导致我国制定了如此多的产业政策并形成了大量的政府财政补贴？

既有研究多围绕产业政策的必要性以及有效性进行讨论，少有文献从政策制定者的角度出发，关注产业政策的形成机制。实际上，产业政策的制定与出台不仅是理论的产物，更是多方利益主体博弈互动之后的结果，在制定和执行过程中均面临着公共选择问题的困扰（江小涓，1993）。如果将产业政策的制定和实施视为一系列由政府活动所组成的过程，那么任何试图揭示产业政策制定、实施及其效果的研究，都应当将政府行为逻辑纳入其分析框架。改革开放以来，我国地方政府之间为经济增长而竞争，成为"中国奇迹"背后的制度因素（周黎安，

① 本章部分内容载于《经济与管理评论》2019年第35卷第6期，作者为刘小鸽、于潇宇、司海平。

2018)。讨论我国产业政策的制定与出台，有必要考虑地方政府之间的互动，尤其是在增长压力下的行为策略。在财政分权与过往注重 GDP 增长的激励机制下，地方有动机利用控制的资源或权力积极干预辖区企业经营行为（解维敏，2012；席建成、韩雍，2019）。同时，受到任期的限制，某些立竿见影的措施可能被地方政府所钟爱。这就可能引发地方政府的短视行为，催生如地方保护主义和重复建设等问题（周黎安，2007）。方红生和张军（2009）发现在预算软约束下，我国地方政府之间的竞争会导致地方政府采取扩张偏向的财政行为。

　　本章通过考察地方增长压力对企业财政补贴的影响，来讨论地方政府在经济增长压力下的产业政策制定动机。实证分析发现，经济增长压力越大的地区越可能对本地上市公司进行财政补贴，并且补贴的金额也越大。仅从产业政策的"市场失灵"理论依据出发，并不能充分解释这一现象。立足于现实情况对产业政策的制定与执行进行研究，还需要将各方利益主体尤其是地方政府之间的互动纳入分析框架。换言之，对中国产业政策的讨论，不应局限于产业政策的必要性等理论层面分析，还应重视政策在具体制定与执行过程中遇到的问题与挑战，尤其是各方利益主体之间博弈导致产业政策制定异化等问题。

　　本章对于明确当前我国产业政策的问题、实现产业政策转型提供了一定的理论借鉴，贡献主要有两个方面：第一，当前对于产业政策的讨论多围绕产业政策必要性的理论层面展开，缺少对现实地方政府经济因素的考虑。本章以地方增长压力与财政补贴为例，考察了产业政策现实制定与执行过程中需要着重考虑的现实情况。第二，当前对于财政补贴的研究多考察财政补贴的后果影响，而对于什么因素影响了财政补贴的关注较少，即使有少量研究，也多从企业等补贴接受方的角度进行，缺乏对政府这一补贴给予方行为动机的关注。本章从增长压力的角度考虑地方政府在进行财政补贴时的行为动机，进一步丰富了有关财政补贴领域的研究。

二、理论综述与研究假说

　　既有的研究多关注产业政策的必要性以及有效性。一些学者指出了产业政策的必要性，即政府可以用产业政策弥补市场在创新与企业间协调等领域的失灵

（林毅夫，2011；Steinmuller，2010），并且后发国家在经济赶超过程中，可以依靠产业政策加快国内经济发展的速度（郁建兴、高翔，2012；潘士远、金戈，2008）。同时，诸多学者从市场失灵、产业结构演变规律以及动态比较优势理论等方面阐释了中国产业政策制定的依据（金戈，2010；石奇、孔群喜，2012）。但是，反对产业政策的意见更加尖锐：政府很难代替市场运行特有的分散的信息收集处理过程，更不可能催生企业家和企业家精神（张维迎，2016），而所谓"市场失灵"等说法存在缺陷（张维迎，2010），产业结构与比较优势等理论也难以作为当前选择性产业政策的依据（张鹏飞、徐朝阳，2007；江飞涛、李晓萍，2010），并且我国以往的产业政策政策形式多样、制定主体复杂，对微观经济的干预广泛且直接，体现出强烈的直接干预市场，以政府选择代替市场机制和限制竞争的管制性特征（张文魁，2018）。从实践结果来看，产业政策手段对微观企业经营的大量干预，阻碍了自由竞争、扰乱了资源配置效率（张超林等，2019；宋凌云、王贤彬，2013；黎文靖、李耀淘，2014），并造成地区间的产业同构与产能过剩（吴意云、朱希伟，2015；赵卿，2017）。

地方之间的竞争可能导致产业政策偏离"市场失灵"的理论依据，陷入被迫竞相出台产业政策的"囚徒困境"。

首先，我国地方政府在制定产业政策时一般会跟进中央已经制定的产业政策，但是在执行力度及配套措施上享有较大的自主权。中国正式制定产业政策大约始于 1985 年，一般体现在五年规划、年度经济规划中。在一些重要时期，中央会制定重大产业指南和政策扶持计划，然后地方政府做出积极响应出台相同或类似的政策。而在具体的执行过程中，省市县等各级地方政府则享有较大的自主权，从战略产业选择、配套扶持政策到政策执行力度，地区间差异较大。

其次，产业政策对于地方政府吸引企业投资、推动地区经济增长具有策略性的作用。我国地方政府之间围绕地区的经济发展水平展开竞争，而财政补贴、税收优惠、土地优惠等产业政策对于吸引企业投资，推动地区经济增长具有直接作用。在这种情况下，当一个地区不出台产业政策而其他地区制定了相关产业政策时，潜在的投资企业就会被其他地区的各种优惠条件所吸引，这势必影响本地经济发展绩效。因此，出台产业政策就成为该地区的占优策略，即使该地区受到财政收入所限不能给予直接的财政补贴，也往往可以通过土地优惠、税收优惠甚至是减弱环境监管要求等方式来吸引或挽留企业。那么，最终所有地区都将选择出台产业政策的策略，并达成一个纳什均衡①。当一个地方所面临的增长压力越大时，发展本地经济的动机越强，越倾向于采取一系列积极主动的措施刺激经济增长。这时，该地区实施产业政策的动机也就越强，政策力度也会越大。

总结一下此处的分析，可以得出两个结论：一是无论其他地区是否出台产业政策，在增长压力下各地方均有动机出台产业政策。二是当一个地方面临的增长压力越大时，地方政府实施产业政策的动机越强，政策力度也越大。

改革开放至今，我国在产业政策的执行过程中形成了规模庞大、形式多样的产业发展财政补贴，包括税收减免优惠、技术改造和设备更新激励、研究开发补贴、与贸易有关的投资措施、出口导向和进口替代补贴等。鉴于数据可得性及度量准确性，选取地方政府给予上市公司的财政补贴，对前述分析发现进行检验②。在此提出两个待检验假说：

假说 1：经济增长压力越大的地方，越可能对本地上市公司进行财政补贴；

假说 2：经济增长压力越大的地方，对本地上市公司补贴的金额越大。

三、模型设定

（一）模型设计

为了考察地方政府经济增长压力与财政补贴的关系，选用 A 股上市公司2000~2017 年的数据进行实证检验，计量方程构造如式（7-1）所示：

$$\text{Subsidy}_{ijt} = \alpha + \beta \cdot \text{Press}_{j,t-1} + \lambda \cdot \text{Ctrl}_{ijt} + \mu_j + \varepsilon_{ijt} \qquad (7-1)$$

其中，下标 i、j、t 分别代表公司、省份与年份。Subsidy 为上市公司获得财政补贴的情况，分别用是否获得财政补贴以及财政补贴金额（取对数）表示。Press 为上市公司所在省份面临的增长压力。Ctrl 为相关控制变量，包括公司层面

---

① 即使所达成的这个纳什均衡是一个囚徒困境，即当所有地区都出台产业政策时的资源配置效率低于不出台产业政策时，也没有任何地方政府有动力做出改变。

② 选择上市公司的财政补贴数据进行实证分析存在两方面的好处：一是财政补贴的数据较为易得且准确，能够较为理想地描述地方政府实施产业政策的动机与效果；二是地方政府在吸引企业时会存在偏好差异，不过由于上市公司是我国较为优秀的公司，应该为各地方政府所希望争取，采用上市公司数据可以避开这一问题。

的变量，如企业规模、企业成长性、现金流量情况、杠杆率等，并对连续变量进行 1% 与 99% 的缩尾处理。μ 为省份固定效应，ε 为误差项。

本章对于经济增长压力的测度参考钱先航等（2011）、陈菁和李建发（2015）等方法。具体而言，本章将所有省份按照自治区、直辖市、普通省份分为三类可比地区，将某一地区与同组地区进行对比，当该地区的 GDP 增长率小于可比地区的平均值时，将其晋升压力赋值为 1，否则为 0。为避免内生性的影响，我们将构建好的晋升压力指数滞后一期。

公司层面的财政补贴、资产负债率、公司成长性、净资产收益率、企业规模、现金流量、流动资产周转率等财务数据来源于国泰安（CSMAR）数据库。其中，财政补贴数据来自我国 A 股上市公司年报"财务报表附注"一栏的补贴数据。

通过表 7-1 的描述性统计可知，在全样本中，有 70% 的样本得到了财政补贴，这一比例较高。此外，有 59% 的样本所在地区面临着增长压力，这意味着面临增长压力是我国地方政府面对的常态。

表 7-1　描述性统计

变量	样本量	均值	标准差	最小值	最大值
是否获得财政补贴	34800	0.70	0.46	0	1
获得财政补贴的金额（取对数）	34800	11.22	7.45	0	24.64
晋升压力	34800	0.59	0.49	0	1
资产负债率	30793	46.46	23.32	5.05	137.30
公司成长性	27667	19.13	43.21	-41.36	302.80
净资产收益率	30792	5.28	16.69	-95.54	64.21
企业规模	30793	21.63	1.26	18.95	25.62
现金流量	34296	4.33	7.82	-20.98	26.41
流动资产周转率	30751	130.60	104.50	9.00	584.80

资料来源：作者整理。

（二）我国上市公司获得财政补贴情况

我国地方政府每年都给予当地上市公司名目繁多的财政补贴，规模日益庞大。通过我国上市公司政府补贴数据（见图7-1）可以看出：在2008年金融危机时，财政补贴总额（柱状图），规模大幅跃升。虽然在2009年有所下落，但是仍高于2008年之前任意年份的补贴总额数，并且之后一路攀升。至2017年，中国A股上市公司获得的财政补贴总额达到了1708亿元，占全国GDP比重（折线图）达2.08%。

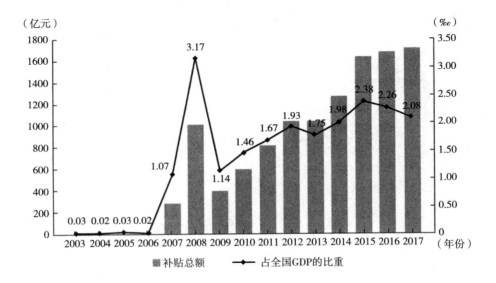

图7-1 A股上市公司历年政府补贴总额

资料来源：上市公司年报。

从图7-2分企业状况来看，近年来中国对上市公司补贴规模扩大的趋势更加明显。从补贴资助的上市公司数量来看（柱状图），在2007年有大幅增加，并且一直保持稳步增长，到2017年共有逾3000家上市公司获得了政府补贴；换言之，几乎每家上市公司都或多或少获得了财政补贴。从每家上市公司平均获得的补贴金额来看（折线图），在2007年、2008年均出现了大幅跃升，而在2009年下降之后，总体呈现出上升趋势。近年来，虽然在2015年之后略有波动但仍维持在一个较高的水平，2017年每个上市公司平均获得了5080万元的财政补贴。

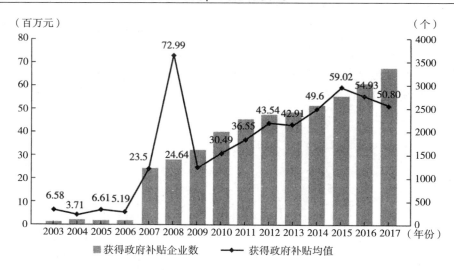

图 7-2　A 股上市公司获得政府财政补贴情况

资料来源：上市公司年报。

四、实证结果与分析

表 7-3 为本章实证结果，观察第（1）列可以看出，公司是否获得财政补贴与本地区经济增长压力显著正相关，本地区地方官员的增长压力越大，公司越可能获得财政补贴。在进一步控制企业层面的特征变量时，第（2）列结果显示增长压力的系数变小，但是依然在 1% 的水平上显著。考虑到同一地区的上市公司可能受到相同固定效应的影响，因此我们进一步控制住省份固定效应，结果依然保持稳健，见列（3）。这意味着，增长压力越大的地方政府，越可能给上市公司进行财政补贴。换言之，产业政策在具体的执行过程中，并非完全针对于市场失灵，而是受到相关利益主体的影响，尤其是地方政府自身动机的影响。

此外，控制变量的显著性也均与预期相符，政府在对上市公司进行财政补贴时也是有选择性的。公司的资产负债率越高，现金流量越好，越不容易得到财政补贴，这可能是因为政府在对上市公司进行财政补贴时，既关注公司的现金流量情况以及对现金的需求情况，也关注其现金的来源使然。而公司的成长性越好，资产收益率越高，规模越大，资产周转率越高，越容易获得政府的补贴。这说明，政府补贴更倾向于那些优质的且对社会影响大的公司。

为了检验计量结果的稳健性，当我们利用 Logit 模型对前述模型重新进行了回归（见表 7-2 第 4~6 列），计量结果并未发生变化，这进一步说明前述结论是稳健的。

表 7-2　地方经济增长压力与公司获得财政补贴的可能性

	公司是否获得财政补贴					
	（1）	（2）	（3）	（4）	（5）	（6）
增长压力	0.191***	0.064***	0.100***	0.318***	0.110***	0.157***
	(0.015)	(0.017)	(0.020)	(0.025)	(0.029)	(0.035)
Lev		-0.009***	-0.008***		-0.015***	-0.014***
		(0.000)	(0.000)		(0.001)	(0.001)
Growth		0.002***	0.002***		0.003***	0.003***
		(0.000)	(0.000)		(0.000)	(0.000)
ROE		0.002***	0.001***		0.003***	0.002***
		(0.000)	(0.000)		(0.001)	(0.001)
Size		0.342***	0.348***		0.601***	0.610***
		(0.008)	(0.008)		(0.014)	(0.015)
CF		-0.010***	-0.011***		-0.017***	-0.018***
		(0.001)	(0.001)		(0.002)	(0.002)
LAZ		0.000***	0.000***		0.001***	0.001***
		(0.000)	(0.000)		(0.000)	(0.000)
省份固定效应	NO	NO	YES	NO	NO	YES
常数项	0.464***	-6.410***	-6.599***	0.748***	-11.374***	-11.647***
	(0.011)	(0.164)	(0.174)	(0.019)	(0.297)	(0.313)
N	31210	27622	27622	31210	27622	27622

注：表格内的上方数字为估计的系数，括号内为 t 统计量；*、** 和 *** 分别表示 $p<0.1$、$p<0.05$ 和 $p<0.01$，下同。

为了考察地方经济增长压力对本地区上市公司获得财政补贴金额的影响，我们进一步进行了实证检验（见表 7-3）。表 7-3 第（1）列计量结果显示，上市公司获得财政补贴的金额与本地区经济增长压力显著正相关，计量结果在 1% 的水平显著。当我们进一步控制住企业的特征变量之后，第（2）列结果显示增长压力的系数有所变小，但是依然保持着1%的显著性。考虑到省份固定效应可能会影响到计量结果的有效性，我们进一步控制住了省份固定效应，增长压力的系数反而有所增大，并且依然保持着1%的显著性，见列（3）。这意味着地方政府面临的增长压力越大，本地区的上市公司获得的财政补贴越多。

表7-3　地方经济增长压力与财政补贴

	公司获得财政补贴的金额（取对数）		
	（1）	（2）	（3）
增长压力	1.181***	0.349***	0.447***
	(0.085)	(0.082)	(0.099)
Lev		-0.048***	-0.044***
		(0.002)	(0.002)
Growth		0.007***	0.006***
		(0.001)	(0.001)
ROE		0.012***	0.009***
		(0.002)	(0.002)
Size		2.168***	2.177***
		(0.034)	(0.034)
CF		-0.047***	-0.049***
		(0.005)	(0.005)
LAZ		0.002***	0.002***
		(0.000)	(0.000)
省份固定效应	NO	NO	YES
常数项	10.778***	-33.537***	
	(0.065)	(0.710)	
N	31210	27622	27622
Adj-R^2	0.006	0.155	0.175

五、总结

党的十八届三中全会提出"处理好政府和市场的关系，使市场在资源配置中起决定性作用和更好发挥政府作用"，引发社会对产业政策的反思与其未来走向的讨论。在中国经济发展步入新时代的关键时期，进一步完善产业政策，不仅有助于妥善应对中美经贸摩擦关于财政补贴等问题的争论，对未来我国转变经济增长方式、实现高质量发展也有着举足轻重的作用。

近年来，学术界围绕产业政策展开讨论，这对进一步明确产业政策的边界，处理好政府与市场在资源配置中的关系有着重要的现实意义。然而，支持与反对产业政策的双方均能找到相应理论依据，关于产业政策的取舍依然尚无定论。实际上，从现实情况出发，产业政策的制定与出台与其说是理论思辨的产物，不如说是多方利益主体博弈互动之后的结果。笔者认为，我国地方政府存在围绕经济增长的竞争博弈，由于产业政策能够扶持本地企业，促进地区发展而成为地方竞争的主要手段，因此实施产业政策便成了地方政府的策略性选择。结果必然导致不同地区竞相出台产业政策的局面，并且增长压力越大的地区，实施产业政策的动机就会越强。本章以财政补贴为例对此进行了实证检验，实证结果支持了两个研究假说：经济增长压力越大的地区越可能对本地上市公司进行财政补贴，并且补贴的金额也越大。

根据产业政策必要性理论，产业政策的制定应该针对市场失灵的领域尤其是对我国长期发展有着关键意义的环节。笔者发现，现实中产业政策尤其是地方产业政策可能会偏离这理论依据。换言之，我国地方政府在制定产业政策时，并非简单地立足于"市场失灵"理论，还受到所处竞争环境的影响。本章的结论对于明确当前我国产业政策的问题所在、实现产业政策转型提供了一定理论借鉴。

当前，我国经济发展进入速度变化、结构转型、动能转换的新时期，产业发展向形态更高级、分工更优化、结构更合理阶段演化的趋势更加明显，这都迫切需要产业政策不断完善与转型。本章认为，对于产业政策的讨论不能仅停留在必要性或转型的理论层面，还应该更多地关注政策制定与执行过程中的具体问题与挑战，尤其是需要避免各方利益主体之间的博弈行为异化既有的产业政策依据与目标。为此，在未来产业政策制定与实施过程中，建议完善以下几方面的工作：一是需改变唯 GDP 的政绩观，不断完善中央对地方政府的考核机制，从激励机制上化解地方政府竞相出台产业政策的困境。二是应严格规范地方的财政补贴安排，限定地方产业补贴的制定依据，并加强补贴资金的事前、事中和事后监督，切实提高补贴资金的使用效率。三是中央须加强产业政策制定主体的约束与协调，逐步减少政府对地方企业的微观干预，使地方政府从"竞争性地方股份公司"逐渐转变为"地方有限政府"，确保在社会主义市场经济中政府既不缺位，更不越位。

第8章 地方经济竞争压力与企业技术创新：助力或是阻力

当前我国经济发展已由高速增长阶段转向高质量发展阶段，创新无疑是培育企业竞争优势、抢占国际竞争技术制高点以及推动经济转型升级的重要支撑。1994 年分税制改革以来，各级地方政府在财政分权和政治晋升的双重激励下，通过掌控的经济资源不遗余力发展辖区经济，在很长一段时期内，形成"为增长而竞争"的现象。然而，经济竞争压力也造成了地方政府支出结构偏向，即过度重视能拉动短期经济的生产性投资而忽视了周期长、风险高的创新性投资，可能对创新活动产生不利影响。不过，随着近年来中央全面贯彻落实创新驱动战略，不断深化改革地方政府考核体系，经济竞争压力可能促使地方政府转变施政方略，注重以创新驱动引领经济发展，或将有利于创新活动开展。那么，地方政府经济竞争压力究竟对企业技术创新产生怎样的影响？是抑制创新的"阻力"，还是会"助力"创新？厘清这一问题，对于推动国民经济高质量发展与加快建设创新型国家具有重要意义。

当前学界就政府行为与技术创新的关系展开了诸多有益的研究，但歧见纷呈，仍无定论。一种观点认为地方政府竞争会抑制技术创新。如吴延兵（2017）利用省级数据研究发现，地方财政分权度抑制了地方政府、企业和社会的创新性支出；鲁元平等（2018）发现地级市政府的土地出让行为抑制了区域发明专利数量；王砾等（2019）研究发现在地方官员晋升前期，企业创新数量和质量都会显著降低。另一种观点则认为地方政府竞争有助于技术创新活动。如周克清等（2011）、卞元超和白俊红（2017）发现财政分权能够提高地方政府财政科技投入，促进了区域技术创新活动；肖叶等（2019）发现地方政府通过开发区建设，能有效提高了技术创新效率。此外，部分学者发现地方政府间的竞争方式比如市场是否开放等，决定了分权制度与技术进步间是"竞次"还是"竞优"关系，而中央政府考核目标也会影响地方政府在落实产业政策和追求短期经济增长之间的努力配置水平。

综上可见，当前研究在地方政府经济竞争与企业技术创新的问题上的看法并未达成一致。而且，现有研究多使用省份、产业等宏观层面研究视角，缺乏对创新微观主体的深入考察，也未能充分剖析地方政府经济竞争压力对企业创新影响的微观机理与传导机制。另外，在 2008 年国际金融危机后，随着经济发展模式转变和创新驱动战略的贯彻落实，企业创新活动已成为影响各地方政府及其官员决策的重要因素，忽略这一新变化无法准确刻画地方政府竞争模式的影响。

基于此，本章以 2009~2018 年 845 家非金融上市公司的微观企业数据，考察了地方政府经济竞争压力对当地上市公司技术创新的影响。结论表明，地方政府经济竞争压力能显著提高辖区上市公司非发明专利的数量，但未能提高发明专利的数量，即表现出对创新的"数量"激励，而非"质量"激励。并且这一现象在 2013 年地方政府考核模式改革之后、市场化更高地区以及小规模和民营企业样本组中更为显著。同时从产业政策视角进行机制检验发现，经济竞争压力主要通过政府创新补贴手段提升辖区企业创新，但税收优惠、政府科技支出和知识产权保护等功能性政策的机制作用不显著。

本章的主要贡献体现在以下三点：①基于地方政府竞争视角，检验了地方政府经济竞争压力对微观企业创新的直接影响，是对当前从产业政策、财政分权以及土地财政等角度研究的补充。②基于产业政策模式的差异，引入了政府补助、税收优惠、财政科技支出和知识产权保护等作为中介变量，考察了其中的影响机制，提供了地方产业政策形成动因的经验证据。③现有文献对区域技术创新的影响研究多在宏观层面或者省级层面展开，本章将地方竞争主体从省级拓展到地级市，有助于增进对中国基层地方政府竞争和政企互动模式的认识。

一、文献回顾与理论假说

政府行为对企业的影响一直是学术界关注的热点领域，长期以来存在"攫取之手"还是"掠夺之手"的争论。地方政府经济竞争对企业技术创新的影响正如硬币的两面，其影响机制和逻辑可以从正反两方面分别展开分析。

（一）对创新的抑制效应

第一，地方政府"重生产、重短期"的投资结构偏向会传导至企业，抑制企业创新投入。创新性投资与生产性投资相比，周期长、风险高，这对地方而言，意味着难以满足短期内辖区财政收入最大化的激励。因此，地方政府倾向于支持风险小、见效快的创新项目。在政府主导力较强的市场环境中，地方政府会通过产业政策、金融管制、项目审批等经济和行政权力，调控企业的投资标的和方向，最终将这一投资支出偏向传导给企业，进而抑制企业研发投资水平。

第二，地方政府对创新项目的直接干预会造成"风险积聚"，加大项目失败的可能。当企业在市场上进行创新投资决策时，需要综合权衡风险和收益，依据自身情况做出最优决策。然而在当下，政府的支持会极大放宽企业的资金约束，导致企业对创新风险估计不足，致使创新项目风险过度集中。另外，由于缺乏市场的纠错机制，对失败的项目一而再、再而三地提供更多的支持，会增加风险积聚程度，加大投资项目失败的可能。

基于以上分析，提出以下假设：

H1a：地方经济竞争压力会抑制当地企业的技术创新水平。

（二）对创新的促进效应

地方政府经济竞争压力也可能促进企业创新。主要的逻辑和影响机制如下：

第一，为提升当地经济绩效，政府为当地企业提供的直接扶持（如 R&D 补助、土地政策等），可以缓解企业创新活动的融资约束。企业创新是一个时间长、风险大、不确定性强的复杂过程，需要有大量的资金支持；同时创新活动中的知识溢出作用会导致私人回报降低，因而容易造成创新的激励不足问题。尽管目前学术界对政府补贴的实际效果仍有争议，但是基于资源基础观，政府为企业提供的资源（如补贴等）可以补充企业自身所缺乏的创新资源，降低企业自身创新努力的边际成本和不确定性、分散企业创新活动的风险，从而增强企业对研发投入的意愿；另外，从信号理论来看，政府补贴可以作为一种利好投资的信号，帮助企业获得积极响应政策指引和政府认可的标签，拓宽企业外部融资渠道，帮助企业获取所需创新资源。

第二，随着传统驱动增长模式的效应边际递减，而创新的作用日益递增，会倒逼地方政府优化营商环境，可以降低创新主体面临的制度性摩擦，保证市场主体创新成果收益。其一，地区间通过设立开发区等展开的税收优惠政策竞争，可以直接降低企业技术创新的税负成本，提高创新活动中的内源融资能力，帮助企业抓住更好的创新项目。其二，在创新驱动的大背景下，中央政府将创新活动纳入地方政府考核体系，这可能促使地方政府提升科技支出比重，为企业提供基础知识与共性技术供给，也为企业开展研发创新活动创造了良好的外部条件。其三，地方政府通过良性的市场监管环境，完善市场经济基础法律制度，可以提升产学研合作的深度和广度，降低科研成果转化和转移过程中的交易成本，鼓励企业进行更多的研发投入。

基于以上分析，提出以下假设：

H1b：地方经济竞争压力会促进当地企业的技术创新水平。

二、研究设计

（一）样本选择与数据来源

本章选取 2009~2018 年中国深沪 A 股上市公司作为研究样本①。在删除金融类、ST 类和主要财务指标数据缺失的样本后，最终获得了 845 家上市公司共计6105 个企业年度观测值。本章使用了三类数据：①企业专利数据根据国家知识产权局网站的"中国专利公布公告"（http：//epub. sipo. gov. cn）整理而来。②地级市经济和社会发展数据来自历年《中国城市统计年鉴》，财政数据来自历年《中国县市财政统计资料》。③其他公司基本财务数据均来自国泰安《中国上市公司财务报表数据库》。为减轻异常值影响，对主要连续变量进行了首尾各 1%的 Winsorize 处理。

---

① 选用上市公司样本的优点是相关财务和创新数据的披露较为全面和规范，满足定量检验的需要；另外上市公司作为地方利税和就业大户，通常更容易得到地方政府的关注和扶持，对中国特色的政经互动现象具有较高的代表性。

（二）变量定义与模型设定

1. 变量定义

（1）因变量：企业技术创新（pt、ptud、pti）。本章主要使用了企业当年申请的专利总数量（pt）作为衡量企业技术创新水平的指标[①]。根据《中华人民共和国专利法》规定，专利分为发明专利、实用新型专利和外观设计专利，其中发明专利原创性最高、申请难度也最大，更能代表企业的创新能力。因此，为更全面地度量企业创新水平，本章进一步将企业专利细分为发明专利（pti）和非发明专利（ptud）。

（2）自变量：地方经济竞争压力（pressure）。本章选择地方经济中最具代表性的 GDP 增长率来衡量地方政府竞争压力。当前研究具体主要有两种测度方法：一种是"直接比较法"，即用地区 GDP 增长率与同组地区进行比较，若该地区小于"可比地区"的均值，则认为该地区有较高的经济竞争压力；还有一种是"相对比较法"，即将地区 GDP 增速在组内的排名与上年同期状况进行对比，若当年排名落后于上年同期，则认为地区面临的经济竞争压力较高。相对来说，后一种采用的地区间"自我比较"方法能够避免各地区经济发展阶段不同而导致的 GDP 增速差异，因此本章选用后者。并且，本章在具体操作时为进一步保证比较结果的稳健性，同时采用了地级市 t−1年和 t−2 年的两年的数据作为比较基准：若在 t 年地级市 GDP 增长率的省内排名落后于前两年排名的均值，则认为该地区经济竞争压力更高，令 pressure＝1，否则为 0。

（3）控制变量。参考相关研究，本章选取如下影响企业技术创新的控制变量：企业规模（Size）、资产负债率（Lev）、年龄（Age）、股权集中度（H1）、资产收益率（ROA）。同时为控制宏观因素的影响，本文还控制了所在地级市人均 GDP（Gdp_p）、地级市财政分权程度（Fdc）和年度哑变量（Year）。具体变量定义如表8−1 所示。

[①] 现有文献主要采用研发投入和专利产出衡量企业创新。尽管研发投入是企业最重要的创新投入，但最近文献指出，企业研发活动中还伴随其他人力资本等要素投入，且在财务报表附注披露中，存在大量企业未披露或披露不充分的情况。因此与研发投入相比，创新产出更直观地体现了企业的创新水平。

表 8-1　变量定义

变量	名称	定义
pt	专利总数	公司专利申请总数的自然对数
pti	发明专利	公司发明专利申请数的自然对数
ptud	非发明专利	公司实用新型和外观专利申请数的自然对数
pressure	经济竞争压力	若城市当年 GDP 增长率在省内排名落后于前两年的均值，则为 1，否则为 0
Size	企业规模	公司年末总资产的自然对数
Lev	资产负债率	总负债/总资产
Age	企业年龄	公司自成立年份起的年数
H1	股权集中度	第一大股东持股比例
ROA	资产收益率	净利润/总资产余额
Gdp_p	地级市人均 GDP	地级市人均 GDP 的自然对数
Fdc	地级市分权程度	地级市预算财政支出/省级预算财政支出

2. 模型设定

本章构建了如下计量模型对假设做出检验，如式（8-1）所示：

$$\text{innov}_{i,t+1} = \beta_0 + \beta_1 \times \text{pressure}_{i,t} + \sum \beta_k \times \text{controls}_{i,t} + \mu_c + \mu_t + \varepsilon_{it} \tag{8-1}$$

其中，被解释变量为 innov，表示企业技术创新水平，包括企业发明专利申请总数量（pt）、发明专利申请数量（pti）和非发明专利数量（ptud）。主要解释变量 $\text{pressure}_{i,t}$，表示公司所在地级市经济竞争压力。$\text{controls}_{i,t}$ 表示其他控制变量，主要包括表 8-1 所列示的变量。i 表示企业个体，t 表示年度标识，μ_c 和 μ_t 分别表示企业的地区效应和年度效应，ε_{it} 表示随机扰动项，β_k 表示控制变量的系数。

三、实证结果

（一）描述性统计

表 8-2 提供了主要变量的描述性统计结果。作为对比，根据公司所在城市（上一年度）经济竞争压力差异，将样本分为高经济竞争压力组（pressure = 1）

和低经济竞争压力组（pressure＝0）。样本中高经济竞争压力组的样本数量小于
低压力组，经计算约有1/3的样本公司所在城市在上一年度面临较高的经济竞争
压力。从专利申请总量来看，高经济竞争压力组的专利申请总数的平均值为
0.91，略高于低压力组（0.88）；而从非发明专利申请量来看，两组的差异对比
更加显著。以上结果初步表明经济竞争压力与企业创新数量正相关，仍待后文通
过计量回归模型进行深入考察。另外，在两组中发明专利申请量占申请总量的
比重不高，其均值略大于专利申请总数均值的1/2，说明我国企业技术创新水
平仍待加强。最后，两组中企业和地级市相关指标均无显著差异，可以看出样
本内的上市公司有资产负债率较高（高于0.4），但资产回报率不高（仅约
0.04）的特点。

表8-2　主要变量描述性统计分析

变量	pressure＝1					
	样本量	平均值	标准差	最小值	中位数	最大值
pt	2031	0.91	1.68	0	0	6.71
pti	2031	0.53	1.16	0	0	5.84
ptud	2031	0.53	1.23	0	0	5.74
Size	2031	21.87	1.05	19.75	21.79	24.79
Age	2031	9.34	5.73	0	8	23
Lev	2031	0.43	0.2	0.06	0.43	0.89
H1	2031	34.05	13.56	9.23	32.13	70.77
ROA	2031	0.04	0.05	−0.11	0.04	0.2
Gdp_p	2031	12.66	12.35	0.72	8.56	49.31
Fdc	2031	0.13	0.07	0.02	0.12	0.71
变量	pressure＝0					
	样本量	平均值	标准差	最小值	中位数	最大值
pt	3634	0.88	1.67	0	0	6.71
pti	3634	0.5	1.15	0	0	5.84
ptud	3634	0.47	1.16	0	0	5.74
Size	3634	21.84	1.08	19.75	21.71	24.79

续表

变量	pressure = 0					
	样本量	平均值	标准差	最小值	中位数	最大值
Age	3634	8.25	6.11	0	6	23
Lev	3634	0.41	0.2	0.06	0.4	0.89
H1	3634	34.8	14.14	9.23	33.31	70.77
ROA	3634	0.04	0.05	−0.11	0.04	0.2
Gdp_p	3634	13.54	12.79	0.15	8.7	50.63
Fdc	3634	0.13	0.09	0.01	0.13	0.73

资料来源：作者利用 Stata 软件计算。

（二）基准结果分析

本研究以企业专利申请数量为因变量进行回归分析，结果列示于表 8-3。遵循逐层回归的方法，对变量之间的关系进行分步验证，模型（1）、（1a）、（1b）仅引入自变量（pressure），并控制了城市固定效应；模型（2）、（2a）、（2b）添加了控制变量，并进一步控制了年份固定效应。在第（1）列中，pressure 系数的估计值为 0.114，且在 5% 的水平上显著，表明面临高经济竞争压力的地区，公司专利申请总数量增加。同样地，第（1a）和（1b）列中 pressure 系数均显著为正，并且在以非发明专利为因变量回归时表现出了 1% 的显著性，表明地方经济竞争压力对非发明专利的作用更为显著。然而，当进一步控制企业特征变量和年份固定效应之后，以企业发明专利为因变量回归时 pressure 的系数不再显著。表明地方经济竞争压力使企业非发明专利申请数量显著增加，而未提升企业发明专利的申请数量，即激励了创新"数量"而非"质量"。可能的原因是企业实质性创新的长期性与官员需求的短期性存在矛盾，为迎合官员的政治需求，企业通过短时期能出成果"低质量"创新以寻求政策扶持，因此难度大、周期长、风险高的发明专利数量并未提升。另外，控制变量的回归结果与预期相符，企业规模越大、收益率越高的公司，专利申请量越多；而公司年龄对创新产出有负向影响，说明年轻公司创新活力越强。

表 8-3　地区竞争压力与企业专利申请数量

	（1）	（1a）	（1b）	（2）	（2a）	（2b）
	pt	pti	ptud	pt	pti	ptud
pressure	0.114**	0.089**	0.130***	0.108*	0.059	0.080**
	(2.15)	(2.42)	(3.31)	(1.96)	(1.55)	(1.97)
size				0.131***	0.055**	0.017
				(4.02)	(2.47)	(0.70)
age				-0.018***	-0.016***	-0.014***
				(-3.14)	(-3.95)	(-3.23)
lev				-0.142	-0.087	-0.143
				(-0.84)	(-0.75)	(-1.16)
H1				-0.002	-0.002	-0.002*
				(-0.92)	(-1.48)	(-1.71)
roa				2.016***	1.601***	1.438***
				(3.37)	(3.90)	(3.28)
gdp_p				-0.003	-0.014	-0.008
				(-0.18)	(-1.34)	(-0.69)
fdc				0.762	0.692	0.476
				(1.15)	(1.51)	(0.98)
constant	-2.257***	-1.043**	0.210	552.483***	654.572***	1,315.355***
	(-3.51)	(-2.35)	(0.44)	(3.23)	(5.57)	(10.47)
Year	No	No	No	Yes	Yes	Yes
City	Yes	Yes	Yes	Yes	Yes	Yes
Cluster-city	Yes	Yes	Yes	Yes	Yes	Yes
N	4570	4570	4570	4570	4570	4570
adj. R^2	0.060	0.052	0.045	0.064	0.064	0.070

注：表格中***、**和*分别表示0.01、0.05和0.1的显著性水平，括号内数字为回归系数的t值，下同。

（三）异质性分析

1. 考核机制改革分组

随着中国经济进入"新常态"，中央提出创新驱动发展战略，更加注重从要素驱动、投资驱动向创新驱动转型。并且，自 2013 年以来，中共中央、国务院进一步完善地方绩效考核模式，考核目标从偏经济增长到重产业转型，同时还将创新指标纳入了考核体系中。为促进各级领导干部树立正确的政绩观，中央组织部 2013 年 12 月印发《关于改进地方党政领导班子和领导干部政绩考核工作的通知》中开始明确指出，要改变"唯 GDP 论英雄"的绩效考核模式，提出"未来对地方领导干部的各类考核要覆盖全面工作，需综合考核经济、政治、文化、社会、生态文明建设和党的建设的实际成效"。为考察地方考核机制改革前后差异，本章将样本分为 2013 年（含）前后两组，重复表 8-4 模型（1）的分析，结果汇报于表 8-4。结果显示，以企业专利总数量为因变量时，地方经济竞争压力 pressure 的回归系数仅在 2013 年之后两组才显著为正。而细分专利类型的检验结果表明，地方经济竞争压力仅对非发明专利数量有显著正向影响，回归系数为 0.155，而对企业发明专利申请无显著影响。这意味着，随着经济发展模式变化和地方绩效考核机制改革，地方政府更加重视以支持企业创新方式驱动辖区经济发展，进而激励了企业创新数量。但正如理论分析所指出，由于政府官员政绩性需求的迫切性与企业实质性创新的长期性或难以兼容，因而产业政策支持偏向可能诱发企业研发迎合行为，无助于企业高质量创新，因而未能促进发明专利数量[1]。

表 8-4　年份的异质性检验

	2013 年（含）之前			2013 年之后		
	（1）	（1a）	（1b）	（2）	（2a）	（2b）
	pt	pti	ptud	pt	pti	ptud
pressure	0.116	0.067	0.050	0.212**	0.096	0.155**
	(1.49)	(1.35)	(0.85)	(2.23)	(1.38)	(2.28)
controls	控制	控制	控制	控制	控制	控制
Year & City	控制	控制	控制	控制	控制	控制
Cluster-city	控制	控制	控制	控制	控制	控制
N	2363	2363	2363	2207	2207	2207
Adj-R^2	0.068	0.061	0.059	0.059	0.062	0.073

---

[1]　我们在异质性检验时还采用了 t+1 至 t+4 期的数据，未发现显著影响（下同）。

2. 市场化程度分组

地区市场化水平和企业创新有紧密联系，营商环境更佳的地区，企业创新行为也更加活跃，政府通过支持企业创新和推动产业升级，以促进经济增长的成本更低。因此本章按省份市场化水平差异①将样本分为市场化水平高低两组分别回归，结果如表8-5所示。结果表明，在不同市场化水平下，地方经济竞争压力对企业技术创新的影响有显著差异。在市场化水平较低地区，地方经济竞争压力对企业专利数量的影响不显著；而在市场化水平较高地区，地方经济竞争压力对企业专利申请数量，特别是非发明专利数量呈现显著正向影响。这也与预期相一致，若地区市场化水平越高，地方政府越有动力转换经济发展模式，以支持企业创新驱动发展；若地区市场环境恶化，营商环境不佳则不利于企业技术创新。

表8-5　市场化程度的异质性检验

	市场化程度低			市场化程度高		
	（1）	（1a）	（1b）	（2）	（2a）	（2b）
	pt	pti	ptud	pt	pti	ptud
pressure	0.055	0.004	−0.079	0.106 *	0.068	0.098 **
	（0.38）	（0.04）	（−0.85）	（1.71）	（1.60）	（2.14）
controls	控制	控制	控制	控制	控制	控制
Year & City	控制	控制	控制	控制	控制	控制
Cluster-city	控制	控制	控制	控制	控制	控制
N	715	715	715	3855	3855	3855
Adj-R^2	0.096	0.112	0.089	0.059	0.058	0.067

3. 企业所有制分组

在当前经济转型阶段，国有企业和民营企业都是中国经济发展的重要力量。但长期以来，民营企业在创新活动中"融资难、融资贵"问题突出，相比于国企也更缺乏政策倾斜和财政扶持。为考察所有制类型的异质性影响，本章将样本按国企、民企分组回归，结果列示于表8-6。结果表明，地方经济竞争压力对国有企业的专利数量未呈现显著影响。但在民营企业中，经济竞争压力能够促进民

① 市场化指数数据来源于根据王小鲁、樊纲和胡李鹏等《中国分省份市场化指数报告（2018）》。计算时，若省份市场化水平指数高于当年全国各省份的平均值，认为市场化水平较高，否则认为较低。

营企业非发明专利申请数量。这意味着地方经济竞争压力对民营企业的创新活动的激励作用更加显著。可能的解释是出于"父爱主义"，地方政府通常会将其控制的经济资源更多地分配给国有企业，只有在经济竞争压力较大时，才提升对民营企业关注的政策倾斜和财政扶持。但这种"冲动式"的政策容易诱使民营企业为"寻扶持"而创新，因而只提升了创新数量，而创新质量没有变化。

表 8-6　企业所有制的异质性检验

	国企			民企		
	（1）	（1a）	（1b）	（2）	（2a）	（2b）
	pt	pti	ptud	pt	pti	ptud
pressure	0.082	0.054	0.002	0.097	0.056	0.121 **
	（0.89）	（0.85）	（0.04）	（1.41）	（1.16）	（2.28）
controls	控制	控制	控制	控制	控制	控制
Year & City	控制	控制	控制	控制	控制	控制
Cluster-city	控制	控制	控制	控制	控制	控制
N	1455	1455	1455	3112	3112	3112
Adj-R^2	0.141	0.154	0.137	0.065	0.052	0.068

4. 企业规模分组

当前，中国上市企业的规模差异较大，不同规模企业在创新决策和行为模式有显著区别。本章将样本上市公司依据企业规模回归，如果企业的规模大于该年样本内企业规模的均值，则认为企业规模较大，反之认为较小，结果汇报于表 8-7。结果显示，地方经济竞争压力只对规模较小上市公司的专利数量有显著正向影响，但同样只增加了企业非发明专利数量，未能增加发明专利数量。这也意味着地方经济竞争压力对规模较小的上市公司影响更大，这一结论与现实基本相符。通常地方政府出于利税和就业考虑，对辖区大企业更为关注、政策扶持力度更大，而真正有创新动力和渴求的中小企业却较难获得政府资助。当地方政府面临较高经济竞争压力时，会增加规模较小的企业的政策扶持，而其由于面临更强的创新资源约束，更有积极性通过研发迎合等行为争取政策倾斜，因此未能有效提升创新质量。

表 8-7　企业规模的异质性检验

	企业规模大			企业规模小		
	(1)	(1a)	(1b)	(2)	(2a)	(2b)
	pt	pti	ptud	pt	pti	ptud
pressure	0.069	0.030	0.059	0.124*	0.079	0.095*
	(0.82)	(0.51)	(0.99)	(1.73)	(1.59)	(1.69)
controls	控制	控制	控制	控制	控制	控制
Year & City	控制	控制	控制	控制	控制	控制
Cluster-city	控制	控制	控制	控制	控制	控制
N	2171	2171	2171	2399	2399	2399
Adj-R^2	0.107	0.086	0.083	0.064	0.063	0.076

四、进一步分析

正如本章理论假说部分的分析，地方经济竞争可能通过选择性产业政策（如政府补助），或功能性产业政策（如税收优惠、财政支出结构和市场监管环境等）机制影响企业技术创新。因此，在式（8-1）的基础上，加入相应中介机制变量 $M_{i,t}$，重新估计以下方程，并使用 Sobel 和 Goodman 方法对中介效应进行检验见式（8-2）。

$$M_{i,t} = \beta_0 + \beta_1 \times pressure_{i,t-1} + \sum \beta_k \times controls_{i,t-1} + \gamma_i + \mu_t \tag{8-2}$$

$$pt_{i,t} = \beta_0 + \beta_1 \times pressure_{i,t-1} + M_{i,t} + \sum \beta_k \times controls_{i,t-1} + \gamma_i + \mu_t \tag{8-3}$$

根据理论分析，研究针对的中介机制变量 $M_{i,t}$ 具体包括：政府补助（subs）、税收优惠（etr）、政府财政科技支出（city_rd）和知识产权保护（city_ip）四个变量。各个指标的含义和构造如下：①政府补助。本章首先在上市公司年报披露的政府补助明细中运用"关键词检索"方法搜索确定企业创新补助项目，然后按年度进行加总求得。参考郭玥（2018）的研究，创新补助项目关键词是指包含有关技术创新、政府科技创新支持政策、企业创新成果、引进创新人才、技术创新合作和关于高新技术产业领域的专有名词，如"研发""创新""科技""星火计划""火炬计划""知识产权""专利""实验室""集成系统""机器人""激光""肽"等关键词。政府补助 = 企业当年获得的政府研发补贴/总资产。②税收优惠。借鉴相关研究方法，税收优惠 = 企业当年所得税费用 − （递延所得税费用/息税前利润）。③政府科技支出。政府科技支出 = 地方政府财政科技支出/预算总支出。④知识产权保护。由于当前地级市层面知识产权保护数据缺乏，因此参考了吴超鹏与唐菂（2016）等研究的处理方法，采用当地政府对知识产权保护的重视程度作为代理变量，具体用每一年度在重要报纸上对当地知识产权保护相关文章的报道数目来度量。数据来源于知网"全国重要报纸数据库"，该数据库包含了国家、地方、行业 560 余种重要报刊。其中，"宣传城市知识产权保护"的文章是指：文中包含该"城市名"，并包含"知识产权保护""专利保护"等关键词。本章采用手工检索方式加以统计，最后对数据做了对数化处理。中介效应检验的结果列示于表 8-8。在第（1）列中，政府补助对企业专利申请的回归估计系数为 0.454，并且在 1% 的水平上显著；并且 Sobel Test、Goodman − 1 Test 和 Goodman − 2 Test 的 Z 值和 p 值均通过显著性检验，按照 Baron 和 Kenny（1986）的中介变量检验方法，说明政府补助在地方经济竞争压力与企业专利总数量的关系中发挥完全中介作用。同样，以非发明专利数量为因变量回归时（第 1a 列），政府补助的回归系数估计值为 0.204，仍然保持 1% 的显著性水平，并且通过了中介机制检验。表明地方政府在经济竞争压力下提升了对上市公司的创新补贴水平，因而激励了企业专利申请数量，尤其是非发明专利申请数量显著增加。但无论以专利总数量还是非发明专利数量为因变量回归时，税收优惠、地方政府财政科技支出和知识产权保护的估计系数较小，且均没有通过显著性检验，说明在考察期内，选择性产业政策没有发挥中介作用。

表 8-8　地方经济竞争压力对企业技术创新的中介机制检验

	pt				ptud			
	（1）	（2）	（3）	（4）	（1a）	（2a）	（3a）	（4a）
pressure	0.082	0.105*	0.104*	0.105*	0.068*	0.078*	0.076*	0.072
	(1.49)	(1.90)	(1.88)	(1.74)	(1.68)	(1.93)	(1.88)	(1.62)
subs	0.453***				0.204***			
	(7.65)				(4.67)			
etr		−0.001				0.001		
		(−0.54)				(0.63)		

续表

	pt				ptud			
	(1)	(2)	(3)	(4)	(1a)	(2a)	(3a)	(4a)
city_rd			0.002				−0.007	
			(0.07)				(−0.37)	
city_ip				−0.003				−0.018
				(−0.05)				(−0.35)
constant	−48.726	−68.723	−64.469	−61.798	30.427	22.589	22.520	21.704
	(−1.11)	(−1.54)	(−1.45)	(−1.25)	(0.94)	(0.69)	(0.69)	(0.59)
controls	控制	控制	控制	控制	控制	控制	控制	控制
Year & city	控制	控制	控制	控制	控制	控制	控制	控制
Cluster−city	控制	控制	控制	控制	控制	控制	控制	控制
N	4585	4580	4585	4087	4585	4580	4585	4087
Adj-R^2	0.075	0.063	0.063	0.056	0.075	0.070	0.070	0.068
Sobel Z 值	3.184	−0.280	−0.072	0.045	2.802	0.290	0.373	0.337
Soble Z 对应的 p 值	0.001	0.779	0.942	0.964	0.005	0.772	0.709	0.736
Goodman−1 Z 值	3.162	−0.149	−0.072	0.038	2.761	0.167	0.369	0.288
Goodman−1 Z 对应的 p 值	0.002	0.881	0.943	0.969	0.006	0.867	0.712	0.774
Goodman−2 Z 值	3.207	—	−0.073	0.058	2.844	—	0.377	0.426
Goodman−2 Z 对应的 p 值	0.001	—	0.942	0.953	0.004	—	0.706	0.670

本章检验结果表明，地方经济竞争对企业技术创新的影响，主要是通过增加政府补助机制实现的，而税收优惠、财政科技支出和知识产权保护等功能性产业政策的中介作用不显著。这意味着，随着经济发展方式和地方政府考核模式的变化，经济竞争压力赋予了政府扶持创新的动力，但过多采用政府补贴这一选择性产业政策，而对配套功能性政策重视不足，导致有效创新不足，未能促进企业高质量创新。

五、研究结论与启示

本章基于 2009~2018 年 845 家上市公司数据，实证检验了地级市经济竞争压力对上市公司技术创新的影响机制，研究结果可概括为：第一，考察期内，地方政府经济竞争压力增加了企业非发明专利数量，但未增加发明专利数量，表现为创新"数量"而非"质量"激励。第二，以上现象在地方政府考核模式改革以后、市场化程度更高的地区、规模较小以及民营企业中更为显著。第三，经济竞争压力促使地方政府过多使用政府补助等选择性产业政策，但缺乏功能性产业政策手段（如税收优惠、财政科技支出或知识产权保护等），这是导致创新"量、质"不同步的潜在原因。

为完善科技创新治理体系，需进一步改革地方政府考核激励和产业政策模式，或许可提供以下政策启示。

第一，应坚定破除"唯 GDP"的政绩观，完善地方政府考核激励机制。自 2013 年以来，中央对地方政府的考核指标日臻多元，改革效果初显。此外，应结合区域协调发展战略，设计因地制宜、分类治理的"差异化"绩效考核方式，根据城市发展差异给予考核指标不同权重；同时，探索建立注重高质量创新和经济长期发展目标的"长效化"绩效考核方式，坚定地方政府培育创新的耐心和决心。

第二，应加强产业政策制定主体的约束和监督，提高地方财政补贴的实施效率。经济竞争压力造成地方政府积极地向企业提供政府补助，所费不赀、成效不彰，因此应限定地方产业补贴的制定依据，并加强补贴资金的事前、事中和事后监督。若经济竞争落后地区过度采用粗放式补贴，不但难以促进高质量创新，在长期甚至可能陷入落后、补贴、再落后的"低水平陷阱"，不利于化解我国现阶段经济社会发展的主要矛盾。

第三，需要调整产业政策模式，从选择性政策转向功能性政策。政府应积极完善科技创新治理体系，着力推进市场化改革、提升知识产权保护制度，尤其针对创新融资约束较强的民营企业和中小企业，应进一步通过拓宽外部融资渠道、加强产学研合作和共性技术联合攻关方式，最大程度激发企业创新活力，真正建立起以企业为主体、市场为导向、产学研深度融合的技术创新体系。

第9章 高管海外经历如何影响企业技术创新?①

一、问题提出

党的十九大报告指出,创新是引领发展的第一动力,是建设现代化经济体系的战略支撑。自改革开放以来,党中央深入实施改革开放、人才强国和创新驱动战略,积极支持海外高层次人才引进,有力促进了我国科技研究创新和高新技术产业发展。党的十八大以来,党中央提出了"聚天下英才而用之"的战略目标,为海外人才归国提供大量的政策支持和生活便利服务。2021年9月,在中央人才工作会议上,习近平总书记强调深入实施新时代人才强国战略,加快建设世界重要人才中心和创新高地。对中国企业而言,引进海外高管是提升人力资源水平的常见途径。海归高管由于具备丰富海外学习和工作背景,并掌握了先进专业知识和科学公司治理方式,因而对企业创新等重要战略决策水平有重要影响。那么,企业引智海归高管是否会提升企业技术创新水平?其影响的内在作用机理是什么?对不同类型的企业是否存在异质性影响?如上问题的回答对于提升中国企业自主创新水平、优化新时代人才发展战略具有较强的理论和现实意义。

梳理相关文献时发现,学术界对海归高管与企业创新关系研究歧见纷呈,但

① 本章为国家社科基金重大项目"技术标准与知识产权协同推进数字产业创新的机理与路径研究"(19ZDA077)阶段性成果,作者为戚聿东、张倩琳、于潇宇。

仍无定论。目前主要有三种观点：第一种观点认为海归高管促进了企业创新，不仅促进了创新投入和创新产出，还提高了创新效率（张信东、吴静，2016；周泽将等，2014）。研究发现，拥有海外工作和学习背景的海归高管均对企业创新均有正向促进作用，都有效提高了创新效率，且前者对企业创新有更大的影响（宋建波、文雯，2016）。第二种观点认为海归高管可能对企业创新存在负面影响。如邹豪谦（2018）发现海归高管对企业创新有负向影响，拥有海外学习经历的海归高管显著抑制了企业创新。进一步对海归高管的背景分类研究发现，拥有法律背景的海归高管虽然对创新效率存在正面影响，但是不会提高企业的创新投入和创新产出（郑明波，2019）。第三种观点认为海归高管对企业创新没有作用，如梁剑和吴静（2017）发现在短期内，拥有政府背景、担任董事长或总经理职务、仅有海外工作经历，或者仅有海外学习经历但学历较低的海归高管对企业创新产出没有促进作用。由于二者之间关系经常受多种因素的影响，周泽将等（2014）认为高管持股显著降低企业创新投入，并且弱化海归高管对企业创新投入的正面效应。唐建荣和吴鸣华（2019）发现拥有丰富的国外社会网络是海归高管企业提高创新能力的必要条件，而与国内社会网络保持适度距离是发挥其作用的基本保障。陈雄兵和马苗苗（2019）发现分析师们关注那些较多企业以及机构投资者持股比例高的企业，海归高管对企业创新显著促进作用更为明显。

综上可见，当前研究在企业引智海归高管与企业技术创新的问题上的看法并未达成一致。并且，鲜有文献研究海归高管对技术创新的作用机理和路径，仅有的少量研究也缺乏较深层次的机制分析（黄伟丽、马广奇，2021；张正勇、胡言言，2021），未能充分剖析对企业创新影响的微观机理与传导机制。鉴于此，本章尝试基于"烙印理论"（Imprinting Theory）和"高阶理论"（Upper Echelons Theory），深度探究企业引智海归高管对技术创新的影响机理，并进行了实证检验。研究发现，企业引智海归高管，有效促进了企业专利申请总量增加和创新质量提升。进一步的机制分析发现，存在"减少管理层短视""提升管理层信心""优化创新资源配置"机制路径：①高管海外经历提高了管理层多元化，降低了管理层短视程度，降低了企业的犯错成本，进而提高创新绩效；②海归高管通常比一般高管更自信，也提高了管理层的自信，创新意愿更加强烈；③海归高管对高素质人力资本具有"虹吸效应"，通过调整和优化企业内部创新要素配置结构，提高技术人员占比和高学历人员占比，提高了创新要素配置效率。此外，分组检验后发现，企业引智海归高管对非国有企业、高技术企业、中小型企业、市场化程度高的地区技术创新的正向促进作用更加显著。

相对已有文献，本章主要创新点和边际贡献之处在于：①与已有文献主要考察政府补贴和产业政策等外部驱动因素对企业创新影响的研究不同，本章从企业内部驱动力出发，以高管这种人力资本要素为切入点。②区别于已有文献主要集中于高管社会关系和激励对企业创新的研究，本章主要考察了企业引智海归高管对技术创新的影响，丰富了相关研究领域的实证研究。③本章从企业创新的内部来源和动机出发，将企业实质性创新作为研究对象，深入分析海归高管对企业创新的作用机制，这有助于深化关于高管团队对企业创新影响的认识，从而制定更为有效的人才引进政策。

本章接下来的内容安排为：第二部分分析了企业引智海外高管人才的政策背景，并提出本章机理逻辑与研究设计；第三部分报告了分组回归的实证结果；第四部分是影响机制与异质性分析；第五部分是结论与启示。

二、政策背景、机理逻辑与研究设计

（一）政策背景

改革开放 40 余年来，中国实施科教兴国战略、人才强国战略和创新驱动战略，颁布了一系列海外人才引进政策（见表 9-1），力求通过税收优惠和提高人才安置待遇等有国际竞争力的环境吸引海外人才回国发展（宋建波等，2017）。伴随国内创新创业环境的日趋完善，海外人才的归国潮涌现，据统计，1978～2018 年，有 365.14 万人选择回国发展，这一占比在各类已完成学业出国留学人员中高达 84.46%，其中 18% 的海归任职于企业中高层①。海外归国人才在科技进步及技术创新作用日益凸显，有益增加了我国高端人力资本储备，有力促进了我国科技研究创新和高新技术产业发展。提高企业创新水平的核心是要充分发挥高管在企业创新的决策和治理作用，党的十九大报告强调"发挥企业和企业家主观能动性"，我国《国民经济和社会发展第十四个五年规划和 2035 年远景目标纲

---

① 资料来源于 2019 年教育部发布的《2018 年度我国出国留学人员情况统计》。

要》提出要"提升企业技术创新能力，激发人才创新活力"。近年来，具备先进专业知识和企业创新治理能力的高管群体日益庞大，有效改变国内企业之前普遍缺乏"高、精、尖"人才的不利局面，对企业自主创新带来深远影响。

表 9-1　1978~2021 年中央政府海归人才引进政策措施的梳理

年份	具体文件及政策名称
1978	教育部向中央提交《关于加大选派留学生的数量的报告》
1998	教育部实施了"长江学者奖励计划"
2001	《关于鼓励海外留学人员以多种形式为国服务的若干意见》
2001	《关于印发〈留学人员创业园管理办法〉的通知》
2003	《关于开展高层次留学人才回国资助试点工作的意见》
2005	《关于在留学人才引进工作中界定海外高层次留学人才的指导意见》
2006	《国家中长期科学和技术发展规划纲要（2006-2020 年）》
2006	《留学人员回国工作"十一五"规划》
2007	《关于进一步加强引进海外优秀留学人才工作的若干意见》
2007	《关于建立海外高层次留学人才回国工作绿色通道的意见》
2008	"全球专家招募计划"
2008	《中央人才工作协调小组关于实施海外高层次人才引进计划的意见》（简称"千人计划"）
2008	《关于印发〈关于海外高层次引进人才享受特定生活待遇的若干规定〉的通知》
2009	《关于印发实施中国留学人员回国创业启动支持计划意见的通知》
2009	《关于实施海外赤子为国服务行动计划的通知》
2009	《关于海外高层次留学人才回国工作绿色通道有关入出境及居留便利问题的通知》
2010	《国家中长期人才发展规划纲要（2010-2020 年）》
2011	《关于加强留学人员回国服务体系建设的意见》
2011	《关于印发〈关于支持留学人员回国创业的意见〉的通知》
2012	《关于为外籍高层次人才来华提供签证及居留便利有关问题的通知》
2016	《关于深化人才发展体制机制改革的意见》
2016	《关于加快众创空间发展服务实体经济转型升级的指导意见》
2017	《关于深化职称制度改革的意见》
2017	《国家海外高层次人才引进计划管理办法》
2017	《国家高层次人才特殊支持计划管理办法》
2017	《关于加快直属高校高层次人才发展的指导意见》
2018	《"长江学者奖励计划"管理办法》

续表

年份	具体文件及政策名称
2018	《关于加快建设发展新工科实施卓越工程师教育培养计划2.0的意见》
2018	《关于开展2018年度高层次留学人才回国资助试点工作的通知》
2018	《关于高等学校加快"双一流"建设的指导意见》
2018	《高等学校基础研究珠峰计划》
2019	《关于支持海南深化教育改革开放实施方案》
2019	《关于充分发挥市场作用促进人才顺畅有序流动的意见》
2019	《关于深化工程技术人才职称制度改革的指导意见》
2019	《职称评审管理暂行规定》
2019	《外商投资人才中介机构管理暂行规定》
2020	《关于进一步加强高技能人才与专业技术人才职业发展贯通的实施意见》
2020	《关于"双一流"建设高校促进学科融合　加快人工智能领域研究生培养的若干意见》
2020	《未来技术学院建设指南（试行）》
2020	《职业教育提质培优行动计划（2020—2023年）》
2021	《高等学校碳中和科技创新行动计划》
2021	《技能人才薪酬分配指引》
2021	《关于支持港澳青年在粤港澳大湾区就业创业的实施意见》

资料来源：作者收集、整理和归纳。

中国企业引进高端管理人才，可以有效应对激烈的技术革新和市场竞争，提高企业科学管理水平，推动企业自主创新水平。伴随出国潮和海归潮涌现，日益增多的海归任职于公司管理层职位，据《2018中国海归就业创业调查报告》显示，在归国人员中任职于企业中层管理者的比例高达15%，高管层的比例则为3%。近年来，企业引智海外高管与企业创新产出呈同步增加趋势。如图9-1所示，2008~2017年，中国上市企业中，海归高管企业数目呈现逐渐增多趋势，企业平均专利申请数量和发明专利申请数量均逐年增多，引智海归高管与企业创新可能存在相关关系。另外，通过分组统计显示（见图9-2），引智企业专利申请总量明显多于非引智企业，尤其是发明专利和实用新型专利数量明显多于外观设计专利。因此，企业吸纳有海外学习和工作经历的高管，或有助于提升企业创新绩效。

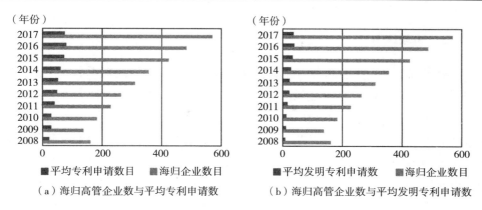

（a）海归高管企业数与平均专利申请数　　　（b）海归高管企业数与平均发明专利申请数

图 9-1　引智海外高管的企业数量与企业专利申请情况

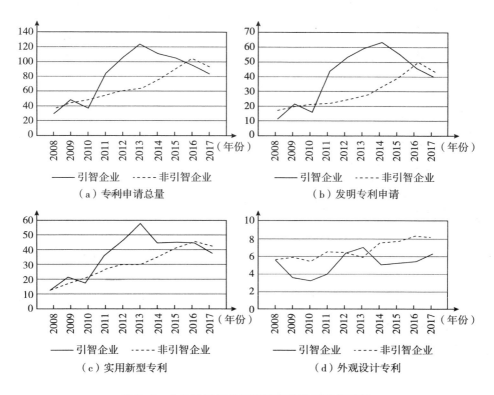

图 9-2　企业引智行为与专利申请数量变化趋势

注：作者收集、整理和归纳。

（二）机理逻辑

现有研究指出，海归高管为任职企业带来先进的技术创新知识和科学的公司治理模式，海归群体参与企业高层管理成为国际知识溢出的一种有效渠道，如Liu 等（2010）通过对中国高新技术企业的研究，发现海归高管明显促进了国际技术的溢出，且比 FDI 和人才流动带来的溢出效应更强。同时，海归高管能够改善公司治理和提高企业业绩（Giannetti et al.，2015），Dai 和 Liu（2009）通过对中关村科技园中小企业的研究，发现海归企业家普遍有较好的专业知识和创业倾向，对公司业绩有显著正向促进作用。然而，海归高管影响企业创新的机制路径仍未清晰。本章基于"烙印理论"（Imprinting Theory）①和"高阶理论"（Upper Echelons Theory）②，认为企业引智海归高管可以通过"减少管理层短视""提升管理层信心""优化创新资源配置"这三条路径促进企业创新水平提升。

第一，海归高管具备先进的专业知识和技能，有益于企业做出科学决策判断，缓解企业管理层短视问题。由于技术创新是一项充满未知风险的投资过程，管理层短视不利于企业的创新活动。依据"烙印理论"，企业高管早期学习和工作经历会产生特殊的印记，对其之后的行为决策和管理工作产生持续影响，如民营企业家"体制内"工作经历产生的"烙印效应"使其更愿意加入房地产等行业（戴维奇等，2016）。相比之下，归国人员基本具有国外实习和任职经历，语言和跨文化沟通能力强是海归的最大优势③，海外高管丰富的海外学习和任职经历可以提高管理层多元化（虞义华等，2018）。受到国外专业知识、科学培养模式和先进公司治理理念的持续影响，海外高管创新意愿和创新意识更强，可以相对减少部分本土企业盲目"铺摊子、上规模"等粗放型、套利型路径依赖，增加关乎企业长期发展的集约型、创新型行为。

第二，海归高管更具自信、敢于冒险等企业家特质，可以提高管理层自信程度，提高企业创新水平。一方面，海归高管往往具备自信、乐观等特质，由于高管自信等心理使其乐观估计创新过程中的不确定因素，甚至倾向于高估自身处理

---

① "烙印理论"将求学时期或者个体职业生涯早期阶段作为个体敏感期，敏感期内焦点主体为适应环境形成与之匹配的印记，这些印记产生持续的后续影响。

② "高阶理论"认为高管不同特质和经历影响自身认知能力和价值观，这些因素促使高管高度个性化的决策，影响企业经营管理和战略规划。

③ 资料来源于 2018 年第 13 届中国留学人员创新创业论坛发布的《2018 中国海归就业创业调查报告》。

项目的能力（Hirshleifer et al.，2012）。海外高管作为企业的决策者和管理者，直接影响企业创新等战略规划决策，从而促进企业创新活动和创新项目的增多（Malmendier et al.，2011）。另一方面，由于创新具备风险大、周期长等特征，其投资收益状况在很大程度上取决于高管自身所代表的人力资本质量（代昀昊、孔东民，2017）。海外引进高管由于积累了国外前沿的专业知识和技能（赖黎等，2017），其人力资本素质较高，因此其加入管理层可以提升企业管理层整体决策自信程度，能有效激励企业创新行为。

第三，海归高管对高端人才具有"虹吸效应"，可以提高企业高素质人才占比，提高创新资源配置效率。技术创新本质上是以人为主体，利用各种创新要素展开的活动（李平等，2007），企业要想提升国际竞争力，需要充分发挥人力资本的积极能动性，加大企业高素质人才投入。由于海归高管具备良好的教育背景和专业技术知识储备（王辉耀、刘国福，2012）[①]，同时兼具海内外社会关系网络，这些特质对高端人才是一种"虹吸效应"，即吸引更多的高学历和高技术人员来企业开展研发和管理工作，促进企业创新投入结构优化，从而提高企业创新水平。

综上所述，企业引智海归高管对企业创新水平提升的作用机制如图 9-3 所示。

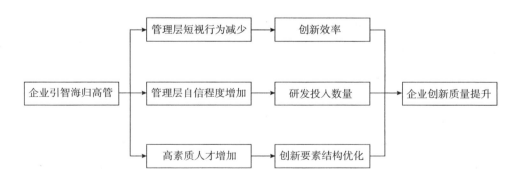

图 9-3　企业对海归高管的引智行为与企业创新质量提升的逻辑关系

注：作者收集、整理和归纳。

---

① 据统计，归国人员中研究生占比高达 36.1%，其中 35.5% 获得博士学位。

（三）研究设计

1. 样本选择与数据来源

本章选取 2008~2017 年中国深沪 A 股上市公司作为研究样本。在删除金融类、ST 类和主要财务指标数据缺失的样本后，最终获得了 2912 家上市公司共计 15458 个企业年度观测值。本章使用了两类数据：①由企业专利数据根据国家知识产权局网站的"中国专利公布公告"（http：//epub. sipo. gov. cn）整理而来。②其他公司基本财务数据均来自国泰安《中国上市公司财务报表数据库》。为减轻异常值影响，对主要连续变量进行了首尾各 1% 的 Winsorize 处理。

2. 变量定义

（1）因变量：企业创新（apply、iapply、udapply）。现有文献主要从创新投入、创新产出、创新绩效三个方面研究企业创新问题（周铭山、张倩倩，2016；鲁桐、党印，2014）。考虑到与研发投入相比，创新产出更直观地体现了企业的创新水平，本章主要使用企业当年申请的专利总数量（apply）作为衡量企业技术创新水平的指标。并且，由于发明专利（iapply）比非发明专利（udapply）（包括实用新型专利和外观设计专利）更能体现公司的原创性活动（赵子夜等，2018；黎文靖、郑曼妮，2016），因此在机制探究部分，借鉴江轩宇（2016）等相关研究，将发明专利申请量作为研究对象。具体测度方法如下：专利申请总量为实质性创新与策略性创新之和；实质性创新（iapply）用当年发明专利申请数的自然对数。策略性创新（udapply）为企业当年实用新型专利申请数量与外观设计专利申请数之和取自然对数。

（2）自变量：海归高管（oveseaback1、oveseaback2）。现有研究对高管的界定主要包括董事、监事和高级管理人员等（代昀昊、孔东民，2017；蒋尧明、赖妍，2019）。考虑到企业监事和独立董事主要起到监督作用，对企业创新活动等经营决策影响较小，本章将企业高管范围界定为董事（不包括独立董事）和高级管理人员，并将在中国大陆以外国家或地区具有一年以上学习或工作经验的高管定义为"海归高管"。具体测度方式为，如果企业当年有一位及以上的高管有国外学习或工作经历（刘青等，2013），则令 oveseaback1 = 1，否则为 0。另外，本章使用海归高管占比（oveseaback2），即企业当年海归高管在所有高管中所占比重指标作为稳健性检验（宋建波等，2017）。

（3）控制变量。参照虞义华等（2018）的研究，选取如下控制变量：资本密集程度（fixedpp），用企业人均固定资产净额自然对数表示。企业员工生产能力（salespp），用企业人均营业收入自然对数表示。企业资产负债率（leverage），控制企业资本结构对创新产出的影响。现金持有比率（cashassets_ratio），用现金资产占企业总资产比率表示。企业总资产收益率（ROA），用企业当年净利润除以总资产表示。本章变量定义具体见章末表 9-15 所示。

3. 模型设定

为识别海归高管对企业创新的影响，构建了基准计量模型，见式（9-1）：

$$\text{innovation}_{i,t} = \alpha + \beta \text{overseaback}_{i,t} + \gamma x_{i,t} + \delta_i + \theta_t + \mu_{i,t} \tag{9-1}$$

其中，$\text{innovation}_{i,t}$ 为被解释变量，表示 i 企业在 t 年的企业创新。$\text{overseaback}_{i,t}$ 为 i 企业在 t 期时是否有海归高管，$\gamma x_{i,t}$ 表示公司层面的控制变量，并分别控制了时间和个体层面的因素。

4. 描述性统计

表 9-2 汇报了总样本及分样本主要变量的主要统计值。据表 9-2 可知，海归高管企业在全部样本中占 13.26%。分样本分析发现海归高管企业发明专利平均申请量为 52.78，非海归高管企业发明专利申请量平均为 38.02，引进海归高管的企业比其余企业多了 14.76 件发明专利申请数，且在 1% 水平上显著，说明海归高管企业创新水平显著强于非海归高管企业。

表 9-2 主要变量的统计描述

变量	全样本					海归 N = 2049	无海归 N = 13409	差值 N = 15458
	Obs	Mean	Std. Dev.	Min	Max	Mean	Mean	Mean
	（1）	（2）	（3）	（4）	（5）	（6）	（7）	（8）
apply	15458	85.2260	420.8533	1	20107	104.0966	82.3425	21.7541***
iapply	15458	39.9778	246.0922	1	9029	52.7799	38.0216	14.7583***
uapply	15458	37.8114	181.8276	0	9622	45.2948	36.6679	8.6269***
dapply	15458	7.4368	37.7229	0	1574	6.0219	7.6530	-1.6311***
udapply	13295	2.7023	1.4550	0	9.3233	2.7669	2.6924	0.0745***
oveseaback1	15458	0.1326	0.3391	0	1	1	—	—
oveseaback2	2049	0.3932	0.2007	0.1111	1	0.3932	—	—
assets	15457	22.0624	1.3236	16.7037	28.5087	22.1159	22.0542	0.0616**

续表

| 变量 | 全样本 | | | | | 海归
N = 2049 | 无海归
N = 13409 | 差值
N = 15458 |
	Obs	Mean	Std. Dev.	Min	Max	Mean	Mean	Mean
	（1）	（2）	（3）	（4）	（5）	（6）	（7）	（8）
firmage	15345	2.7871	0.3317	0	4.1431	2.7928	2.7862	0.0066
fixedpp	15338	12.4495	1.0572	6.5700	18.5106	12.4199	12.4541	−0.0342
salespp	15339	13.6420	0.8094	9.5197	19.7023	13.6298	13.6438	−0.0140
salesgrowth	14896	5.5873	490.8150	−5.4080	59411.55	1.0001	6.2876	−5.2875
TobinQ	15024	2.3807	2.2774	0.0826	92.1088	2.7434	2.3255	0.4179***
MB_ratio	15024	0.8499	0.9189	0.0109	12.1002	0.7425	0.8662	−0.1238
leverage	15457	0.4277	0.8389	0.0071	96.9593	0.3919	0.4332	−0.0413
cashassets−o	15451	0.1803	0.1462	−0.1648	0.9540	0.1876	0.1792	0.0084***
ROA	15457	0.0429	0.2000	−5.2594	22.0051	0.0443	0.0427	0.0016
stockreturn	14093	0.1970	0.6855	−0.8693	15.2113	0.1989	0.1964	0.0025
stockvolat−y	15429	0.1785	0.0451	0.0105	1.5998	0.1799	0.1782	0.0016*
HHI	15458	0.0969	0.1063	0.0125	0.5902	0.0868	0.0984	−0.0116

5. 预检验

图 9-4（a）为引智企业里管理层短视与发明专利申请量的散点图，发现管理层短视的企业发明专利申请数量拟合线是一条斜率为负值的直线，说明二者可能呈负相关。图 9-4（b）为引智企业里自信与发明专利申请量的散点图，发现自信与企业发明专利申请数量拟合线是一条斜率为正值的直线，说明二者可能呈正相关。在海归高管的作用机制方面，通过提高管理层自信来促进企业创新发展。图 9-4（c）为引智企业里高技术人员与发明专利申请量的散点图。发现高技术人员与企业发明专利申请数量拟合线是一条斜率为正值的直线，说明二者可能呈正相关。图 9-4（d）为引智企业里硕士人员与发明专利申请量的散点图。发现硕士人员与企业发明专利申请数量拟合线是一条斜率为正值的直线，说明二者可能呈正相关。在海归高管的作用机制方面，海归高管对高素质人才具有"虹吸效应"，促进企业创新发展。以上结果初步表明引入海归高管与企业创新水平呈正相关，还有待后文通过计量回归模型进行深入考察。

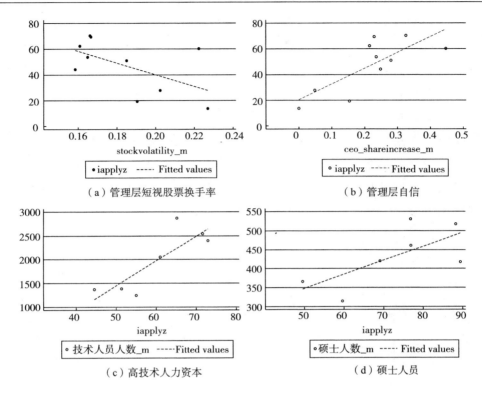

（a）管理层短视股票换手率　　　　　（b）管理层自信

（c）高技术人力资本　　　　　　（d）硕士人员

图 9-4　企业对海归高管的引智行为与发明专利申请数量

三、基准结果

（一）基于 OLS 的基准结果

本章以企业专利申请总量为因变量进行回归分析。遵循逐层回归的方法，对企业海外高管引智和企业创新水平的关系进行分步验证，结果列示于表 9-3。模型（1）、模型（3）、模型（5）仅引入自变量（oveseaback1），模型（2）、模型（4）、模型（6）添加了控制变量。在表 9-3 第（1）列中，oveseaback1 系数的估计值为 0.1833，且在 1% 的水平上显著，并且在添加控制变量后显著性不变，表明有海外高管的企业，公司专利申请总数量更高。同样，在表9-3第（3）和第（4）列中以发明专利为因变量回归时，oveseaback1系数也表现出了1%的显著性，表明引入海归高管对发明专利的促进更为显著。观察表9-3中第（5）和第（6）列可知，引入海归高管对非发明专利申请数量无显著影响。从相关控制变量看，企业员工劳动生产率（salespp）越高，越有助于提高企业创新水平和创新质量；现金持有比率（cashassets_ ratio）越高，越不利于企业创新。

综上所述，基准回归结果表明，引入海归高管正向影响公司专利申请总数量，尤其是公司发明专利申请数量，而未增加非发明专利申请数量，表明海归高管对企业难度大、周期长、风险高的实质性创新有一定正向激励作用。

表9-3 企业引智海归高管对企业创新的回归结果

	apply	apply	iapply	iapply	udapply	udapply
	（1）	（2）	（3）	（4）	（5）	（6）
oveseaback1	0.1833***	0.1523***	0.1539***	0.1242**	0.0099	0.0096
	（3.6883）	（3.0824）	（2.9614）	（2.3960）	（1.0503）	（1.0339）
fixedpp		0.0102		0.0162		0.0022
		（0.3696）		（0.5852）		（0.4064）
salespp		0.2038***		0.1973***		0.0018
		（5.7848）		（5.6215）		（0.2772）
leverage		−0.0133		−0.0143		0.0015
		（−1.0379）		（−1.3056）		（0.8836）
cashassets_ ratio		−1.0063***		−0.9433***		−0.0582***
		（−10.4583）		（−9.1651）		（−2.7199）
ROA		−0.0375		−0.0947		0.0276
		（−0.2268）		（−0.6348）		（0.9785）
Constant	2.9913***	0.2595	2.0705***	−0.6552	0.4934***	0.4498***
	（178.8377）	（0.5526）	（121.1372）	（−1.3190）	（145.6830）	（5.1275）
Observations	15458	15332	15458	15332	15458	15332
R²	0.0838	0.1081	0.0860	0.1072	0.0026	0.0037
Number of stkcd	2912	2882	2912	2882	2912	2882

注：小括号内为稳健标准误，*、**、***分别代表在10%、5%、1%的水平上显著。以下各表同。

（二）内生性问题的处理

为准确获得海归高管对企业创新的因果识别效应，本章需处理的内生性问题主要有两类：①模型遗漏变量偏误。虽然笔者在参考已有研究的基础上，控制了一系列影响企业创新的重要因素，但仍可能存在一些遗漏变量，这将导致模型估计结果产生偏误。②反向因果关系。企业本身在选择高管时存在内生性，不同类型的企业对高管能力的偏好也各不相同，创新型的企业可能更加偏好拥有海外经历的高管，这种由反向因果关系所产生的内生性问题也会导致模型估计结果有偏。因此，文章采用工具变量法和倾向得分匹配法来进一步处理。

1. 工具变量法

本章选择海归高管虚拟变量的滞后 1 期为工具变量。主要原因是上期是否有海归高管会影响当期是否有海归高管，满足相关性假定；同时，滞后 1 期海归高管较少影响当期企业创新表现，因此是一个较为理想的工具变量。

表 9-4 为运用工具变量的实证回归结果，发现工具变量在 1% 水平上显著为正，这与基准模型一致。表 9-4 中第（3）列为工具变量对企业海外高管引智情况的一阶段回归结果，发现满足 Staiger 和 Stock（1997）提出的相关工具变量一阶段 Kleibergen-Paap Wald F 取值大于 10 的条件，拒绝了弱工具变量的假设。并且，根据 Stock 和 Yogo（2005）提出的方法进行了弱工具变量检验，发现 Cragg-Donald Wald F 值也远远大于显著性程度为 1%、期望最大值（maximal IV size）10% 时 16.38 这一临界值，进一步证明了不存在弱工具变量问题。表 9-4 中第（1）列为二阶段回归结果，显示海归高管的回归系数在 5% 水平上显著为正，这表明了企业引智海归高管对企业实质性创新提高有明显促进作用，与前文结论一致。

表 9-4　海归高管与企业创新：工具变量回归结果

	（1）	（2）	（3）
	第二阶段	还原回归	第一阶段
oveseaback1	0.2230 **		
	(0.1079)		
fixedpp	0.0064	0.0063	−0.0005
	(0.0211)	(0.0211)	(0.0048)

续表

	（1）	（2）	（3）
	第二阶段	还原回归	第一阶段
salespp	0.1384***	0.1391***	0.0028
	（0.0256）	（0.0256）	（0.0059）
leverage	0.6135***	0.6076***	−0.0265
	（0.0996）	（0.0997）	（0.0228）
cashassets_ratio	−0.4385***	−0.4491***	−0.0475*
	（0.1073）	（0.1072）	（0.0245）
ROA	0.2129	0.1988	−0.0633**
	（0.1400）	（0.1398）	（0.0319）
L. oveseaback1		0.0913**	0.4096***
		（0.0442）	（0.0101）
_cons		0.2857	0.0823
		（0.3428）	（0.0783）
N	11187	11515	11515
R^2	0.1092	0.1094	0.1644
Kleibergen–Paap F statistic			87.21
Cragg–Donald Wald F statistic			1644.199
Sargan statistic			0

2. 倾向得分匹配法

由于样本可能存在自选择问题，而 Pooled OLS 没有控制选择偏差，导致了估计结果有偏，而倾向得分匹配的优势在于可以在很大程度上缓解"自选择"问题。为解决上述问题，采用 PSM 进行稳健性检验。平衡性检验结果如图 9-5 所示，对比匹配前的结果，所有变量的标准化偏差均大幅缩小，说明所有协变量都通过了平衡性检验。再结合倾向匹配得分共同取值图（见图 9-6），发现几乎都位于共同取值范围内（on support），这说明只损失了少量样本。

本章分别采用一对一匹配、邻近匹配、卡尺匹配、半径匹配检验企业引智海归高管情况对企业实质性创新的影响效用。首先，将"是否有海归高管"作为因变量，将人均固定资产（fixedpp）、人均营业收入（salespp）、资产负债率（leverage）、现金资产比（cashassets_ratio）、企业总资产收益率（ROA）作为

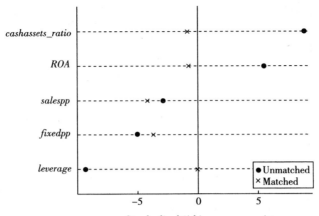

图 9-5 协变量标准化偏差

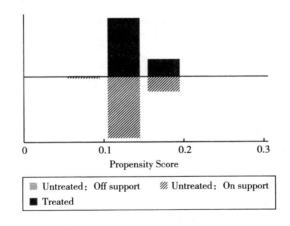

图 9-6 倾向匹配得分共同取值

自变量，以及年份、省份、行业特征变量进行 Logit 回归，并计算倾向得分值。其次，根据倾向得分值，分别按照一对一匹配、邻近匹配、卡尺匹配、半径匹配的原则进行配对。最后，用匹配后的样本数据进行多元回归分析，结果列示于表 9-5。由表 9-5 可知，所有匹配结果均显著为正，均在 5% 以上显著性水平，倾向匹配得分结果与基准回归的结果基本一致，进一步支持了本章结论。

表 9-5　海归高管对企业创新的倾向匹配得分回归估计结果

	（1）	（2）	（3）	（4）
	1：1 match	1：4 match	Cal match	radius match
ATT	0. 1038 **	0. 1904 ***	0. 1904 ***	0. 2191 ***
	（0. 0543）	（0. 0388）	（0. 0414）	（0. 0329）
ATU	0. 2408 ***	0. 2505	0. 2507 ***	0. 2467 ***
	（0. 0424）	（0. 0348）	（0. 0454）	（0. 0364）
ATE	0. 2226 ***	0. 2425 ***	0. 2427 ***	0. 2431 ***
	（0. 0409）	（0. 0325）	（0. 0418）	（0. 0359）
Observations	15332	15332	15332	15332

（三）稳健性检验

本章主要做了两类稳健性检验，一是使用海归高管占比替换自变量，二是删除北京、上海、深圳、广州大城市。

其一，以海归高管在所有高管中占比（oveseaback2）作解释变量，回归结果列示于表 9-6。依据表 9-6 中第（1）、第（3）、第（5）列，在控制了时间固定效应和个体固定效应之后，海归高管占比对企业创新的专利申请总量和发明专利申请数量增加有显著的促进作用，对非发明专利申请没有明显影响。依据表 9-6 中第（2）、第（4）、第（6）列可知，在控制了时间固定效应、个体固定效应及一系列企业层面控制变量之后，上述结果显著性不变，结果稳健可靠。

表 9-6　海归高管对企业创新的影响：基于海归高管占比替换自变量

	apply	apply	iapply	iapply	udapply	udapply
	（1）	（2）	（3）	（4）	（5）	（6）
oveseaback2	0. 3547 ***	0. 2604 **	0. 3595 ***	0. 2678 **	0. 0116	0. 0092
	（3. 2786）	（2. 4448）	（3. 2896）	（2. 4894）	（0. 5431）	（0. 4385）
fixedpp		0. 0094		0. 0155		0. 0021
		（0. 3412）		（0. 5592）		（0. 3992）
salespp		0. 2049 ***		0. 1980 ***		0. 0019
		（5. 8079）		（5. 6408）		（0. 2901）

续表

	apply	apply	iapply	iapply	udapply	udapply
	（1）	（2）	（3）	（4）	（5）	（6）
leverage		−0.0142		−0.0149		0.0015
		（−1.1181）		（−1.3796）		（0.8541）
cashassets_ratio		−1.0029***		−0.9379***		−0.0584***
		（−10.4184）		（−9.1129）		（−2.7247）
ROA		−0.0434		−0.0993		0.0272
		（−0.2657）		（−0.6706）		（0.9664）
Constant	2.9967***	0.2605	2.0715***	−0.6554	0.4941***	0.4500***
	（183.1894）	（0.5544）	（124.2723）	（−1.3196）	（148.4179）	（5.1290）
Observations	15458	15332	15458	15332	15458	15332
R^2	0.0833	0.1076	0.0861	0.1072	0.0025	0.0036
Number of stkcd	2912	2882	2912	2882	2912	2882

其二，考虑到北京、上海、深圳、广州为中国的一线城市，其经济、金融、信息交流、营商环境等与全国其余城市或存在较大差异，故剔除这4个城市后，对样本进行回归分析（见表9-7）。据表9-7中第（1）、第（3）、第（5）列可知，控制了时间固定效应和个体固定效应之后，企业引智海归高管对企业创新的专利申请总量与发明专利申请总量增加均有促进作用，且在5%水平以上显著，对企业非发明专利申请则无明显影响。在此基础上，表9-7中第（2）、第（4）、第（6）列加入了企业层面控制变量，发现与前文结果一致，再次验证了基准回归结果稳健可靠。

表 9-7 海归高管对企业创新的影响：基于剔除一线城市后的回归结果

	apply	apply	iapply	iapply	udapply	udapply
	（1）	（2）	（3）	（4）	（5）	（6）
oveseaback1	0.1821***	0.1503***	0.1517***	0.1214**	0.0100	0.0097
	（3.6507）	（3.0321）	（2.9120）	（2.3345）	（1.0617）	（1.0435）
fixedpp		0.0105		0.0164		0.0022
		（0.3803）		（0.5947）		（0.4137）

	apply	apply	iapply	iapply	udapply	udapply
	（1）	（2）	（3）	（4）	（5）	（6）
salespp		0. 2037 ***		0. 1972 ***		0. 0017
		（5. 7748）		（5. 6134）		（0. 2616）
leverage		-0. 0135		-0. 0145		0. 0016
		（-1. 0480）		（-1. 3159）		（0. 8997）
cashassets_ ratio		-1. 0074 ***		-0. 9439 ***		-0. 0582 ***
		（-10. 4578）		（-9. 1583）		（-2. 7172）
ROA		-0. 0401		-0. 0982		0. 0283
		（-0. 2431）		（-0. 6600）		（1. 0018）
Constant	2. 9942 ***	0. 2613	2. 0732 ***	-0. 6541	0. 4936 ***	0. 4509 ***
	（178. 7093）	（0. 5561）	（121. 1121）	（-1. 3159）	（145. 5427）	（5. 1366）
Observations	15412	15286	15412	15286	15412	15286
R^2	0. 0841	0. 1085	0. 0863	0. 1076	0. 0025	0. 0037
Number of stkcd	2903	2873	2903	2873	2903	2873

综上所述，稳健性检验结果表明，企业引智海归高管对企业创新的专利申请总量与发明专利申请数量增加均有促进效应。

四、影响机制与异质性分析

（一）机制探析

根据上文分析可知，企业引智海归高管促进了企业创新的专利申请总量，特别是发明专利申请数量。依据前文理论部分分析，本章分别从管理层短视、管理层自信、创新要素配置结构三大路径，对企业引智海归高管促进企业创新水平的机制做进一步检验。

1. 管理层短视路径

参照已有文献的研究，本章用企业当年短期投资与期初企业总资产比例和企业股票换手率作为管理层短视的代理变量（王海明、曾德明，2013；张峥、刘力，2006），其中，交易性金融资产、可供出售金融资产净额和持有至到期投资净额之和作为短期投资的度量。本章探究海归高管是否会通过影响管理层短视，进而影响企业创新的发明专利申请数量，回归结果如表 9-8 所示。表 9-8 中第（1）、第（2）列为用股票换手率测度管理层短视问题的回归结果，海归高管回归系数在 1% 水平上显著为负，表明企业引智海归高管确实有效降低了企业股票换手率这类管理层短视问题。表 9-8 中第（3）、第（4）列为短期投资占比测度管理层短视变量的回归结果，海归高管对短期投资占比的系数为正，但不显著。回归结果表明，海归高管加入管理层之后，有效缓解了股票换手率代理的管理层短视问题，减少了犯错的概率，提高了企业创新效率。综上所述，企业引智海归高管可通过降低管理层短视这一路径促进企业实质性创新。

表 9-8　企业引智海归高管、管理层短视与企业创新

	stockturnover		shortinvest	
	（1）	（2）	（3）	（4）
oveseaback1	-0.4729***	-0.3310***	0.0024	0.0022
	(-3.6816)	(-2.7649)	(1.3270)	(1.2077)
fixedpp		-0.3048***		-0.0031***
		(-4.9864)		(-3.6651)
salespp		-0.4336***		0.0005
		(-6.2603)		(0.4280)
leverage		0.2266***		0.0003
		(13.2028)		(0.9512)
cashassets_ratio		6.7153***		-0.0217***
		(19.4005)		(-5.9536)
ROA		1.2488***		0.0075
		(4.1305)		(1.2154)
Constant	3.9420***	12.3792***	0.0071***	0.0424***
	(82.6550)	(12.8656)	(6.9233)	(3.0055)
Observations	15318	15303	10708	10601
R^2	0.2097	0.2900	0.0614	0.0686
Number of stkcd	2881	2880	2292	2262

2. 管理层自信路径

本章借鉴姜付秀等（2009）的研究，采用董事长和总经理薪酬在管理层薪酬总额中所占比重、董事长和总经理持股是否增加的虚拟变量作为测度高管自信程度的代理变量。前者意味着高管工资薪酬越高，越倾向于考虑其自身的短期收益，这可能造成高管团队急于应付短时间内的业绩考核，从而导致了实质性创新这类中长期研发项目的减少。后者意味着高管持股比例越高，企业未来成长和发展情况好坏与高管长期收益关系越大，因此，这部分衡量的自信程度增加将促进企业核心技术研发和技术升级。回归结果如表9-9所示。表9-9中第（1）、第（2）列为企业引智海归高管情况对高管薪酬占比测度自信程度影响的回归结果。依据表9-9中第（1）列，在控制了个体固定效应和时间固定效应之后，海归高管系数在10%水平上显著为负，在增加企业层面控制变量后，显著性不变，说明企业引智海外经历高管，有效降低了企业的高管薪酬占比，改变企业内部资源配置结构和效率，进而提高企业创新质量。当董事长和总经理在管理层薪酬占比越高时，为了在短期内尽可能多地获得收入报酬，他们更关注企业短期发展，而忽略了长期生存需要的技术创新。而表9-9中第（3）、第（4）列为企业引智海归高管对高管持股是否增加代理自信程度影响的回归结果，发现企业引智海归高管对实质性创新的回归系数为正值，但不显著。综上所述，海归高管加入高管团队有效改善了管理层内部利益分配的决策，通过降低高管层薪酬占比这一路径，优化内部资源配置结构，进而激励企业实质性创新。

表9-9　企业引智海归高管、自信程度与企业创新

	ceosalaryratio		ceo_ shareincrease	
	（1）	（2）	（3）	（4）
oveseaback1	−0.0101*	−0.0097*	0.0174	0.0116
	（−1.7659）	（−1.7010）	（0.9287）	（0.6218）
fixedpp		0.0019		0.0127
		（0.7162）		（1.5121）
salespp		−0.0037		0.0485***
		（−1.1139）		（4.6993）
leverage		0.0015		−0.0002
		（0.1139）		（−0.0447）

续表

	ceosalaryratio		ceo_ shareincrease	
	（1）	（2）	（3）	（4）
cashassets_ratio		0.0076		-0.3707***
		（0.5605）		（-10.4838）
ROA		0.0502***		0.0996
		（3.0509）		（1.4754）
Constant	0.2375***	0.2610***	0.1897***	-0.5725***
	（144.2358）	（6.5373）	（31.2003）	（-4.6049）
Observations	9182	9178	15457	15331
R^2	0.0102	0.0134	0.0318	0.0457
Number of stkcd	2172	2171	2911	2881

3. 创新要素配置结构路径

本章分别探究企业引智海归高管对研发投入经费、高技术人员占比、高学历（硕士及以上）人员占比的影响，回归结果如表9-10所示。依据表9-10中第（1）、第（2）列，发现企业引智海归高管对研发投入没有明显影响；依据表9-10中第（3）、第（4）列，发现企业引智海归高管对企业高技术人员增加有促进效应，且在5%水平上显著。依据表9-10中第（5）、第（6）列可知，企业引智海归高管对企业高学历人员增加也有明显促进作用，且在1%水平上显著。综上所述，海归高管可以通过提高高学历和高素质人员占比这一路径，提高创新要素配置效率，进而提高企业实质性创新。

表9-10 企业引智海归高管、高素质人才与企业创新

	RD_ spending		technician		master	
	（1）	（2）	（3）	（4）	（5）	（6）
oveseaback1	0.0216	0.0228	0.0779**	0.0646**	0.1695***	0.1557***
	（1.2104）	（1.2293）	（2.2474）	（1.9680）	（3.9110）	（3.6574）
fixedpp		0.0284**		-0.0914***		-0.0237
		（2.2053）		（-4.1102）		（-0.8700）
salespp		-0.0053		-0.1225***		0.0013
		（-0.2220）		（-3.9406）		（0.0266）

续表

	RD_spending		technician		master	
	(1)	(2)	(3)	(4)	(5)	(6)
leverage		0.0284		0.8247***		0.9220***
		(0.5172)		(7.5305)		(5.5438)
cashassets_ratio		−0.0165		−0.9228***		−0.7969***
		(−0.5408)		(−11.6424)		(−7.1958)
ROA		0.0339		0.5308***		0.4477***
		(1.1120)		(3.9580)		(3.7868)
Constant	0.0891***	−0.2016	5.9734***	8.6041***	4.0883***	4.1094***
	(16.6085)	(−0.6226)	(707.1223)	(18.7829)	(373.9987)	(6.7653)
Observations	3764	3738	12442	12432	9185	9180
R²	0.0201	0.0265	0.0533	0.1383	0.1249	0.1846
Number of stkcd	893	886	2816	2815	2234	2233

（二）异质性分析

1. 所有制类型分组

根据企业实际控制人属性（国有企业和非国有企业）分组，分析企业引进海归高管对企业创新影响，回归结果如表9-11所示。结果显示，在不同所有制企业中，企业引智海归高管对企业创新水平的影响呈现明显异质性。依据表9-11中第（1）～第（3）列，企业引智海归高管明显促进了国有企业非发明专利增加，对企业专利申请总量发明专利申请量的影响不显著。依据表9-11中第（4）～第（6）列，企业引智海归高管明显促进了非国有企业专利申请总量和发明专利申请量的增加，对非发明专利的影响不显著。这一结果也与现实相符，企业引智海归高管更能够激励非国有企业的风险高、难度大、周期长的发明创新。但相对非国有企业，国企体制较为僵化、规模庞大、内部运营模式固化，同时实质性创新的长期性与国企管理层政绩考核的短期性难以兼容（余明桂等，2016），因而新进海归高管对其内部资源配置方式和创新要素配置结构影响作用有限，所以更难激励其发明专利申请。

表 9-11　国有企业、非国有企业的分样本回归结果

	国有企业			非国有企业		
	(1)	(2)	(3)	(4)	(5)	(6)
	apply1	iapply1	udapply1	apply1	iapply1	udapply1
oveseaback1	0.1220	0.0260	0.0302*	0.1580***	0.1362**	0.0070
	(1.2473)	(0.2562)	(1.9546)	(2.8494)	(2.2885)	(0.5817)
fixedpp	−0.0014	−0.0187	0.0162	0.0169	0.0328	−0.0047
	(−0.0269)	(−0.3744)	(1.6058)	(0.5268)	(0.9912)	(−0.7236)
salespp	0.2280***	0.2203***	−0.0058	0.1749***	0.1624***	0.0056
	(3.6314)	(3.6443)	(−0.5268)	(4.0585)	(3.7719)	(0.6424)
leverage	−0.0226**	−0.0230***	0.0018	0.3892**	0.4641***	−0.0162
	(−2.3138)	(−2.6934)	(0.5838)	(2.4426)	(3.0256)	(−0.4782)
cashassets_ratio	−1.0262***	−0.8759***	−0.0453	−0.7104***	−0.5757***	−0.0800***
	(−4.2570)	(−3.3765)	(−0.9073)	(−5.4545)	(−4.1217)	(−2.8056)
ROA	−0.1487	−0.1869	0.0340	0.0861	0.0821	0.0037
	(−0.9172)	(−1.1567)	(0.6635)	(0.3890)	(0.3898)	(0.0817)
Constant	0.1345	−0.4750	0.3726***	0.2680	−0.7410	0.4947***
	(0.1624)	(−0.5464)	(2.6751)	(0.4743)	(−1.2676)	(4.1687)
Observations	5464	5464	5464	9065	9065	9065
R²	0.1150	0.1154	0.0044	0.1090	0.1083	0.0051
Number of stkcd	831	831	831	1928	1928	1928

2. 高技术企业分组

依据国泰安（CSMAR）中国上市公司资质认定研究数据库，将企业按照高技术企业与非高技术企业进行分组回归，结果列示于表 9-12。依据表 9-12 中第（1）~ 第（3）列可知，高技术企业引智海归高管对其专利申请总量和发明专利申请量增加有明显促进作用，对非发明专利影响不显著；依据表 9-12 中第（4）~ 第（6）列，非高科技企业引智海归高管对专利申请总量和发明专利申请量没有明显影响，对非发明专利增加有明显促进作用。这可以解释为，由于高技术行业技术竞争较为激烈，倒逼企业不断进行核心技术升级和产品更新换代，因而在引入海归高管后，明显激励了其实质性创新水平。另外，非高技术企业实质性创新动力相对较低，因而在引入海归高管后未能对其发明创新产生明显激励作

用，但在一定程度上提升了其非发明创新。由于目前我国高技术企业资质认定为3年一个周期，因而此时还存在一种替代性解释，即引入海归高管的非高技术企业，更积极地争取高技术企业认定，因而促使企业增加了更多非发明专利的"策略性"创新。

表 9-12 高新技术企业、一般企业的分样本回归结果

	高技术企业			非高技术企业		
	(1)	(2)	(3)	(4)	(5)	(6)
	apply1	iapply1	udapply1	apply1	iapply1	udapply1
oveseaback1	0.1574***	0.1580***	0.0022	0.1605	−0.0832	0.0689**
	(3.0173)	(2.8503)	(0.2223)	(1.0606)	(−0.6206)	(2.2575)
fixedpp	0.0039	0.0063	0.0030	0.0140	0.0409	−0.0037
	(0.1365)	(0.2146)	(0.5540)	(0.1440)	(0.5013)	(−0.2028)
salespp	0.2041***	0.2067***	−0.0032	0.2195**	0.1426	0.0381**
	(5.5919)	(5.5132)	(−0.4732)	(1.9855)	(1.4233)	(2.0354)
leverage	−0.0116	−0.0138	0.0018	0.9347**	0.8519**	0.1034
	(−0.8834)	(−1.2654)	(0.9344)	(1.9843)	(2.0535)	(1.4268)
cashassets_ratio	−0.9723***	−0.9306***	−0.0521**	−0.9873***	−0.5438*	−0.1769**
	(−9.6302)	(−8.5374)	(−2.3634)	(−3.0124)	(−1.7662)	(−2.0558)
ROA	0.0131	−0.0709	0.0348	0.2099	0.2362	0.0581
	(0.0689)	(−0.4229)	(1.1081)	(0.4336)	(0.5472)	(0.7647)
Constant	0.3964	−0.5952	0.5072***	−0.8092	−1.0377	−0.0122
	(0.7982)	(−1.1059)	(5.6242)	(−0.6055)	(−0.8687)	(−0.0429)
Observations	12716	12716	12716	2616	2616	2616
R^2	0.1200	0.1203	0.0038	0.0708	0.0510	0.0247
Number of stkcd	1859	1859	1859	1023	1023	1023

3. 规模大小分组

当前，中国上市企业的规模差异较大，不同规模企业在政策支持、风险分担和规模经济上有较大差异，而其创新决策和行为模式也有显著区别。参照虞义华等（2018）的研究，根据企业营业收入是否超过当年所在行业营业收入中位数，将样本划分为大型企业和中小型企业进行分组回归，结果如表 9-13 所示。依据

表9-13中第（1）～第（3）列，企业引智海归高管对大企业专利申请总量、发明专利申请量和策略性创新均有一定的促进作用，但不显著；依据表9-13中第（4）～第（6）列，发现企业引智海归高管对中小型企业专利申请总量及发明专利申请量增加有明显促进作用、对策略性创新影响不显著。这一结论与现实基本相符，相较于大型企业已占据较大的市场份额，中小型企业为存活加大创新力度争取更强的竞争力，因而海归高管的加入明显提高了中小企业专利申请总量和创新质量。

表 9-13 大型企业、中小企业分样本回归结果

	大型企业			中小企业		
	（1）	（2）	（3）	（4）	（5）	（6）
	apply	iapply	udapply	apply	iapply	udapply
oveseaback1	0.0821	0.0360	0.0049	0.1228 *	0.1377 *	0.0018
	（1.1954）	（0.5038）	（0.4059）	（1.7269）	（1.8067）	（0.1171）
fixedpp	0.0581	0.0644	0.0059	0.0056	0.0128	0.0026
	（1.2160）	（1.3901）	（0.6516）	（0.1623）	（0.3626）	（0.3543）
salespp	0.1361 **	0.1207 **	−0.0058	0.1188 **	0.1167 **	0.0035
	（2.4392）	（2.1444）	（−0.6183）	（2.3174）	（2.3631）	（0.3176）
leverage	0.3980 *	0.3127	0.0437	−0.0266 ***	−0.0156 **	−0.0018
	（1.8066）	（1.3665）	（1.0649）	（−4.2012）	（−2.3340）	（−1.6328）
cashassets_ratio	−0.7882 ***	−0.7959 ***	−0.0005	−0.9944 ***	−0.8928 ***	−0.0723 ***
	（−3.7568）	（−3.4531）	（−0.0116）	（−8.9533）	（−7.5699）	（−2.6430）
ROA	−0.0452	−0.2154	0.0527	0.0262	−0.0840	0.0465
	（−0.1622）	（−0.7987）	（1.5614）	（0.0998）	（−0.3861）	（0.7539）
Constant	0.7908	0.0063	0.4996 ***	1.0642	0.1059	0.4062 ***
	（1.1368）	（0.0079）	（4.1583）	（1.6308）	（0.1689）	（2.6131）
Observations	7654	7654	7654	7678	7678	7678
R^2	0.1006	0.1012	0.0059	0.0769	0.0753	0.0051
Number of stkcd	1524	1524	1524	2085	2085	2085

4. 市场化程度分组

地区市场化水平和企业创新有紧密联系，由于技术创新是一项高风险、高收

益的活动，良好的制度环境和知识产权保护为企业技术创新提供强有力保障（吴超鹏、唐菂，2016）。为进一步分析制度环境的调节效应，参照王小鲁等（2017）的做法，构建制度环境虚拟变量（highmarket），若企业所在地当年市场化指数超过当年全国中位值水平，说明该地区制度环境相对较好，取值为1，反之为0。回归结果如表9-14所示。根据表9-14中第（1）~第（3）列，对于市场化程度高的地区，企业引智海归高管有效促进了企业专利申请总量和发明专利申请量的增加，对策略性创新没有显著影响；依据表9-14中第（4）~第（6）列，对于市场化程度低的地区，企业引智海归高管对企业专利申请总量、发明专利申请量和策略性创新均没有显著的影响。由此可知，打造完善市场制度和营造良好市场环境，微观上赋予企业更多决策权和自主性，充分发挥市场在资源配置中的决定性作用，有益于激发各类市场主体的活力，让创新创业的火花竞相迸发，全面促进企业创新数量增加和创新质量提升。

表 9-14　市场化程度高、市场化程度低的分样本回归结果

	市场化程度高			市场化程度低		
	（1）	（2）	（3）	（4）	（5）	（6）
	apply	iapply	udapply	apply	iapply	udapply
oveseaback1	0.1660 ***	0.1415 **	0.0074	0.0910	0.0488	0.0256
	（3.0930）	（2.5215）	（0.7548）	（0.7194）	（0.3455）	（0.7695）
fixedpp	−0.0043	0.0017	0.0016	0.1224 *	0.1430 *	−0.0007
	（−0.1478）	（0.0594）	（0.2786）	（1.6595）	（1.8773）	（−0.0412）
salespp	0.1749 ***	0.1640 ***	0.0007	0.3445 ***	0.3635 ***	0.0030
	（4.5716）	（4.2246）	（0.0941）	（4.1582）	（4.9991）	（0.1387）
leverage	−0.0104	−0.0137	0.0019	−0.2979	0.1372	−0.1709 **
	（−0.7043）	（−1.1262）	（1.0811）	（−0.9924）	（0.5244）	（−2.4870）
cashassets_ratio	−1.0730 ***	−1.0208 ***	−0.0558 **	−0.5326 *	−0.1119	−0.1748 **
	（−10.5371）	（−9.3863）	（−2.4749）	（−1.6802）	（−0.3162）	（−2.2346）
ROA	−0.0338	−0.0707	0.0210	−0.9456	−0.9508 *	−0.0171
	（−0.1884）	（−0.4235）	（0.6914）	（−1.5958）	（−1.9138）	（−0.1263）
Constant	0.8951 *	0.0404	0.4749 ***	−3.2279 **	−4.9442 ***	0.5666 *
	（1.7849）	（0.0744）	（5.1158）	（−2.5068）	（−4.3086）	（1.7311）
Observations	12893	12893	12893	2149	2149	2149

续表

	市场化程度高			市场化程度低		
	（1）	（2）	（3）	（4）	（5）	（6）
	apply	iapply	udapply	apply	iapply	udapply
R^2	0.1104	0.1101	0.0037	0.1141	0.1129	0.0168
Number of stkcd	2553	2553	2553	512	512	512

五、结论与启示

我国《国民经济和社会发展第十四个五年规划和 2035 年远景目标纲要》指出，要充分发挥好人才的第一资源作用，激发人才创新活力，发挥企业家精神和企业家在把握创新方向、凝聚人才等方面重要作用。海归高管是促进企业技术交流和创新发展的重要主体，当前如何发挥海归高端人才在企业技术创新中的引领和支柱作用，是政府、市场和企业关注的焦点问题。本章借助中国微观企业数据，实证检验了企业引智有海外学习和工作经历的高管对企业创新水平的影响，并探究了海归高管影响企业创新的机制路径。主要研究结论和政策启示如下：

（一）研究结论

文章研究结果可概括为以下三点：一是企业引智海归高管有效促进了企业专利申请总量和发明专利申请数量的提升。二是企业引智海归高管激励企业创新主要有"管理层短视、管理层自信程度、创新要素配置结构"三条影响路径。首先，企业引智海归高管可以使管理层呈现多元化，有效缓解管理层短视问题，降低犯错概率，进而提高企业创新效率和创新质量；其次，企业引智海归高管降低了管理层薪酬占比，提高了管理层对企业未来发展的信心，从而促进投资更有利于企业长远发展的实质性创新项目；最后，引智海归高管优化了创新要素配置结构，提高了创新要素配置效率，增加技术人员和高学历员工等人力资本创新要素。三是企业引智海归高管对企业创新水平的激励作用，在非国有企业、高技术企业、中小企业和市场化程度较高的分组中更加显著。主要原因在于：①国企体制相对较为僵化、内部运营模式固化，因而新进海归高管更易影响到非国有企业内部资源配置方式和创新要素配置结构；②相较于非高技术和大型企业，高技术企业和中小型企业更有激励、更有能力和更有压力进行新产品研发和核心技术研发，因而引智海归高管对企业创新的激励效果更强；③在市场化程度高的地区，知识产权保护、信息透明程度高等特征降低了搜寻成本和交易成本，增加了企业家信心和对市场良好预期，从而引智海归高管更容易优化创新要素投入结构、提高创新要素配置效率。

（二）政策启示

基于前文的结论，本章或许可提供以下政策启示。

首先，从政府层面，应加强海外人才引智的政策保障。一方面，应实施更具宽容审慎的人才引进机制，持续扩大海外高端人才和专业人才引进规模，构建国内外优秀人才科研创新高地，并从社会保障、子女教育、薪酬福利方面提供有国际竞争力和吸引的环境。另一方面，需深化科技创新人才发展体制机制，建立海外人才引进长效机制，遵循人才成长规律和科研活动规律，完善试错容错纠错机制，如在攻克关键领域核心技术和"卡脖子"技术时给予更多鼓励支持等。

其次，在企业层面，应通过合理制度充分发挥海归高管创新精神。一是应进一步鼓励海外归国人员积极参与公司治理，并给予适当的资金配置和人事任免决策权，发挥海归高管企业家精神，优化企业内部创新要素配置结构，为企业创新提质增效。二是构筑集聚国内外优秀人才的科研创新高地，加强海归高管与其他高管交流和协作，提高管理层的多元化，降低企业管理层短视程度，提升企业创新绩效。三是依据专长和优势将海归高管安排在合适岗位，激发海归高管的积极性和创造力，为企业核心竞争力提升增添动力。

最后，在创新环境上，需要着力推进市场建设和营商环境改革。应持续深化市场改革，充分发挥市场在资源配置中的决定作用，降低信息不对称程度、搜寻成本和融资成本。应充分发挥海归高管促进企业创新的正向作用，尤其针对创新融资约束较强的高技术企业、民营企业和中小企业，应进一步通过拓宽外部融资渠道，加强产学研合作和共性技术联合攻关方式，最大程度激发企业创新活力，真正建立起以企业为主体、市场为导向、产学研深度融合的技术创新体系。

表 9-15 变量定义

变量	变量定义和数据来源
apply	企业当年发明专利、实用新型专利与外观设计专利申请数之和的自然对数
iapply	企业当年发明专利申请数的自然对数
udapply	企业当年实用新型专利与外观设计专利申请数之和的自然对数
oveseaback1	虚拟变量，是否存在海归高管，若存在则为 1，不存在则为 0
oveseaback2	海归高管占比，企业当年海归高管在企业所有高管中占比
fixedpp	企业人均固定资产净额自然对数，作为企业资本密度的代理指标
salespp	企业人均营业收入自然对数，作为企业员工劳动生产率的代理指标
leverage	企业资产负债率，总债务除以总资产后取自然对数
cashassets_ratio	现金资产比率
ROA	企业总资产收益率，企业当年的净利润除以平均总资产
HHI	赫芬达尔指数，衡量企业所在行业竞争程度
employees	企业当年员工总数
govsubsidies	政府补贴
master_ratio	硕士占比，用企业当年硕士人数占员工总数的比重表示
technician_ratio	技术人员占比，用企业当年技术人员人数占员工总数的比重表示
RD_spending	研发支出
ceosalary_ratio	董事长和总经理薪酬在管理层薪酬总额中所占比重
shortinvest_ratio	企业当年短期投资与期初企业总资产比例
SOE	虚拟变量，如果为国有企业，则取值为 1，否则为 0
hightech	虚拟变量，如果为高新技术企业，则取值为 1，否则为 0
bigfirm	如果为企业营业收入超过当年所在行业营业收入中位数，则为大企业
maturefirm	虚拟变量，若企业成立时间大于 10 年，则取值为 1，否则为 0
highmarket	若企业所在地当年市场化指数超过当年全国中位值水平，则取值为 1，否则为 0
stockturnover	股票换手率
ceo_shareincrease	虚拟变量，董事长和总经理持股是否增加，若增加则为 1，否则为 0

第10章　慈善捐赠对上市公司财务绩效的影响①

一、引言

　　慈善捐赠作为企业社会责任的最高表现形式，长期以来受到众多学者和企业家的广泛关注。近年来，慈善捐赠已逐渐成为国内企业越来越普遍的行为，根据公益时报社发布的《中国慈善榜（2015）》显示，上榜企业家共199位，捐赠总额约219.02亿元；上榜企业360家，捐赠总额约54.32亿元。从规模上来看，2007~2013年，中国境内企业年均捐赠408亿元，占我国年均捐赠总额的55%②，企业捐赠无疑成为当今慈善事业的主力军。

　　虽然不排除当前仍存在许多纯利他性的企业慈善行为，然而对于理性的、追求利润最大化的企业而言，从事慈善捐赠活动，是否与企业的经济目标相冲突？慈善捐赠究竟如何影响企业的绩效和价值？对于这些问题，学术界尚未达成一致意见。从当前两种对慈善捐赠和企业绩效关系的观点来看，慈善捐赠对企业价值的影响并非孤立而直接，其效果还受诸多情境因素的影响。一方面，从极力反对捐赠的如弗里曼（Friedman）等学者的观点来看，企业慈善活动可能与企业其他重要的经营战略争夺有限的资源，如本可用于企业的广告和研发支出等，进而影

――――――――――
　　①　本文原文部分内容发表于《中国流通经济》2017年第1期，题目为《慈善捐赠对企业价值影响的实证研究——基于营销能力和行业竞争的调节作用》。

　　②　参见国家民政部委托中民慈善捐助信息中心编制《中国慈善捐助报告》（2007~2014年）。

响企业的长期发展；这种观点虽然指出了慈善捐赠本身具有一定的机会成本，但进一步分析可知，该机会成本损失程度还受到企业所处行业发展阶段和市场竞争强度等因素的影响。另一方面，从坚持倡导慈善捐赠的如弗里德曼（Freeman）等学者的观点来看，企业捐赠行为可以为企业塑造"道德资本"，进而为企业建立强大的品牌资产，最终可以弥补企业慈善捐赠支出的损失，帮助企业提升财务绩效和价值。后一种观点虽指出了慈善行为对企业价值的增值路径，但企业本身的营销能力和选择捐助对象、时机等差异性也会影响"善因营销"的作用效果。因此，本章从慈善捐赠对企业价值的影响机理出发，进一步探索营销能力和行业竞争环境的调节效应，试图解释拥有不同营销能力和所处行业竞争强度不同的企业，慈善捐赠行为对企业价值影响的差异性。

二、文献回顾

目前，学术界对慈善捐赠与企业价值之间关系的研究较多，但对其作用结果仍然存在争议，在实证研究方面出现了模糊甚至矛盾的结论。马格里斯（Margolis）对收集到的 1990~1999 年 59 篇相关文章统计后发现，有 45.8% 的文章表明企业参与社会责任活动或者慈善捐赠行为能够正向影响财务绩效，有 10.2% 的文章指出两者存在负相关关系，还有 28.8% 的研究显示两者无显著相关关系。

第一，大量研究呈现了慈善捐赠与企业价值的正相关性。以波特（Porter）为代表的学者提出的"战略慈善观"认为，企业参与慈善捐赠事业与企业的经营目标是可以相容的，即企业可以在慈善捐赠的同时改善竞争环境，最终达到"名利双收"的效果。从作用机理上看，首先，有学者指出企业慈善捐赠可以通过帮助企业吸引到更多的社会资源，更快地占据产品或服务市场，提高企业的竞争优势等途径间接提升企业绩效。其次，企业慈善捐赠可以向外界传导一种负责任的信息，增加顾客和投资者的信赖，改善企业形象等增加企业品牌资产。再次，慈善捐赠能够直接影响消费者的产品和服务的总体评价，增加产品购买意愿，并提升顾客忠诚度。最后，相关实证结果也证实了慈善捐赠与企业绩效的正相关性，如布鲁奇（Baruch）等以 1989~2000 年美国上市公司数据为样本，发现慈善捐赠对公司收入有正向影响。派特（Patten）运用事件研究法，对美国企业在东南亚海啸捐款的事件研究表明，企业慈善捐款额度对公司5天内的超常市场收益（CAR）影响显著。国内学者李敬强和刘凤军也通过"汶川大地震"的事件研究，发现资本市场对企业的捐赠行为做出了积极反应。

第二，也有学者认为，慈善捐赠与企业价值存在负相关关系。以弗里德曼为代表的反对慈善捐赠的学者认为，慈善捐赠支出会导致公司现金流的减少，因而与竞争对手相比处于劣势，并有可能损害股东利益，不能实现利润最大化。并且，哈利（Haley）等学者（1991）指出，由于代理成本的存在，公司管理者会因为个人原因放弃一部分公司利益用于慈善捐赠，如提升自身的社会影响，塑造更佳的公众形象，谋求更好的职业前景等，这些做法最终损害了公司价值最大化。最后，企业捐赠行为并不总能得到投资人和消费者的认同，如消费者和投资者会担心企业过度地分配资源，在履行社会责任活动中，减少了在产品研发上或者保证产品质量上的投入。国内学者方军雄等对慈善捐赠对资本市场的影响效果进行了检验，也发现投资者并没有对公司捐赠做出正面评价。

第三，还有部分学者认为慈善捐赠与企业价值关系呈现出很大的不确定性，并不存在显著的相关关系，或并非简单的线性相关关系，也可能依赖于许多情境因素，如罗（Luo）等（2006）研究了社会责任绩效对企业价值和股票收益、股票特质性风险之间的关系，发现顾客满意度、产品质量、广告和研发支出的调节作用，赫尔和罗森伯格（Hull and Rothenberg）研究发现，行业中的企业区分度和研发支出在社会责任和财务绩效之间呈现调节作用。国内学者如郑呆娉和徐永新发现了公司的成长性和股权结构的调节作用，而钱丽华等（2015）发现了企业可见性和企业发展阶段对慈善捐赠效果有重要的调节效应，其他学者提出了利益相关者满足程度、消费者知觉水平、公司声望以及营销能力等重要的调节变量。

三、理论分析与假设提出

慈善责任位于企业社会责任金字塔的最高层次，是一种将时间与产品转移给没有利益关系的人或组织的企业亲社会行为。由于慈善捐赠具有自愿性、无偿性、社会公益性的特点，因此在某种程度上能够反映出一个企业的良好的价值观，进而赢得客户、合作伙伴的赞许，为企业带来正面的无形资产和良好的声誉。并且，随着国内政府和舆论对社会责任的期望越来越高，企业若不从营销战略和品牌形象的角度加以重视，过于"吝啬"，还将有可能面临着声誉损失和道德指责的风险，如在 2008 年汶川地震捐款时就上演了消费者对某些企业"逼捐"的一幕，最后这些企业不得不道歉并缴足"捐款"才平息，因此慈善捐赠已经得到国内越来越多企业高度的认可和普遍参与。

从慈善捐赠对企业价值的影响机制来看，现有研究表明参与履行慈善责任有助于企业改善竞争环境，提高企业声誉资本，提高消费者对产品的评价和忠诚度，并最终促进产品销售。因此，从影响机制来看，无论是间接地改善竞争环境和品牌资产，还是直接提振产品评价和销售，都可以最终达到增值企业价值的效果。所以，当前无论是企业管理者、股东、员工、顾客、渠道商、政府等已经愈加重视到企业参与到慈善事业的合理性与重要性，成为企业改善竞争关系、提高企业价值的重要手段。

虽然也有学者指出，企业慈善捐赠活动支出可能与运营活动支出构成竞争关系，即担心过高水平的慈善捐赠可能会带来企业自身发展的机会成本损失。但纳瓦拉（Navarro）等学者也指明，虽然慈善捐赠会占用一部分企业资金，但企业可以通过改善公司形象来增加收入，最终弥补公益成本而取得收益。并且，相关实证研究证明，在市场竞争中，作为理性的企业管理者，会合理统筹慈善行为和企业发展的关系，不会置长期发展于不顾而把"超额"资源投入到与经营目标无直接关系的慈善事业中。因此，本章通过比较慈善捐赠对企业价值的两种影响的效果强弱，认为企业参与慈善捐赠行为，最终会对企业价值产生正面影响。

基于以上分析，提出以下假设：

H1：慈善捐赠与企业价值正相关，即慈善捐赠水平越高，企业价值越高。

尽管慈善捐赠在机制上能够促进企业绩效，提升企业价值，但是慈善捐赠和企业价值的关系可能会因为企业自身特征和行业特征的不同而产生较大的差异。本章从慈善捐赠对企业价值正反两方面的影响机制出发，考虑了可能影响企业从慈善捐赠行为中获益程度的两个关键变量，即企业自身的营销能力和企业所处的行业竞争强度，进一步探索两者对慈善捐赠和企业价值关系的调节作用。

营销能力是营销导向下企业内部的市场资源的配置机制，是营销导向的实现方式。从广义来看，营销能力是企业具备相对于竞争对手，能更有效地将所有营销资源转化成营销产出的能力。由于慈善捐赠行为不只是企业内部可有可无的"私事"，更是能够影响到企业品牌形象和竞争关系的重要营销战略。因此，具有不同营销能力的企业在实施战略时，最终获益效果不可避免地存在差异。

首先，更高的营销能力有助于管理企业与外界的公共关系，产生更好的宣传效果。消费者和投资者等大众对企业社会责任信息的知晓或可见度，是慈善捐赠行为引起品牌资产增值的重要条件，而卓越的企业社会责任沟通能够为品牌赢得信任，提升品牌声誉及建立品牌形象，因此营销能力能够加强企业慈善对无形资产的增值作用。其次，具备更高营销能力的公司能够更明智地选择具体的慈善行为（如时机、方式、对象等），匹配公司的品牌和营销战略，以产生更好的作用效果。并且，因为企业社会责任的作用效果受到品牌和社会责任匹配性的调节，包括产品属性匹配、品牌形象匹配、社会事业的亲和力和异质性以及消费者感知的差异性等。因此，如果公司具备较高的营销能力水平，就可能在同样的慈善捐赠水平下，选择最有效率的公益活动，产生更好的品牌增值效果。

基于以上分析，提出以下假设：

H2：慈善捐赠行为与企业价值的关系受到企业营销能力的正向调节。企业营销能力越高，慈善捐赠行为对企业价值的正向影响越强。

由于慈善捐赠支出可能与企业运营活动支出存在一定的竞争关系，与竞争对手相比，参与慈善捐赠的企业会牺牲企业自身发展的一定机会成本。因此，从理论上看，企业所处的行业竞争越激烈，则慈善捐赠行为导致的企业机会成本会越大。

显然，产品市场上的竞争压力会降低企业的盈利水平，减少企业可以使用的冗余资源。根据新古典经济学的观点，企业拥有的资源越少，在进行慈善支出而非运营支出时，产生的机会成本越高，造成的企业的潜在价值损失也越大。当企业面临完全竞争市场时，企业没有任何冗余资源，任何的慈善捐赠行为将会威胁到企业的生存，此时企业管理者进行慈善捐赠时面临的机会成本达到最大。

基于以上分析，提出以下假设：

H3：慈善捐赠与企业价值的关系受到行业竞争强度的负向调节。企业面临的行业竞争强度越强，慈善捐赠行为对企业价值的正向影响越弱。

四、研究方法

（一）模型与变量

本章建立了如下两个面板数据模型，具体采用了时间固定效应模型来检验企业慈善捐赠对企业价值的影响作用。式（10-1）中仅包含了自变量、调节变量及控制变量，主要验证慈善捐赠对企业价值影响的主效应。式（10-2）在此基础上增加了两个交互项，用以检验假设 2 和假设 3 中的调节效应是否显著。

$$\text{TOBINQ}_{i,t} = \alpha_0 + \alpha_1\text{GIV}_{i,t-1} + \alpha_2\text{MC}_{i,t-1} + \alpha_3\text{CI}_{i,t-1} + \alpha_4\text{SIZE}_{i,t} + \alpha_5\text{AGE}_{i,t} + \alpha_6\text{ROA}_{i,t} +$$
$$\alpha_7\text{LEV}_{i,t} + \alpha_8\text{H1}_{i,t} + t + \varepsilon_{i,t} \tag{10-1}$$

$$\text{TOBINQ}_{i,t} = \beta_0 + \beta_1\text{GIV}_{i,t-1} + \beta_2\text{MC}_{i,t-1} + \beta_3\text{GIV}_{i,t-1}\times\text{MC}_{i,t-1} + \beta_4\text{CI}_{i,t-1} + \beta_5\text{GIV}_{i,t-1}\times$$
$$\text{CI}_{i,t-1} + \text{SIZE}_{i,t} + \beta_7\text{AGE}_{i,t} + \beta_8\text{ROA}_{i,t} + \beta_9\text{LEV}_{i,t} + \beta_{10}\text{H1}_{i,t} + t + \mu_{i,t}$$
$$\tag{10-2}$$

以 Tobin's Q 值作为因变量，作为企业价值的衡量标准。自变量以慈善捐赠的金额取对数值来表示（GIV），调节变量为企业营销能力（MC）和行业竞争强度（CI），并将公司规模（SIZE）、年龄（AGE）、公司业绩（ROA）、负债水平（LEV）和股权集中度（H1）作为控制变量。依据研究惯例，慈善捐赠、营销能力、行业竞争强度均是依据当年数据得出，而企业价值和 5 个控制变量则采用了滞后一期的数据加以检验，以尽量避免模型内生性问题。

（二）变量测量与定义

1. 因变量

笔者使用 Tobin's Q 来衡量企业价值。Tobin's Q 是指当前企业的市场价值与账面价值的比例，市场价值一般等于流通股价值、非流通股价值与净债务值之和，账面价值一种是用总资产来衡量，即 Tobin's Q（A）；还有一种用总资产减去无形资产和商誉来衡量，即 Tobin's Q（B）。Tobin's Q 作为衡量企业股东价值的有效指标已经被相关实证研究广泛采纳，它一方面考虑了市场对于企业股权的估值，同时也对预期的市场风险进行了调整，因而更加准确和实用。因此，本章用 Tobin's Q（A）作为企业价值的衡量指标进行模型检验，并用 Tobin's Q（B）作为模型的稳健性检验。

2. 自变量

为了验证慈善捐赠的额度对企业价值的影响，将公司每年度慈善捐赠金额经自然对数处理后，作为企业的慈善捐赠水平。

3. 调节变量

（1）营销能力。营销能力的测量一直是该领域的难点问题，之前学者有使用灰色关联分析或结构方程方法确定不同因素对营销能力的影响，但其结果往往难以客观反映营销能力的效率本质。借鉴米什拉和穆迪（Mishra and Modi）的方法，采用企业营销的投入产出的效率来测量营销能力，即对一个公司在现有投入水平下获得的销售收入与理想的收入前沿的接近程度做出估计，具体采用基于"随机前沿分析"（SFA）的方法构建模型。模型中共有产出和投入两类指标，产出指标采用当年的销售收入来表示；投入指标共分为无形资源、顾客基础和当期营销投入三类。其中，无形资源反映了企业在构建品牌资产上的相关活动的过往投入，以无形资产和商誉作为测量指标；顾客基础表示公司已有的顾客群，顾客基础越强大，公司越容易通过交叉销售等方式获得当期销售收入，本章以上一年的销售收入作为公司已有的顾客基础的测度；营销投入表示企业当期在营销活动的支出，以营销费用和管理费用来衡量。基于上述分析，即构建随机前沿模型如式（10-3）所示：

$$\text{Sales}_{it} = f（X_{it}, \Omega）e^{\varepsilon_{it}}e^{-\eta} \tag{10-3}$$

其中，Sales_{it} 代表公司 i 在 t 年的销售收入，即营销产出。X_{it} 代表了公司 i 在 t 年对上述三类营销资源投入，ε_{it} 表示随机扰动项，η 为公司在营销资源的投入产出方面的无效率，取 $-\eta$ 来作为营销能力的测量指标。最后对求得的企业营销能力进行了标准化处理。

（2）行业竞争强度。借鉴之前多数研究者的方法，使用产业组织理论文献中的"赫芬达尔指数"（I_{HHI}）对企业所处的行业竞争程度进行度量。由于该指数计算方便，并可较准确反映产业的竞争情况，因此在以往文献中得到大量应用。赫芬达尔指数是某特定行业市场上所有上市企业的市场份额的平方和如式（10-4）所示：

$$I_{HHI} = \sum（X_i/X）^2 \tag{10-4}$$

其中，X = $\sum$ X$_i$；X$_i$ 为企业 i 年主营业务收入，在产业内企业数目一定的条件下，I$_{HHI}$ 越小，一个行业内相同规模的企业就越多，行业竞争强度就越大；反之，行业竞争强度就越小。根据美国行业认定的市场结构划分标准，当 0<I$_{HHI}$<0.05 时，认为行业竞争程度较强，而当 0.05<I$_{HHI}$<1 时，认为行业竞争强度较弱。为了检验行业竞争强度对慈善捐赠的调节作用，笔者对中国深沪两市的全部上市公司按照证监会 2012 年的行业分类标准为基础，并借鉴卢正文等学者的处理方式，对制造业等规模较大的行业进行了细分，得到 64 个细分行业，以此计算 I$_{HHI}$。最后对运用虚拟变量对行业竞争强度进行划分，当样本公司所处行业竞争强度较强时，CI＝1；反之，当行业竞争强度较弱时，CI＝0。

4. 控制变量

企业价值还会受到其他诸多因素的影响，根据过往研究设定了如下 5 个控制变量：①公司规模（SIZE）。对公司总资产取对数值来衡量公司规模。②公司年龄（AGE）。采用公司从设立之初到现在的总年数作为年龄指标。③公司业绩（ROA）。采用资产收益率来衡量企业的盈利能力和业绩，资产收益率＝净利润/总资产。④企业负债水平（LEV）。采用资产负债率来衡量，资产负债率＝负债/总资产。⑤股权集中度（H1）。企业的所有权的集中程度与管理层的自由决策程度紧密相关，因此借鉴以往的研究在模型中加以考虑，以公司第一大股东持股的比例对股权集中度进行测量。研究中使用到的变量界定汇总如表 10-1 所示：

表 10-1　变量及计算方法

变量类型	变量名	定义及计算方法
因变量	TOBINQ	企业价值，市场价值与账面价值的比
自变量	GIV	企业慈善捐赠水平，捐赠金额取对数值
调节变量	MKT	企业营销能力，通过 SFA 方法计算企业利用营销资源的效率
	CI	行业竞争强度，虚拟变量，对赫芬达尔指数（I$_{HHI}$）进行分类，属于强竞争行业 0<I$_{HHI}$<0.05 时为 1，非强竞争行业（0.05<I$_{HHI}$<1）时为 0
控制变量	SIZE	公司规模，用总资产取对数值表示
	AGE	公司年龄，自公司设立开始计算
	ROA	盈利水平，用资产收益率表示
	LEV	负债水平，用资产负债率表示
	H1	股权集中度，用第一大股东持股比例表示

（三）样本与数据

本章将中国深沪 A 股市场的全部上市公司作为研究的初选样本，根据数据的可获得性，对 2009～2014 年对所有上市的公司的捐赠数据和财务数据进行收集①。本章的数据来源主要有：国泰安（CSMAR）金融数据库、WIND 数据库、上市公司年报以及上市公司网站等。

上市公司一般会在年报和公司网站中公布当年的捐赠数额，本章对慈善捐赠数据的搜集主要是依据公司网站披露的年度财务报告，在财务报表附注中"营业外支出"栏手工搜集和整理得到，并按以下原则加以筛选：①剔除了仅披露实物捐赠、未披露折算金额的公司。②参照张敏等的操作方法，剔除在研究期间内公益性捐赠支出为 0 或为空值的样本，考虑到慈善捐赠的稳健性，对研究期内只进行过 1 次慈善捐赠的公司也予以剔除。③按照研究惯例，剔除了金融、综合类公司，并参照姜付秀的做法，对于公共事业等非直接竞争的公司（如燃气、水的生产和供应业）也加以剔除。④剔除了存在 ST 和 *ST 情况、发行 B 股或 H 股以及存在年度财务数据缺失存在异常值的公司。最终整合了不同来源的数据，得到来自 64 个细分行业的 880 家公司，共计 4876 个样本。

五、研究结果

（一）描述性统计分析

表 10-2 给出了本章所有变量的描述性统计结果。从表 10-2 可以看出，企业价值（Tobin's Q）的平均水平为 1.873，标准差为 2.773。企业捐赠（取对数值）的均值为 11.287，最大值为 20.250，标准差为 4.444，表明不同企业之间慈善捐赠的差异比较明显，样本组内的企业年均捐赠额度约为 79777.8 元，由于对

---

① 之所以从 2009 年开始收集捐赠数据，是考虑到 2007 年 12 月我国实行了新的会计准则，而之后 2008 年又发生"汶川大地震"等特殊事件，采用这两期数据及结论或很难反映企业捐赠行为的一般情形；截止到 2014 年，是由于企业 Tobin'Q 等相关变量需要滞后一期加以检验，因此最终确定捐赠数据从 2009 年到 2014 年搜集，而 Tobin'Q 等数据时期为 2010～2015 年。

营销能力进行了标准化，因此均值为 0，方差为 1，行业竞争强度均值为 0.350。通过观察变量的样本量，本章自变量、控制变量和调节变量无缺失和异常，并且经相关性检验后，变量之间的相关性远小于经典文献中 0.70 的要求（本章最大为 0.382），也不存在多重共线性的问题①，满足后文对回归的变量要求。

表 10-2　变量描述性统计（N=4876）

变量	样本量	均值	最小值	最大值	标准差	方差
TOBINQ	4876	1.873	0.083	126.498	2.773	7.690
GIV	4876	11.287	0.000	20.250	4.444	19.747
MC	4876	0.000	−1.647	3.477	1.000	1.000
CI	4876	0.350	0.000	1.000	0.478	0.228
SIZE	4876	22.385	16.760	28.510	1.317	1.734
AGE	4876	12.240	2.000	25.000	4.906	24.072
ROA	4876	0.041	−0.730	0.629	0.063	0.004
LEV	4876	0.514	0.007	8.256	0.252	0.064
H1	4876	35.773	3.885	89.093	15.477	239.525

（二）回归结果

接下来遵循逐层回归的方法，对变量之间的关系分三步进行验证：表 10-3 中模型 1 仅引入控制变量；模型 2 在此基础上添加了自变量（GIV）及两个调节变量，即营销能力（MC）和行业竞争强度（CI）；模型 3 在模型 2 的基础上增加了营销能力（MC）及行业竞争强度（CI）与慈善捐赠能水平（GIV）的交互项。回归分析的结果如表 10-3 所示：

表 10-3　因变量 Tobin'Q（A）回归分析结果

		模型 1	模型 2	模型 3
控制变量	SIZE	−1.135*** （−20.88）	−0.754*** （−17.15）	−0.762*** （−17.34）
	AGE	−0.038*** （−2.71）	−0.009 （−1.02）	−0.006 （−0.63）

---

① 因为篇幅所限，相关性矩阵没有在正文展示。

续表

		模型 1	模型 2	模型 3
控制变量	ROA	8.625 *** (7.69)	7.512 *** (9.68)	7.594 *** (9.79)
	LEV	0.618 ** (2.13)	-1.210 *** (-4.581)	-1.214 *** (-4.60)
	H_1	-0.001 (-0.20)	0.000 (0.09)	0.000 (-0.04)
自变量	GIV		0.051 ** (2.30)	0.092 *** (3.52)
调节变量	MC		-0.106 ** (-2.37)	-0.907 *** (-3.56)
	CI		0.354 *** (4.17)	1.861 *** (3.61)
乘积项	GIV×MC			0.063 *** (3.22)
	GIV×CI			-0.119 *** (-2.97)
	N	4876	4876	4876
	常数项	27.342 *** (23.96)	18.487 *** (22.49)	18.113 *** (21.81)
	F 值	68.86 ***	88.34 ***	78.27 ***
	R^2	0.116	0.210	0.213
	Adj-R^2	0.114	0.207	0.210

注：表格内的上方数字为估计的系数，括号内为 t 统计量； * 、 ** 和 *** 分别表示 $p<0.1$、 $p<0.05$ 和 $p<0.01$，下同。

表 10-3 的模型 1 显示，企业规模与企业价值呈显著负相关关系（β=-1.135， $p<0.01$），而企业盈利水平则与公司价值呈显著正相关（β=8.625， $p<0.01$），基本与现实情况相吻合，间接证明了数据和模型设定的有效性。模型 2 显示，在研究期间内，具有慈善捐赠行为的企业，慈善捐赠水平对企业价值具有显著的正向影响（$\beta_1=0.051$， $p<0.05$），慈善捐赠水平越高，企业价值越大，而且即使是在加入了交互项的模型 3 中，主效应依然稳健（$\beta_1=0.092$， $p<0.01$），因此假设 1 得到充分的支持，这与部分学者的研究结论相符。

模型 3 中企业营销能力的一次项系数显著（$\beta_2=-0.907$， $p<0.01$），并且交

互项系数显著且为正（$\beta_3 = 0.063$，$p<0.01$），符合文章假设 2 的预期。不过，营销能力对企业价值的回归系数为负这一点与直观的理解并不相同，这可理解为企业营销能力（效率）随着企业规模和营销资源的增加具有规模不经济效应，即随着营销资源增加，运用营销资源的效率越难以持续提高；不过，在模型 3 中，营销能力对企业价值的最终总影响还要考虑营销能力与慈善捐赠的交互项系数。由于企业营销能力和企业捐赠水平的交互项对因变量的回归系数显著，且为正值（$\beta_3 = 0.063$，$p<0.01$），即令：$\beta_2 + \beta_3 GIV > 0$，有 $GIV > -\dfrac{\beta_3}{\beta_2}$ 时，企业营销能力对企业价值总效应为正。这说明，在企业参与慈善捐赠的情况下，只有慈善捐赠数额超过某一水平时，营销能力才会起到增加企业价值的作用。这一结论与黄敏学等的研究结论相符，即公众等对企业捐赠的数额有一定的预期，而且这种期望与企业实力和品牌宣传等呈正相关，即只有企业捐赠达到消费者的预期水平，慈善捐赠才能对企业价值起到正向影响。换句话说，若企业营销能力较强，前期已进行大量品牌宣传和公众曝光，而在慈善捐赠中捐赠数额较少，则营销能力反而对企业价值呈现了负相关关系。总体来看，模型的回归结果显示，企业的营销能力越高，慈善捐赠行为对企业价值的正向影响越强，因此假设 2 得到支持。

模型 3 中，企业所在的行业竞争强度一次项系数显著（$\beta_4 = 1.861$，$p < 0.01$），并且交互项系数显著且为负（$\beta_5 = -0.119$，$p<0.01$），符合假设 3 的预期，说明行业竞争强度较强的情形下，企业慈善捐赠对企业价值的增值作用会减弱，所以假设 3 得到支持。行业竞争强度的回归系数为正值，说明行业竞争强度越强的企业，企业价值相对越高。

在对控制变量进行回归分析过程中，除大股东持股比例和年龄对企业价值的影响关系不显著之外，三个模型中的影响作用显著（$p<0.01$）且基本保持一致。其中企业规模和负债水平与企业价值之间呈显著负相关，说明规模越大，负债比例越高的企业，企业价值越低，效益水平越差；而企业盈利水平与企业价值成正相关，说明企业盈利水平越高，企业价值越高，这均与之前的研究结论相符合。

（三）稳健性检验

为了确保本章研究结论的可靠性，对模型进行了稳健性检验。将 Tobin's Q

（A）替换为另一种测量指标 Tobin's Q（B）后[1]，重复上文的检验过程，分析结果如表 10-4 所示。可见模型 4 和模型 5 中慈善捐赠水平对 Tobin's Q（B）的回归系数仍然显著为正；模型 5 中营销能力和慈善捐赠的乘积项显著且为正值，行业竞争强度和慈善捐赠乘积项显著且仍为负值。由此可知，将因变量替换为新的衡量指标后，与替换之前的回归结果相吻合，进一步支持了假设 1 至假设 3，也说明本章的结论较为稳健。

表 10-4　因变量 Tobin's Q（B）稳健性检验

		模型 4	模型 5
控制变量	SIZE	-0.754 *** (-17.15)	-0.762 *** (-17.34)
	AGE	-0.009 (-1.02)	-0.006 (-0.63)
	ROA	7.512 *** (9.68)	7.594 *** (9.79)
	LEV	-1.210 *** (-4.58)	-1.214 *** (-4.60)
	H_1	0.000 (0.09)	0.000 (-0.04)
核心自变量	GIV	0.051 ** (2.30)	0.092 *** (3.53)
调节变量	MC	-0.106 ** (-2.37)	-0.907 *** (-3.56)
	CI	0.354 *** (4.17)	1.861 *** (3.61)
乘积项	GIV×MC		0.063 *** (3.22)
	GIV×CI		-0.119 *** (-2.97)
	N	4876	4876

① 如前文所述，Tobin's Q 是当前企业的市场价值与账面价值的比例，市场价值（分子）等于流通股价值、非流通股价值与净债务值之和，Tobin's Q（A）的账面价值（分母）是以总资产来衡量，而 Tobin's Q（B）的账面价值（分母）是以总资产减去无形资产和商誉来衡量。

续表

	模型 4	模型 5
常数项	18. 487*** （22. 49）	18. 113*** （21. 82）
F 值	88. 34***	78. 27***
R^2	0. 210	0. 213
Adj-R^2	0. 207	0. 211

六、结论与启示

　　慈善捐赠日渐成为国内企业普遍参与的社会责任行为，但有关慈善捐赠对企业价值和绩效的作用机制仍未完全明晰。本章以我国 A 股市场 2009～2014 年 4876 例捐赠数据为样本，探索了慈善捐赠对企业价值的影响机理。研究结果表明，首先，慈善捐赠能够对企业价值产生正向的增值作用，这一观点与之前波特（2002）等学者提出的"战略慈善"观点相符合，企业能够在参与慈善事业的同时，提升企业绩效，增加企业价值，达到"名利双收"。其次，营销能力对慈善捐赠和企业价值的关系有显著的正向调节效应，企业相对营销能力越高，慈善捐赠对企业价值的增值作用越强。最后，企业所处的行业竞争强度则对慈善捐赠的效果具有显著的负向调节作用，企业所处的行业竞争越激烈，慈善捐赠对企业价值的增值作用越弱。

　　除此之外，笔者还发现了慈善捐赠对营销能力和企业价值的联动作用，即只有企业捐赠额度超过某一数额时，企业营销能力才能对企业价值起到正向增值效果。关于企业慈善捐赠对企业绩效和价值的关系虽已有较多研究，但本章从企业慈善捐赠的两条影响路径进行切入，并着重研究了营销能力对慈善捐赠效果的影响和二者的联动机制，研究结论对当前慈善捐赠与企业价值的理论进行了一定程度的深化，并提供了创新性的思考。

　　慈善捐赠行为已不只是企业内部可有可无的"私事"，而是关乎企业品牌形象和企业价值的重要营销战略。本章为企业如何参与慈善行为提供了以下启示：第一，鼓励企业积极参与慈善捐赠行为。本章证实，企业通过慈善捐赠可以提高企业绩效，增加企业价值，更有利于企业的长远发展。第二，在我国上市公司中，营销能力强的企业可以适当分配更多的资源战略性地投入到慈善事业中；同时，规模更大的公司存在营销资源的规模不经济性，因此通过合理的配置营销资源和慈善捐赠资源，能够获得比单纯的广告营销达到更好的企业增值效果。第三，对于所处行业竞争较激烈的上市企业，由于冗余资源较少，因此应适度谨慎地进行慈善捐赠行为，把更多的资源配置到公司竞争能力上，如通过提高产品和服务水平，以更好地实现企业价值的增值。

当然，本章也存在一定的局限性，需要在未来研究中深入探讨。第一，本章只选取了"慈善捐赠金额"这一数据，没有包含捐赠实物和以其他方式参与慈善事业的公司，未来研究可以探究不同公益类型与公司品牌的契合度对捐赠效果的影响。第二，本章在公司层面只是从行业竞争强度和营销能力这些因素开展了研究，没有对其他公司特质，如是不是消费者接触的产品/服务企业、行业的成熟度等因素进行研究，这也是今后需要进一步加以研究的问题。

【政策篇】

第 11 章　加快推广落实"揭榜挂帅"等制度的政策建议[①]

2021 年以来,"揭榜挂帅"一词频频出现,其热度不断提高,甚至成为科技体制改革的"代名词",受到社会各界广泛关注。有关部门、地方政府加快落实和推广"揭榜挂帅"等制度,取得了一些成效,但也暴露出一些问题。建议更加注重统筹开展"宣贯总结""问责考核""政策配套"等工作,真正把"揭榜挂帅"等制度的优越性发挥出来,为推动国家治理体系和治理能力现代化提供更生动案例。

一、"揭榜挂帅"等制度已"蔚然成风"

(一)推广"揭榜挂帅"等制度形成广泛共识

2021 年 1 月,习近平总书记明确要求,要"有力有序推进创新攻关的'揭榜挂帅'体制机制"。2021 年的《政府工作报告》也就"改革科技重大专项实施方式,推广'揭榜挂帅'等机制"做出专门部署,现已在中央部委和地方政府中形成广泛共识。从中央部门来看,工信、科技等中央部委加快推广"揭榜挂帅"制度。2018 年 11 月,工信部发布《新一代人工智能产业创新重点任务揭榜工作方案》;2021 年 5 月,科技部发布《国家重点研发计划"数学和应用研究"

---

① 本章内容执笔人为于潇宇、韩祺。

等"十四五"重点专项 2021 年度项目申报指南》，并制定了"揭榜挂帅"榜单模板。从地方政府来看，"揭榜挂帅"制度现已在 20 余个省份广泛开展，并逐渐形成一批典型举措。例如，成都高新区实施"岷山行动"计划，以"揭榜挂帅"方式积极引入国内外顶尖科技创新团队或科研机构；贵州将符合条件的揭榜获胜者列入"百千万人才工程"，创新科技人才引留政策；山西省已支持 3 批 40 项"揭榜挂帅"重点项目，省财政引导资金 2 亿元，带动企业投资 7 亿元，更好发挥了财政资金的杠杆作用。

（二）"揭榜挂帅"等制度从关键核心技术攻关工程到更广泛领域借鉴运用

在实践中，各地各部门充分借鉴"揭榜挂帅"体制机制，创新性地将其运用于推动经济社会高质量发展的多个方面。一是在应对新冠肺炎疫情方面，2020 年 2 月，深圳市科技创新委发布"新型冠状病毒感染的肺炎疫情应急防治"应急科研攻关项目的工作方案。该方案以"悬赏制"为核心组织开展，由科技主管部门主动出击确定悬赏标的，实施"赛马""揭榜奖励"等灵活的资助方式。二是在推动产业转型升级方面，2020 年 10 月，发改委、科技部等六部门发布《关于支持民营企业加快改革发展与转型升级的实施意见》，探索按照"揭榜挂帅，立军令状"的公开征集方式组织实施一批重大投资工程，支持民营企业平等参与项目投资。三是在促进社会就业方面，2021 年 3 月，发改委、教育部等六部委联合发布《关于深入组织实施创业带动就业示范行动的通知》，鼓励区域示范基地通过公开招标、"揭榜挂帅"等方式，购买教育、医疗、劳动就业、养老、托幼等公共服务。四是在推进系统改革方面，2021 年 4 月，发改委和科技部发布《关于深入推进全面创新改革工作的通知》，要求 13 省市借鉴"揭榜挂帅"，采取任务清单方式推进全面创新改革，着力谋划和组织实施若干"抓纲带目"的改革举措。

（三）"揭榜挂帅"等制度在极大程度上增强了企业家和科学家参与科技自立自强的信心

调研中，参与核心关键技术攻关工程的部分企业家、科学家纷纷反映，"揭榜挂帅"等制度是近年来科技体制改革中影响力最大的举措，有效调动了企业等主体参与突破"卡脖子"核心技术的积极性，也为加快推动科技自立自强提供了重要制度保障。例如，在 2019 年到 2020 年工信部实施的《新一代人工智能产业创新重点任务揭榜工作方案》中，海天瑞声、依图、云天励飞、旷视、驭势科技等一众人工智能领域的创新型企业，均通过"揭榜挂帅"机制拿下了"国字号"的任务。海天瑞声创始人、董事长贺琳表示，"'揭榜挂帅'制度使更多的创新主体及揭榜者脱颖而出，与国家整体战略规划部署共进步谋发展，并有机会得到各方关注和支持，真正实现由以往的论资排辈转变为现在的不拘一格做创新"。上海科学院副院长曹阿民认为，"揭榜挂帅"能让不同的创新主体在同一平台上平等竞争，英雄不论出身和资历，由此能激发更多创新主体的活力。

二、推广"揭榜挂帅"等制度还存在三大问题

（一）部分"揭榜挂帅"名实不副

"揭榜挂帅"的基础在"榜"，核心在"帅"，关键在机制。但在实践中，部分地区只借"揭榜"之名，却未行"挂帅"其实。主要表现为，一是"张榜"环节欠缺透明，部分管理部门对"张榜者"门槛设置过高，而对"寡头垄断""暗箱操作"防范不足，导致原申报圈的人变成出题圈人，自己为自己出题的现象仍有发生。二是"揭榜者"审核迷信"权威"，部分地区陷于传统科研项目评审的窠臼，未能破除以"人才帽子""职称高低""论文数量"论英雄，也未规避同行专家评议"关系网"导致的主观性、人情关系和利益捆绑等风险。三是在"评榜"过程缺乏分类施策，并未将"揭榜挂帅"项目与传统科研项目的分类管理，对经费"包干制""赛马制""里程碑"考核等创新机制运用不足，没有给予揭榜挂帅的科研人员获得足够的科研自主权，陷入"换汤不换药"的惯性操作。

（二）片面认为"揭榜挂帅"适用于所有领域和范畴

部分地区对"揭榜挂帅"的适用范围理解尚不深入、不清晰，表现为大事小事皆是"揭榜挂帅"，出现一定盲目追风、跟风趋势。在实践中，"揭榜挂帅"更适用于有具体的、变革性的、可实现成果的科研项目，而对于技术路线不明

确，需要长期知识探索的基础研究领域，不宜照搬照抄。另外，当涉及技术领域较细、潜在揭榜方数量较少时，最佳的资助方式应该是通过技术成果购买或者委托研发的方式直接资助，以避免寻榜、发榜、揭榜、评榜等一系列操作造成的间接费用。现阶段不少挂榜项目只是当地部分企业所面临的技术难题，而非产业关键共性技术，对整个行业发展的推动作用相对较小。由于"揭榜挂帅"制度在"榜单"构建、"挂帅"选取等环节人为操作空间较大，泛用"揭榜挂帅"模式不但易增加基层行政负担，而且易滋生地方政府寻租和腐败行为。

（三）"揭榜挂帅"等制度缺乏相关配套措施协同

推广"揭榜挂帅"等制度的根本目的是充分匹配供需，更好地促进科技成果转化为现实生产力。但事实上，如果没有配套形成良好的利益机制，"揭榜挂帅"等制度也仅是孤掌难鸣，推广成效也将大打折扣。比如，知识产权归属问题是悬榜人、揭榜人关注的重点之一，如何建立健全"权责利"相匹配的机制，成为"揭榜挂帅"等制度能否推广落实落好的关键。又如，对于生物医药领域这类涉及监管环节较多的行业，"揭榜挂帅"等制度只解决了创新源头的"卡点"，但后续如何加快审批上市、如何开展政府招标采购、如何促进国产替代等方面还没有相应配套政策，导致"有成果"但"难应用"，与预期效果还有一定差距。

三、重大举措建议

（一）加强经验总结和宣贯培训，扫除对"揭榜挂帅"等制度的误区

"揭榜挂帅"等制度是我国改进科技项目组织管理方式、深入推进科技体制改革、完善国家科技治理体系的重大举措，对实施创新驱动战略、建设科技强国、实现科技自立自强具有重要意义。在推广实践中，各部门、各地区积极借鉴"揭榜挂帅"等制度的精髓，将其应用在其他相关领域，既有成功经验，也有"滥用""误用"之虞。因此，要鼓励高校、科研院所等机构加快凝练"揭榜挂帅"等制度理论基础，为推广应用打好更坚实基础。组织智库等第三方机构开展

"揭榜挂帅"等制度实施效果评价，遴选一批典型成功案例，在权威媒体加强宣传推广，在全国范围内组织培训和学习。

（二）建立健全考核问责机制，避免"揭榜挂帅"等制度流于形式

推广落实"揭榜挂帅"等制度不只是"喊喊口号"，关键是要目标导向、压实责任，把社会主义市场经济条件下的新型举国体制优势充分发挥出来。建议把问责考核的重心前移，通过"奖优罚劣""问责问效"等方法，严肃"揭榜挂帅"的纪律性，避免"脚踩西瓜皮，滑到哪里算哪里"，维护好国家和"发榜人"投资效益。要求"揭榜人"在签订"军令状"中明确赏罚条件，监管部门据此开展监督与追责。同时，对攻关难度大、不确定性强，对于因外部环境变化等客观因素导致进展不理想的，只要"揭榜"方确已勤勉尽责，并经专家评议认为符合客观实际，应予以减责或免责，鼓励攻关主体攻坚克难、越挫越勇。

（三）加快研究相应配套措施，确保"揭榜挂帅"取得更大实效

实施和推广"揭榜挂帅"等制度的根本目的，是解决局部"卡点"，进而提高整体效能。因此要避免"政策不配套""政策打架"，对"揭榜挂帅"等制度发挥的作用造成反向抵消。要加强调研，梳理并清理一批与"揭榜挂帅"等制度不相匹配的政策，打通政策梗阻。研究将"揭榜挂帅"等制度与知识产权、审批、标准、监管、采购、价格等一系列政策挂钩，形成政策合力，为发榜人和揭榜人提供更大激励。

第 12 章　新时代强化国家战略科技力量的内在逻辑

一、理论逻辑

（一）强化国家战略科技力量是对马克思主义科技观的最新继承和发展

马克思和恩格斯明确提出，科学技术是"直接的生产力"，对推动经济社会发展具有关键作用。并且，通过观察近代资本主义发展，马克思深刻指出"借助于蒸汽机、铁路、电报和各种机器征服自然的过程中，在一个世纪里工业资产阶级成功地超越了过去所有时代的文明所取得的成就"。党的十八大以来，习近平总书记把科技创新摆在了前所未有的战略高度，对加快科技自立自强做出重大部署，明确提出"强化国家战略科技力量"，充分体现了以习近平同志为核心的党中央对科技创新一以贯之的高度重视和战略谋划。强化国家战略科技力量是在"创新是引领发展的第一动力"的理论论断基础上，更加强调全球合作创新情境中"以我为主"的自主创新能力，更加强调大国博弈情境中的关键核心技术"卡脖子"困境及其破解之道，更加强调关键科技领域"站起来"和"强起来"的自立之道与自强之道，深刻体现了新时代自立自强的科技观，是中国共产党对马克思主义科技观中国化的最新理论成果。

（二）强化国家战略科技力量是对大国兴衰发展规律的深刻经验总结

18 世纪以来，欧美主要工业国家经过两次工业革命后确立了自身在全球的领先地位。苏联、日本等国家通过大力引进关键核心技术实现了自身的工业化并极大提升了自身的综合国力。正是在掌握了关键核心技术及战略科技力量的基础上，苏联具备了取得卫国战争胜利乃至于与美国进行全球争霸的物质基础。日本则在明治维新时期和战后都重视在国家的统一组织管理下进行先进技术、重要装备和关键人才的引进，从而在战后迅速完成了对欧美先进工业国家的追赶。"二战"以来，特别是"冷战"结束之后，美国能够始终保持世界第一强国的地位，正是由于其拥有一批代表国家战略科技力量的、以世界领先的大科学装置集群为核心的、具有强大创新能力的国家实验室，以及由一批研究型大学与重要企业创新研发机构聚集形成的东西海岸两大创新城市群。因此，考察近代以来主要科技强国的发展历程可知，强化国家战略科技力量是建设世界科技强国的战略选择，也是决定全球大国兴衰的深层因素。

（三）强化国家战略科技力量对我国新时代科技能力建设提出的新要求

当前，我国科技创新正从量的积累向质的飞跃、从点的突破向系统能力提升转变，但在创新能力上尚不适应高质量发展要求，如原始创新能力不足，产业链供应链"卡脖子"环节等问题较为突出。新发展格局中最重要的就是科技自立自强，而国家战略科技力量代表了国家科技创新的最高水平，是国家创新体系的中坚力量，以国家实验室为代表的重大创新平台、高水平研究型大学、建制化的国家科研机构等都是国家战略科技力量的组成部分。进入新发展阶段，要求我们必须打造一支体现国家意志、服务国家需求、代表国家水平的"科技王牌军"。新时代科技能力建设，必须主动求变，坚持以自主创新为战略基点，瞄准世界科技发展前沿，加强前瞻性谋划设计，全面贯彻落实国家战略科技力量相关布局，不断提高国家战略科技力量对经济社会发展的贡献。

二、历史逻辑

（一）中华人民共和国成立之初，党和国家在极其困难的条件下初步形成战略科技力量

虽然此时我国没有直接提出"战略科技力量"这一命题，但是以毛泽东为核心的第一代党的领导集体将国防工业和重工业摆在突出位置，并在科研体系上初步形成了由中国科学院、国防科研机构、高校、中央各部委科研机构和地方科研机构等组成的科技"五路大军"。在中国国家安全面临威胁、民族独立面临严重挑战的背景下，中国做出了研发导弹、原子弹和人造卫星的战略部署，建立起了以"两弹一星"为主要标志的强大的现代国防体系。作为共和国战略科技力量的雏形，"两弹一星"等项目的成功有力维护了社会主义中国的战略安全，支撑了国家工业体系的建设，使中国的改革开放和社会主义现代化事业能够拥有和平稳定的外部环境。邓小平曾深有感触地说："如果六十年代以来中国没有原子弹、氢弹，没有发射卫星，中国就不能叫有重要影响的大国，就没有现在这样的国际地位。"

（二）改革开放后，我国抢抓战略机遇，不断深化战略科技力量建设

20 世纪 80 年代，邓小平同志亲自领导制定与决策了"863"高科技研究发展计划，选择对中国未来经济和社会发展有着重大影响的生物技术、信息技术等 7 个领域，做到重点建设集中力量重点办，不断追踪世界先进水平。1995 年 5 月，江泽民同志在全国科学技术大会上强调指出，"基础性研究和高技术研究，是推进我国二十一世纪现代化建设的动力源泉"，始终把发展高科技、实现产业化这一问题放在重要的战略位置上。2004 年 12 月，时任中共中央总书记的胡锦涛在视察中国科学院时，从国家发展战略和全局高度，明确提出"中国科学院作为国家战略科技力量，不仅要创造一流的成果、一流的效益、一流的管理，更要造就一流的人才"。这是"战略科技力量"的提法首次出现在党和政府领导人的讲话中，标志着我国国家战略科技力量建设进入了新的历史发展阶段。

（三）党的十八大以来，我国战略科技力量布局进入明显加速期

2013 年 7 月，习近平总书记视察中国科学院时再次指出，中国科学院是党、国家和人民可以依靠、可以信赖的国家战略科技力量。2016 年 5 月，习近平总书记在全国科技创新大会中进一步指出，政府科技管理部门要抓战略，以国家实验室建设为抓手，强化国家战略科技力量，发挥好国家战略科技力量建制化的优势。同年 7 月，国务院在其印发的《"十三五"国家科技创新规划》中，紧紧围绕"互联网+""人工智能""大数据""健康中国"等国家重点战略领域，提出要聚焦国家目标和战略需求，打造体现国家意志、具有世界一流水平、引领发展的重要战略科技力量：这是"战略科技力量"的提法首次出现在国家科技规划文件中。党的十八大以来，在党中央坚强领导下和全国社会各界共同努力下，我国基础研究和原始创新取得重要进展，战略科技力量建设明显加速，在新冠肺炎疫情防控等诸多社会关键领域中发挥了重要作用。

三、现实逻辑

（一）强化国家战略科技力量是应对国际经济科技竞争格局变化、把握新一轮科技革命和产业变革机遇的必然选择

一方面，我国外部发展形势更加复杂，新冠肺炎疫情影响广泛深远，逆全球化、保护主义抬头，全球产业链供应链面临冲击，国际科技交流合作受到阻断；另一方面，新一轮科技革命和产业变革加速演进，各学科、各领域间深度交叉融合、广泛扩散渗透，呈现出多点突破、群发性突破的态势。因此，全球主要国家在重大创新领域和颠覆性技术方向持续加大投入，力图在新的竞争格局中抢占先机、赢得主动。强化国家战略科技力量，有助于充分发挥多学科、建制化优势，加快在关键核心技术领域取得重大突破，加快抢占科技制高点，加快实现我国科技自立自强发展，进而牢牢掌握创新主动权、发展主动权。

（二）强化国家战略科技力量是催生新发展动能、支撑经济社会高质量发展的客观要求

创新是引领发展的第一动力，但当前我国创新能力还不适应高质量发展要求，基础研究和原始创新能力不强，关键领域核心技术受制于人的格局没有从根本上发生改变。面对国内外环境深刻变化，党中央做出加快构建以国内大循环为主体、国内国际双循环相互促进的新发展格局的重大战略抉择，而科技创新是构建这一新发展格局的关键。强化国家战略科技力量，有助于更好地发挥社会主义市场经济条件下新型举国体制优势，整合各方面力量开展协同攻关，加快提升自主创新能力，为走高质量发展道路，实现更多依靠创新驱动的内涵型增长提供更强有力的科技支撑。

（三）强化国家战略科技力量是优化国家创新体系布局、带动科技创新综合实力提升的重要抓手

国家战略科技力量是科技创新的"国家队"，代表了国家科技创新的最高水平，是国家创新体系的中坚力量。加快培育和发展建制化的国家科研机构、高水平的研究型大学，建立完善支撑科技发展的重要条件平台，组织实施重大科技项目和工程等，在推动国家科技创新能力的快速提升和保持持续竞争优势中将发挥重要作用。在我国当前的发展阶段下，强化国家战略科技力量，让重点机构、重点区域、重点领域率先实现高质量发展，有助于优化国家创新体系整体布局，引领带动国家创新体系中其他主体、其他单元能力的提升，最终实现国家综合科技实力和创新体系整体效能的提升。

第 13 章　美国 NASA–SpaceX
科技合作的经验与启示

　　强化战略科技力量是党中央新时期对科技创新领域做出的重大决策部署。近年来，我国国家战略科技力量加快壮大，企业创新主体地位不断强化。但在实践中仍有一些突出问题亟待解决，如领先企业在国家战略科技力量中扮演何种角色？如何与"国家队"有效配合？面对上述问题，美国宇航局（NASA）和美国太空探索技术（SpaceX）公司的成功合作对我国有较强的借鉴和启示。近年来，NASA 与 SpaceX 公司等市场力量有效协作，在火箭回收等技术领域取得一些列重大突破，有效减少政府资金投入，提高了创新效率。这为我国领先企业深度参与国家战略科技力量，合力推进国家战略科技力量建设提供了有益的经验借鉴。

一、NASA 与 SpaceX 公司的合作背景

　　SpaceX 公司成立于 2002 年，目前公司员工超过 1800 人，市值约为 13 亿美元。除了与美国宇航局签订合同执行"国际空间站"商业轨道运输服务外，SpaceX 公司还与私营公司、非美国政府机构和美国军方签订发射服务合同。SpaceX 公司在技术方面实现了全球首次成功的火箭壳体及制造复杂、昂贵的发动机准确回收再使用，在一定程度上代表了当前美国航天技术商业化最高发展水平，是当前美国航天领域实质性"战略科技力量"。

　　SpaceX 成功参与美国航天力量建设的客观原因主要有两点：其一，NASA 作为国家队，载人航天成本高，经费难以持续。随着其探索太空的进程从近地轨道

向月球、火星等深空领域迈进，航天重大工程项目的投入经费迅速增长，远超国家和政府部门的资金投入能力。如 2006 年布什政府提出的重返月球"星座计划"（Constellation Program），预算高达 900 亿美元，被奥巴马政府以经费投入过高为由而取消。其二，美国政府在国家层面的政策上开放低轨道航天发射领域，让企业获得市场准入资格。美国通过 2006 年、2010 年版《国家航天政策》和此后的《航天现代投资法》《太空探索愿景》等文件，相继确定太空领域发展政策与措施，为 SpaceX 等市场力量参与美国航天科技力量建设创造了良好的法治环境。

从结果看，SpaceX 参与美国政府航天领域战略科技力量建设，低成本、高效益地推动美国航天产业发展。SpaceX 推动美国航天产业沿着"投资—研发—应用—盈利—再投资"向良性发展，进一步巩固了美国整体太空科技实力。2020 年 5 月 31 日，载人"龙"飞船成功发射并成功将两名宇航员送入国际空间站，是人类历史上的首次商业载人航天。这不仅帮助美国摆脱了对俄依赖，更推动航天企业改革创新，降低了政府的航天成本。例如，使用 SpaceX 的龙飞船载人发射仅花费 4.05 亿美元，同时一架波音"星际客机"（Starliner）载人航天飞船耗资仅约 6.52 亿美元，两者都相对较低，仅为 NASA 自己开发航天器所需费用的 37%~39%。

二、NASA 和 SpaceX 成功合作的主要经验

（一）实施新型"公私合营"研发组织模式模式，吸引企业深度参与，共担风险

在合作中，NASA 采用了新公私合营研发组织模式：在项目管理上，NASA 仅负责提出明确的需求，而不负责具体技术方案的选择与项目管理；在合作方式上，由企业负责技术方案的选择并自主进行技术开发，NASA 不进行干涉，只在竞标时进行技术方案评估来选择合作公司；在费用安排上，由企业自主设定若干"里程碑"目标，只有企业完成目标时，NASA 才会支付费用（见表 13-1）。新型公私合营模式使美国政府从航天探索的实施者转为市场需求服务购买者，通过建立动态退出机制，有效激发企业创新活力，同时发挥联邦政府资金的杠杆作

用，以前期的少量政府财政投入显著降低美国系统成本。

表 13-1 新旧"公私合营"研发组织模式对比

	传统"公私合营"模式	新"公私合营"模式
管理模式	NASA 负责目标制定、总体设计和项目管理	企业依据 NASA 需求，制定方案并进行项目管理和技术开发
技术方案	NASA 制定	企业制定
资金投入	NASA 负责	NASA 与企业共同投入
技术可控性	NASA 可以掌握项目进度	NASA 难以把控项目进度
项目风险	NASA 承担	企业承担

注：作者依据公开资料整理。

（二）通过商业计划为 SpaceX 等提供充足的资金、技术和人才等创新资源支持

在资金方面，NASA 利用商业载人航天发展计划（CCDev）、商业载人航天集成能力计划（CCiCap）等，持续为商业航天公司提供关键产业和节点、尖端技术研究项目提供资金支持。例如，SpaceX 公司在创业初期，连续经历 3 次发射失利，陷入重大危机。然而，NASA 主导开展"商业轨道运输服务"计划为其提供接近 4 亿美元的资金，并且在 2006~2018 年，SpaceX 公司从美国政府得到的各类项目经费高达 80 亿美元。

在技术方面，美国政府在保证军事核心关键技术安全可控的前提下，对新兴企业创新和发展进行了全方位技术支持。例如，NASA 将"阿波罗"登月和航天飞机研发的大量技术报告开放给 SpaceX，后者据此转化了大量成熟技术供自己使用。

在人才方面，SpaceX 源源不断地从政府获得高端人才输送，众多高管曾在大型航天企业或政府机构任职，具有丰富的管理经验和专业的技术水平。例如，NASA 把自己的核心技术骨干派驻到 SpaceX，保障了其技术研发的成功；同时，现任 SpaceX 公司总裁兼首席运营官的格温肖特维尔，也曾担任微观公司太空系统部门主管。

（三）在项目采购中注重采用"里程碑""赛马"等竞争机制，激励企业创新

NASA 在政府采购中实施两步走的策略，刺激承包企业之间加强竞争，努力完成设计、提升性能。例如，在最初的商业轨道运输服务项目中，NASA 同时选择与 SpaceX 和 Rpk 公司合作，经过一年多的研发后，Rpk 由于资金缺乏，无法完成"里程碑"阶段目标，NASA 便中止了与 Rpk 的合同，后又选择轨道科学公司替代 Rpk。NASA 通过构建竞争性的市场，推动 SpaceX 进行了包括纵向整合产业链、开发通用化部件、沿用重复技术等一系列技术与管理创新，大幅降低了技术开发成本。

总体来看，NASA 通过采用新型公私合营研发组织模式，使 SpaceX 等商业公司有效参与到空天研发任务中，一方面使领先企业获得技术和资金投入，以高质低价的产品获得订单，提升企业全球竞争力；另一方面有效建设美国航天领域战略科技力量，维护了其太空领域优势地位，以此形成了双赢的良性循环。

三、经验总结与政策建议

在高风险、高投入、高收益的战略性产业中，我国应借鉴美国 NASA – SpaceX 的成功合作模式，优化政策设计和治理，以引导激励市场领先企业参与，夯实力量基础，高效建设国家战略科技力量。建议重点做好以下三个方面：

一是优化民营企业在战略性产业科技领域的市场准入管理，引导社会资本助力核心技术创新。从国际经验看，航天和国防等战略性产业发展，既需要政府和国有军工企业的支持，也需要活跃的民间资本、民营企业的参与。在安全可控前提下，建议适当降低民营企业参与国防科技研发的门槛，积极支持和引导庞大的、投资无门的、到处逐利的社会资本投入到有重要社会价值的科技创新领域，实现民营高技术产业与国家战略科技力量的双向促进。

二是加大对民营领域的公共创新资源供给，强化"民企参军"等政策激励。建议加快促进公共部门掌握的技术向民营部门转移，进一步完善国防技术定密解密机制，搭建军民科技信息交流和成果交易渠道。进一步促进科研人才跨部门流

动，通过对公共部门人员保密管理制度、国防知识产权管理制度的进一步明晰和改进，促进公共部门和民营部门人员双向流动。设立针对"民企参军"项目的财税激励政策，尤其对于初创且有发展潜力的中小型企业，可加强项目合同对接，提供启动资助。

三是推进落实市场化招投标机制、监督审查和淘汰机制，优化政府采购政策。充分发挥社会主义市场经济条件下的新型举国体制优势，用好用足"揭榜挂帅""赛马"等机制，构建竞争性结构。在政府项目"发榜"中，通过设置"里程碑"目标，"赛马"等方式，不断激励科技型企业创新活力，引导行业整体竞争力持续提升。此外，通过法律法规规范民营企业的采购、保密等行为，通过实效评估等掌控项目进度，规避和处置商业风险，统筹强化国家战略科技力量。

第14章 加快建设"面向人民生命健康"的科技创新体系

党的十九届五中全会首次对科技创新提出了"面向人民生命健康"的新方向。这是党中央在"面向世界科技前沿、面向经济主战场、面向国家重大需求"基础上,根据新冠肺炎疫情、坚持"科技为民"做出的新部署。应深入理解"人民生命健康"在人类社会进步、国家发展以及新科技革命和产业变革中的历史方位,厘清我国在"人民生命健康"有关领域科技创新的基础条件,进一步明确构建"面向人民生命健康"科技创新体系的主要任务,力争在关系人民生命健康的若干领域实现突破,有力支撑科技强国建设。

一、深刻认识科技创新要"面向人民生命健康"的重大意义

(一)纵观人类发展史,人类同疾病较量最有力的武器就是科学技术

人类自诞生之日起,就在与疾病作斗争中成长和壮大。随着科技的进步,曾经严重威胁人类生命的饥荒、瘟疫先后被成功遏制,使人类在疾病面前越来越自信从容,平均寿命不断延长,生命质量不断提高。历史和实践都充分证明,只有依靠科学技术,人类才能从根本上找到战胜疫病的有效途径和解决方案。习近平总书记指出,科学技术是人类同疾病斗争的锐利武器,人类战胜大灾大疫离不开科学发展和技术创新。近年来,科学技术在抗击全球多次重大传染病中发挥了重

要作用，特别是在新冠肺炎疫情中，科技力量的重要性更加充分显现。疫情防控期间，人工智能与大数据技术助力传染源筛查监控，医学科技为新型疫情治疗开拓策略，新基建防疫更是为后疫情时代保驾护航。我国是一个有着 14 亿多人口的大国，防范化解重大疫情和重大突发公共卫生风险，始终是我们须臾不可放松的大事。进入后疫情时代，我国需要重视科学技术在疾病防治中的关键作用，继续提升面向人民生命健康的科学技术供给，筑牢人民高品质生活的健康屏障。

（二）纵观党和国家发展史，"人民至上、科技为民"是中国共产党人贯彻始终的"初心"

作为中国最广大人民根本利益的代表，中国共产党自诞生之日起，就把人民立场作为根本政治立场，坚持为人民谋幸福、为民族谋复兴。近百年来，中国共产党在革命、建设和改革进程中，始终把维护、实现和发展最广大人民群众的利益放在重要位置。中华人民共和国成立以来，党中央高度重视科技发展，将发展科技与国家命运、民族命运紧紧地联系在一起，确保科学技术始终朝着造福人民的方向发展。习近平总书记指出，发展为了人民、发展依靠人民、发展成果由人民共享，人民对美好生活的向往，就是我们的奋斗目标。中华人民共和国成立70 年多来，随着医疗卫生科技创新不断取得突破，人民健康水平得到持续快速攀升，实现了从"东亚病夫"到"全民健康"的质的飞跃。"民心是最大的政治"，人民的需要与呼唤代表着科技进步、创新发展的时代之声。在后疫情时代，科技工作要把最大限度保护人民群众生命安全和身体健康作为重要遵循，这是以习近平同志为核心的党中央"以人民为中心"执政理念在科技领域的理论表达与现实呈现，是落实全心全意为人民服务根本宗旨的实际行动。

（三）纵观历次科技革命和产业变革史，生命科学与大健康领域的科技创新有望引领全球新一轮经济增长

当前，世界正经历百年未有之大变局，新一轮科技革命蓄势待发，一些重大颠覆性技术创新正在创造新产业新业态。历史经验表明，每一轮科技革命和产业变革，都会形成一波新的经济增长周期，深刻改变世界发展面貌和格局。抓住科技革命历史机遇的国家，经济社会发展就驶入了快车道，经济实力、科技实力迅速增强，甚至一跃成为世界强国。近年来，随着生命科学研究不断深入，与人民生命健康息息相关的一系列新兴技术蓬勃发展，再生医学、细胞治疗等技术加快应用，心脑血管、癌症、慢性呼吸系统疾病、糖尿病等将被相继攻克，极大限度提升人类健康水平、延长人类预期寿命，有望成为全球新一轮经济高质量发展的引擎。当前，美国、欧盟、英国等发达国家都在加快推进生命健康领域前沿新兴技术发展，面向人民生命健康的相关领域正成为大国科技竞争的主战场。习近平总书记指出，回顾近代以来世界发展历程，可以清楚看到，一个国家和民族的创新能力，从根本上影响甚至决定国家和民族前途命运。因此，必须把握新冠肺炎疫情带来的窗口机遇期，面向人民生命健康，坚持科技自强自立，打牢经济高质量发展基础，有力支撑中华民族复兴伟业。

二、精准把握"面向人民生命健康" 科技创新的基础与条件

习近平总书记指出，人民健康是社会文明进步的基础，是民族昌盛和国家富强的重要标志。此次新冠肺炎疫情让人们切身体会到生命健康与疾病防治、生物安全紧密相关，而跳出疫情看，人民生命健康也与食品安全、生态环境等紧密相关。通过长期跟踪和梳理发现，在这些领域，我国既取得一系列成就，也存在诸多明显短板。

（一）新药创制差距不断缩小，但关键技术环节依然存在短板

党的十八大以来，我国生物制药领域论文产出数量、专利申请数量（以专利族计）持续保持在全球第二位，仅次于美国。新药临床试验申请（IND）数量逐年递增，2020 年超过 160 个，创历史新高。我国生物药研究已具备紧跟国际最新技术的能力，在研和获批产品基本覆盖了全球最新治疗靶点。同时，新药开发能力和质量水平与国际接轨，中外技术协作和双向技术许可增多，越来越多的生物药企业开展了新药中美同步申报。初步统计，已有十余家企业的二十多个抗体药物在欧美开展临床研究。但同时，我国在关键技术环节短板也较为明显，首创药物开发能力较为缺乏，科技成果转化率低，生物药大规模产业化水平仍有差距，制药企业实力相对较弱，中医药技术创新效率有待提升，尚不能很好地满足国家新药领域的创新战略布局需要。

（二）基因科技处于世界第一梯队，但监管能力亟待提升

首先，我国基因检测技术及设备不断迭代更新，如燃石医学"人 EGFR/ALK/BRAF/KRAS 基因突变联合检测试剂盒"、华大基因测序仪器平台等不断升级，检测技术更加完善，使用更加灵活。其次，肿瘤液体活检技术相关临床研究不断进步，为基因检测在肿瘤临床诊断领域的应用进一步奠定了基础。最后，随着"大样本+云计算+AI 技术"的逐步发展，为大规模、快速运算和分析基因大数据提供了便利条件，如华大基因与阿里云共同打造的 BGI Online 基因云平台，在 24 小时内完成了千人基因数据分析。但也要看到，当前我国基因数据保护和利用技术相对薄弱，基因检测产业监管能力仍有待提升，同时隐私和产权保护、信息安全等问题逐步显现，亟待建立科学监管机制。

（三）高端医疗器械基本实现自主创新，但产品成熟度普遍偏低

目前，我国 3T 超导磁共振、128 排 CT 机、PET-CT 机、PET-MRI、196 通道高端彩超、血管介入 DSA、超声内镜等高端设备已经实现国产化，在高端超声探头、CT 球管、CT 探测器、PET 探测器等关键核心部件上也取得较大突破。在心血管冠脉支架、脑起搏器、人工耳蜗、骨关节、人工心脏瓣膜等高植（介）入产品，以及骨科手术定位机器人、手术机器人、脑神经外科手术定位机器人、康复辅助机器人、重离子肿瘤治疗设备等先进治疗设备方面均实现了国产替代。但是，我国医学影像类装备绝大多数还处在成长期，有些产品甚至还处在婴儿期，距离成熟还有一段路要走。

（四）现代农业科技基础雄厚，但市场竞争力不强

在前沿基础研究方面，我国先后完成了主要动植物及养殖鱼类的基因组测序，在微生物基因组合成、复杂基因调控回路与光遗传学基因元器件设计等领域已达世界领先水平。在技术开发方面，我国农作物转基因技术、基因编辑技术研究领域取得较大突破，初步建立农作物全基因组选择技术体系和主要畜禽和农作物的基因型检测平台。在重大产品产业化方面，2008 年以来，我国育成 100 多个新型转基因抗虫棉新品种，成功实现抗虫转基因杨树产业化，同时酶制剂技术研发和市场规模上已处于世界领先水平。但是，目前我国市场竞争力仍然不强，主要体现在主要生物农业产品性能与国际先进水平仍有一定差距，企业创新发展能

力有待提升，产业总体呈现大而不强等。

（五）先进环保技术快速发展，但转化应用瓶颈突出

一是科技投入持续增加，"十三五"期间生态环境领域的科技投入不断增大，仅中央财政投入就超过了100亿元，为打好污染防治攻坚战奠定了坚实的科学基础。二是生态环境科技体制改革持续推进，大力推进生态环境科研管理放管服，扩大科研院所和科研人才自主权，进一步激发广大科研人员创新活力。三是在水环境、大气环境、土壤环境、生态保护、固废和环境基准等若干领域，取得一批重要科研成果。但同时，我国科技成果转化难问题仍比较突出，如科学化的成果转化技术评估方法及平台缺失，二次研发不完整，技术交易市场不成熟，供给与需求脱节，以市场为导向、企业为主体、产学研用相结合的技术创新体系建设相对滞后等。

（六）生物安全治理取得积极进展，但整体基础依然薄弱

一是治理能力和治理体系不断完善，现已形成综合性法规和专门性条例相结合的法律体系。二是生物安全科技创新平台建设取得积极进展，已形成初步覆盖全国、功能较为齐全、作用发挥较为充分、管理较为规范的生物安全实验室体系。三是生物技术人才梯队日益优化，生物技术人才数量稳步提升，生物技术人才在高层次科技人才中占据重要地位。四是生物安全科技支撑能力不断提升，新发突发病原体研究领域、基因合成与编辑技术领域等成果卓著，生物安全科技能力建设方面已取得了重大突破。但也要看到，与世界先进水平相比，我国生物安全原创技术少，优秀成果少，存在关键技术"卡脖子"现象等，未来亟须完善科研力量布局体系，提升科技投入的强度，加快补齐科技基础设施短板。

三、加快构建"面向人民生命健康"的科技创新体系

习近平总书记在看望参加全国政协十三届四次会议的医药卫生界教育界委员

时强调,把保障人民健康放在优先发展的战略位置。这对"十四五"时期部署"面向人民生命健康"的科技创新工作提出了更高要求。建议从以下五个方面发力:

一是强化关键技术支撑。集中力量开展核心技术攻关,探索"企业为主导+科研院所和高校为主力+政府支持+开放合作"的组织模式,加快解决一批医疗卫生领域"卡脖子"问题。面向脑科学、合成生物学等世界前沿相关领域进行前瞻布局,加大基础研究投入,切实提高基础研究投入比重。完善重大技术创新平台支撑,加大各级疾控机构和相关生物安全实验室建设投入。

二是提升企业创新能力。加快供应链国产化替代和多元化供应,重点在生物医药、生物农业等领域培育壮大一批研发能力强、产品技术含量高、具有较强国际竞争力的骨干企业。加大对企业技术改造和创新的支持力度,积极探索提高相关企业研发投入加计扣除比例,鼓励行业龙头企业建立以企业为主导的技术创新和产业化平台。

三是推动科技体制改革。加快建设生命健康领域国家实验室,鼓励探索新的体制机制。加快推进科技成果转化,支持高校、科研院所通过转让、许可等方式将技术向企业特别是中小企业转移。在"科技创新2030"重大项目中设立"面向人民生命健康"专项,创新重大科技项目的遴选、组织实施机制,提高科技投入效率。加强对重大科技项目实施效果的跟踪评估,建立独立的第三方评估机制。

四是优化科技创新布局。针对各地比较优势和产业链条特点,突出重点和区域特色,统筹规划和布局,分类推动相关产业集群发展,建立一批各具特色的"面向人民生命健康"的产业集群。支持有条件的地区开展基因检测、免疫细胞治疗、第三方影像中心、中药标准化、生物基材料、生物新能源等新技术新模式应用推广,建设一批"健康惠民示范区"。

五是完善创新生态系统。积极主动融入全球科技创新网络,深化国际科技交流合作,打造全球生命科学创新高地。守住生命伦理、生物安全底线,建立包容审慎监管机制,坚持支持发展与科学监管并重,包容跨界融合新产品、新服务、新业态,破除"玻璃门""弹簧门",切实放开市场准入。加强生命健康、生物技术应用发展政策解读和科普宣传,逐步提升相关产品和服务的社会接受程度。

第 15 章 当前各地"人才争夺战"现象的分析和建议[①]

在新时代城市化过程中，如何培育人才、吸引人才并留住人才，是经济增长由数量型向质量型转变的核心诉求。2017 年以来，"新一线城市"掀起了一轮人才争夺潮并且愈演愈烈，社会各界形象地称其为"人才争夺战"。截至目前，宏观层面尚未有规制政策出台，学术界也缺乏相应研究成果，需要在推进实践创新的基础上，加强理论梳理和思辨。

一、人是生产力最宝贵的能动因素

从政治经济学理论来看，生产力决定生产关系，科学技术是第一生产力，人又是生产力最宝贵的能动因素。因此，通过引进人才实现科技发展进而提升生产力是合规律的。从西方经济学理论来看，剑桥学派创始人马歇尔在一百多年前就提出，城市集聚同时产生规模经济和规模不经济，城市化应该时刻关注二者的权衡。在马歇尔看来，人才大量集聚的规模经济效应十分明显，而规模不经济效应相对较弱，因此争夺人才是各城市的必然选择。以卢卡斯为代表的内生增长理论强调人力资本的重要性，认为人才是经济增长的源泉。城市经济学家亨德森提出"钟状"曲线理论，认为城市人均净产出随城市规模扩张，呈现出先增加后减少

---

① 本章原文部分内容载于 2018 年 6 月《中国社会科学报》，题目为《合理引导城市间人才流动》，作者为邓忠奇、于潇宇。

的规律。人均净产出增加是因为城市规模扩张的技术溢出效应，减少是因为城市规模扩张的交通拥挤效应。从这两种效应来看，人才集聚创造的技术溢出效应，比普通工人集聚创造的技术溢出效应大得多，而两种集聚导致的交通拥挤效应相差不大。因此，亨德森"钟状"曲线理论也支持各城市争夺人才的做法。

在具体实践和现行政策中还需多考虑以下因素。首先，人才引进政策存在执行成本，只考虑人才引进的收益而不考虑背后的成本，不符合经济学收益—成本分析思想。其次，一定时期内人才数量是有限的，一座城市人才的增加将导致其他城市人才的减少。因此，站在全社会立场上，"人才争夺战"是否会导致地区发展不平衡，进而加剧我国社会主要矛盾？最后，过于强调争夺人才而不是培育人才，可能导致城市内耗，对全社会而言是一种福利损失。

学界有大量研究表明，中国绝大多数城市规模偏小，继续推进城市化符合城市集聚要求、满足城市承载力阈值条件，这是城市争夺人才的前提。至于"人才争夺战"的原因，包括内、外因两个方面：其一，随着经济增长速度由高速转向中高速，各地都在积极探寻新的经济增长点，并聚焦于科技、创新等关键领域。正如习总书记强调的"创新是引领发展的第一动力"，创新的主体是人才，掌握人才就掌握了创新的主动权。这是城市争夺人才的内因。其二，城市发展不进则退，"人才争夺战"形成一种囚徒困境，不管其他城市的策略选择如何，实施人才引进政策对城市自身而言总是占优策略，这是倒逼城市争夺人才的外因。

具体来看，常见的人才争夺手段有绿色落户通道、住房优惠补贴、过渡房、安家费、就业创业扶持、企业引才奖励、随迁家属安置、职称晋升优先、税收减免等，具体实施细节在各城市存在较大差异。例如，成都市出台了"成都产业新政 50 条"、"成都人才新政 12 条"、《成都市引进培育急需紧缺技能人才实施办法》等多项人才引进措施。西安市出台了"人才新政 23 条""优化高层次人才服务工作 13 条"等人才引进措施，不仅对人才本身提供各项优惠，还对引进人才的用人单位及中介机构提供现金奖励，高层次人才在西安市属旅游景点持卡可享受单次携带 3 人免景区门票和景区交通费待遇，将人才优惠和旅游业宣传结合起来。

二、人才流动宜引导不宜限制

针对"人才争夺战"现状，中央政府是否应该出台规制政策？从经济学理论上说，政府规制主要是为了应对市场失灵，而城市间白热化的"人才争夺战"也是一种市场失灵，因此必要的时候应该由中央政府出面进行适当的规制。规制的必要程度取决于以下三个方面：第一，"人才争夺战"引致的囚徒困境是否会产生严重内耗，即纳什均衡是否严重偏离最优均衡？如果各城市为了争夺人才而出现恶性竞争，忽视人才培育，直接将大量的人力、物力和财力用于人才引进，那么既会加重地方政府财政负担，也可能造成人才频繁流动，抑制人才的生产性活动。第二，"人才争夺战"是否会明显加剧城市发展不平衡现象？东部城市财力雄厚、发展基础较好，在"人才争夺战"中占领先机，而西部地区近年来人才流失则较为严重。如果不从中央层面进行规制，长此以往，可能加剧东西部城市发展不平衡的状况。第三，"人才争夺战"到底是市场失灵还是市场在有效配置资源？合理的人才流动是市场资源配置的表现，可以促进人尽其才，提高生产效率。但是，地方政府通过各种政策限制和激励措施来扭曲人才流动，则不是市场有效的表现。这虽然短期内可以实现人才大量流入，但如果缺乏必要的人才配套制度和创新环境，反而会束缚生产率提升。

三、政策建议

"人才争夺战"从表面上看是各大城市对人才的争夺，实际上涉及中央政府、地方政府和人才个体的三方博弈：中央政府选择出面干预或者放任人才流动，地方政府制定适宜的人才引进策略，人才个体出于自身利益的考虑选择到合适的城市就业或创业。因此，合理引导城市间人才流动，可从上述三个层面统筹考虑。

第一，从中央政府角度，人才流动只宜引导不宜限制。事实上，我国中央政府对人才向西部地区流动是持支持态度的，也有一些具体措施，如对高校应届毕业生到西部就业的补贴和奖励、设立国家社会科学基金西部项目。但是相比"人才争夺战"中的各种优惠条款而言，这些措施的激励效果较弱。因此，一旦"人才争夺战"出现严重内耗、明显加剧城市发展不平衡和扭曲人力资源配置等现象时，中央政府应适当干预，但只宜引导而不宜限制人才流动。若从宏观层面限制人才流动，可能会抑制资源配置效率，同时导致人才向发达国家外流。至于如何引导人才流动，可以考虑加大对西部高校支持的力度，提高其人才培育能力，同时以"一带一路"建设为契机，实施对西部城市倾斜的产业布局，提高其人才涵养能力。

第二，从地方政府角度，更应该关注人才配套制度的完善和创新环境的营造，避免直接以财政补贴等不可持续的方式引进人才。同时，引进人才不是城市发展的目的而是手段，只有完善人才引进之后的长效机制，实现人尽其才，才能真正有助于城市快速发展。影响人才流动的重要因素是城市房价，如何有效控制房价、解决人才后顾之忧是众多人才引进政策的基础，应避免地方政府以土地财政的方式筹集引才资金、所引人才再将各项奖补资金用于高价购房这种治标不治本的循环。最后，人才战略和产业建设必须两手抓。人才依托于产业，没有产业支撑吸引不来优质人才，即便吸引来优质人才也留不住。完善产学研体系、实现人才战略和产业建设的协同效应，是城市管理者在"人才争夺战"中需要重点思考的问题。

第三，从人才个体角度，应当把目光放长远，选择最适宜自身职业发展、最有利于实现人生价值的行业和城市，避免因为短期利益而束手束脚。还应签订完善的合约并树立契约精神，避免频繁变动工作而造成大量不必要的成本。人才个体应该作为城市一分子融入城市的发展建设之中，努力实现自身价值和城市发展的"双赢"。

【实践篇】

第16章　全球数字经济发展的
现状、经验及启示[①]

当前，全球主要发达国家都把数字经济作为经济发展的重点，并不断加强数字技术创新以谋求国家竞争发展的新优势。数字经济的概念，最早在20世纪90年代，经济合作组织（OECD）便已经提出，但至今尚无统一定义。依据2016年G20杭州峰会发布的《数字经济发展与合作倡议》，数字经济是指"以使用数字化的知识和信息作为关键生产要素、以现代信息网络作为重要载体、以信息通信技术的有效使用作为效率提高和经济结构优化的重要推动力的一系列经济活动"。数字经济的迅速发展，既为全球发达国家提供了走出金融危机"阴霾"的新路径，也为我国贯彻落实创新驱动战略和新旧动能转换提供了宝贵契机。近年来，我国推动"互联网+"和"国家大数据战略"助力数字经济的健康快速发展，数字经济已成为中国经济提质增效、转型升级的新引擎。

自20世纪90年代以来，经合组织便开始监测和跟踪各国数字经济的发展，在产业测算和产业发展上积累了较为丰富的经验。2017年末，经济合作组织再次发布《数字经济展望》报告，全面呈现数字经济的发展趋势、政策发展以及数字化转型对经济和社会发展的影响。联合国贸易和发展会议（UNCTAD）也对外公布了《2017年信息经济报告——数字化、贸易和发展》报告，对当今世界数字经济发展现状进行了全面的评估和分析。"不谋全局者，不足谋一域"，通过分析全球数字经济的发展现状和未来方向，可以更加清晰地呈现出我国数字经济的发展方向，并为制定我国发展目标和政策提供依据。因此，本章结合OECD等组织近期相关报告，详细探讨全球发达国家数字经济的现状和经验，并提出对

---

① 本章成文时间为2018年，执笔人为于潇宇、陈硕。

我国数字经济发展的相关建议和启示，以期对我国数字经济的健康繁荣发展有所裨益。

一、全球数字经济发展现状

（一）数字经济规模不断扩大，为经济发展带来新动能

毫无疑问，世界正在进入一个全新的数字时代，数字经济细分领域的规模正急剧扩张。据 OECD 组织 2017 年报告指出，目前全球信息通信技术（Information Communications Technology，ICT）产品和服务的产量约占总 GDP 的 6.5%，仅 ICT 服务一项就吸纳约 1 亿人就业。与此同时，新一代信息科技产品市场规模也高速增长，2016 年全球 3D 打印机的出货量，同比增长超过 100%，已达 45 万台（UNCTAD，2017）。

在数字经济时代，信息通信技术是建立通信和连接的基础，也已成为日常生活和科技创新的重要领域。一方面，综观当前 OECD 成员国家，均在不断完善数字基础设施，以应对新一轮数据升级的需求；另一方面，作为创新的关键驱动力，超过30%的专利申请集中在 ICT 领域，信息通信技术已成为科技创新领域的新热点。如据 OECD 统计，2016 年底，超过70%的美国风险投资（VC）投资流向了 ICT 行业，各国对 ICT 创新的重视程度可见一斑。

（二）各国高度重视数字经济，积极推进国家发展战略和政策

当前，数字经济已成为推动经济和社会持续转型的重要力量，引起全球各国政府的高度重视。各国政府正逐步推进"国家数字化战略"（NDSs），归纳起来，具体措施主要有以下三个方面：

第一，在数字应用上率先推动政府服务的数字变革，通过内化 ICT 工具和提供在线服务等，发挥先行引导作用。一方面，政府通过提供的培训和津贴等政策，推进电子政务，完成行政请求的在线处理。另一方面，发达国家政府不断通过文化资源数字化共享和图书馆在线阅览等措施，拓展数字资源深度应用。

第二，在改善数字创新的政策环境方面，OECD 成员国主要对创新网络实施

政策支持和提供更便捷的融资渠道。然而，针对云谲波诡的数字经济市场，各国政府在推进 ICT 或知识资本投资的创新政策方面，尚缺乏应有的重视。

第三，大部分 OECD 国家都已专门制定国家数字安全战略，加强保护个人隐私和网络安全。政府通过教育提升劳动者的数字素养，推进普及数字经济的专业化教育，使大众安全地使用信息技术；同时，政府也通过增强用户的数字安全风险意识和加强国际合作等措施，多管齐下，切实强化数字化安全。

二、数字经济带来多领域变革

放眼全球来看，数字经济通过不断创新融合，驱动多领域升级变革，正在为社会发展创造新的发展机遇。

（一）数字转型驱动传统部门转型升级

随着传统产业的数字转型，数字技术在科学、医疗、农业和城市管理等领域得到了创新融合应用。比如，在科研领域，随着海量研究数据的收集分析和研究结果的共享扩散，正形成开放获取期刊和同行审查的新模式；在健康领域，越来越多地移动健康 APP 和电子健康记录，为优化和改善临床管理带来新的机遇；在农业方面，通过精确的农业和自动化，深刻地影响传统的模式；同时，城市也抓住数字应用契机，在交通、能源、水和废物系统等领域，不断挖掘数字创新的潜力来改善自己的规划和决策。

（二）数字革命深刻改变就业市场

传统的经济理论对技术进步与就业关系尚存争论，在现实中，新一代数字技术对就业的复杂影响也已开始展现——在大多数 OECD 国家，ICT 投资会导致在制造业、商业服务和贸易、交通和住宿方面的劳动力需求下降；而在文化、娱乐和其他服务建设方面出现增长（OECD，2017）。此外，数字技术的使用引起了就业结构和就业性质新的变化。例如，越来越多的新兴就业群体乐于通过网络交易平台从事灵活的、临时性和兼职的工作。

（三）数字经济正重塑国际贸易格局

数字化技术正在重塑贸易格局，尤其是对服务业影响尤为巨大。其一，ICT技术可以提高产业生产力和国际竞争力，并通过在研发活动中加强协作等方式来转化为效益；其二，ICT技术的使用还可以增强客户关系，并改善供应链管理，这最终将导致生产率提高和市场份额的提高，并且有助于在国际竞争中处于优势地位。OECD（2017）报告指出，制造业出口中所增加的制造ICT附加值较高的经济体，未必在出口中增加高份额的ICT服务价值，反之亦然。报告进一步指出，高效率的ICT服务，有助于提高生产率、贸易和竞争力；但在一些国家，经济以及与贸易有关的限制（包括电信和计算机服务限制），却仍然十分普遍。

三、全球数字经济的风险和挑战

（一）数字经济对使用技能提出更高要求

近年来，全球数字技术的使用率在飞速攀升，对使用技能提出了更高要求。据OECD统计，2016年，95%的OECD国家公司均有宽带连接，73%的人每天使用互联网，并超过一半的人在线购物，不过，仍有超过一半的55～65岁的居民仍缺乏ICT核心技能和电脑经验。特别是对于复杂度的较低的蓝领工作和可以被机器替换的简单重复劳动岗位，掌握更高的技能对于适应不断变化的工作越来越重要。无独有偶，2017年，BBC的调研报告对未来365项具体职业被人工智能取代的前景进行了展望，那些第一、第二产业的工作，被机器人取代的概率在80%～60%。

（二）新型的"数字鸿沟"正在出现

虽然从全球来看，个人对ICT技术的使用率不断提升，已有超过70%的OECD国家为学生购买ICT产品和服务——但在各经济体中分布严重不均。例如，据UNTCAD报告统计，在一些发达国家中，在线购物的人口超过70%，而在最不发达国家中，这一比例却只有不到2%。数字鸿沟之所以产生，其一是因为数字化提升了许多的"软"技能的重要性，如社交网络和电商平台上留言交流等，需要更抽象的读写能力和沟通技巧。其二是由于大企业（相对于中小微企业）本身内部业务流程较为复杂，更有可能利用先进的信息通信技术应用（如 ERP 软件，云计算和大数据）等；而中小微企业缺乏采用的技能并且面临更大的经济压力则较少采用，因而数字经济技术的运用仍存在很高的使用壁垒。

（三）　安全和隐私风险抑制了数字经济充分发展

消费者对网络诈骗、个人隐私和网上购物质量的担忧，可能会限制数字经济进一步的充分发展。2014 年针对欧盟的调研显示，64% 的互联网用户比一年前更关心隐私问题，其中最担心的两个问题是滥用个人数据和网上支付的安全性。近年来，全球数字安全事件的复杂性、频率和影响程度在增加，严重的安全事件会波及大部分的用户，造成其对数字技术糟糕的体验和使用抵触。

四、对我国发展数字经济的相关启示

以新一代信息技术为代表的数字经济变革，深刻改变了社会的生产生活方式，极大推动了经济发展的质量变革、效率变革和动力变革。我们也要看到，数字经济给经济和社会带来了新动力的同时，也引发了网络安全和隐私保护等新的挑战。通过分析 OECD 国家数字经济的发展现状、机遇和挑战，可以对我国数字经济战略提供以下几点启示：

（一）　将数字经济上升到国家战略高度，加快形成经济发展新动能

借鉴发达国家的发展经验，我国应重视数字经济对经济社会的全方位辐射带动作用，从宏观层面科学制定数字经济发展目标和战略。首先，创新是引领发展的第一动力，无论是基础科技创新还是尖端科技创新，都离不开数字网络基础设施建设（尤其是移动互联基础设施建设）。政府需要在加快推动网络基础设施建设，支撑海量数字经济数据需求，使企业在数字技术领域的创新潜能全面释放。

其次，以工业互联网为重点，推动互联网与实体经济的深度融合，实现新旧动能顺利转换。我国应以深入实施《中国制造 2025》为抓手，面向重点领域加

快布局工业互联网基础设施和平台建设，推动数字经济的力量由消费端到生产端拓展，大力推进"互联网+制造业"，使融合性的数字经济产业成为经济发展的新动能。

最后，合理制定税收政策，为数字经济发展提供宽松的发展环境。中小企业是创新创业的关键，但当前承担的税负普遍偏重，与我国当前新经济的发展阶段不相适应。为此，国家可以借鉴发达国家的发展经验，出台针对数字产业领域中小企业税收优惠政策，对企业研发及推广费用施行税收抵扣，降低中小企业研发成本，充分发挥对数字经济的带动作用。

（二）提高网络安全控制能力，完善数据资源保护机制

大数据、物联网、云计算和人工智能等新兴网络技术已渗透到我国社会经济的各个方面，但我国网络安全防御技术的发展尚难以应对当前网络虚拟空间的挑战，成为网络攻击的主要受害国。2017 年，国家网络应急中心发现移动互联网恶意程序数量 253 万余个，同比增长 23.4%。其中，全球范围内的组织（Advanced Persistent Threat，APT）如"海莲花""白象""蔓灵花"等，已经逐渐成为我国经济乃至政治安全的最大威胁。因此，一方面，需要需高度重视信息安全，加强关键信息基础设施安全保护，加大对网络攻击等犯罪行为的预警和执法力度（钟春平、刘诚等，2017），通过各国更广泛的合作交流一起应对，实现数字经济的平稳可持续发展。另一方面，政府可以考虑加快推进数据资源领域的立法工作，制定数据资源确权、开放、流通、交易相关制度（王春晖，2018），维护国家数据主权。

（三）提高全民数字素养，使数字经济的"红利"惠及大众

一是亟须减少城乡"数字鸿沟"带来的潜在不均等问题。虽然近年来，我国移动支付，网络购物等新兴技术加速向农村渗透，但是城乡之间仍存在明显的"数字鸿沟"问题。另外，外卖、网约车、共享单车等具有明显区域化特点的应用，城乡差别问题更加突出，各种应用使用率均超过农村地区 20%。因此应通过加大对农村群体、中低收入群体以及老年人群体的培训，支持农村及偏远地区宽带建设，尽量缩小数字鸿沟带来的新的不平等（杨新铭，2017）。

二是要关注数字经济带来的就业结构调整的问题。数字技术对国民就业的影响较为复杂，体现为在总量上"创造效应"和"破坏效应"并存，对就业结构

也会产生重要影响。因此，要通过对数字经济服务业等新型业态培育，增强高等教育机构办学自主性和灵活性，以及鼓励中高端人才创新创业等措施，使数字经济创造更多就业岗位。

三是注重应用数字经济推进"数字民生"，优先发展"互联网+教育""互联网+医疗""互联网+文化"等惠民工程。另外，需加强贫困人口数据信息采集、统计和检测，构建全国统一的"精准减贫"大数据平台，形成高效透明的资金的划拨流转、落实跟踪和效果评估机制，确保"十三五"期间脱贫攻坚总目标顺利实现，使数字经济的红利惠及民生。

（四）创新和完善数字经济监管，切实保护消费者权益

数字经济时代的新业态在不断出现，在提高资源配置效率和方便消费者的同时，在我国也随之衍生出许多前所未有的新问题。因而政府需要依据新经济新业态的特点，努力营造公平竞争的市场环境，并探索形成多方协同的治理模式，维护消费者权益，使其负外部性最小化。

一方面，政府要提升对数字经济新业态的响应速度，及时制定实施适宜的管理细则和对策。以网约车和共享单车为例，在提高了周转率和使用效率的同时，也带来无序融资、恶意竞争、乱停乱放等一系列外部性问题。要解决这些问题，就要发挥政府和企业的共同作用，创新监管方式、完善监管体系，采取既具弹性又有规范的管理措施（鲁春丛，2018）。

另一方面，政府要加强数据安全、隐私和消费者保护（蓝庆新，2017）。目前，我国由于个人信息泄露导致的电信骚扰、网络诈骗问题正成为数字经济发展的"痼疾"（张亮亮、刘小凤等，2018），近年来甚至出现多起企业和从业人员将用户信息用于不当牟利的事件。对此，国家要进一步加大对数据隐私泄露犯罪的打击力度，提高相关网络犯罪的违法成本，同时积极开发增强信任的技术（如隐私增强技术、数字安全工具和区块链技术等），提升消费者对数字应用的信任度，从需求端进一步促进数字经济良性发展。

（五）利用好"一带一路"等的发展机遇，强化数字经济国际合作

OECD 的《数字经济展望（2017）》报告指出，在当前数字经济的大环境下，各国之间避免"闭门造车"尤为重要。为此，应该积极寻求合作和交流经验，共同搭乘互联网和数字经济的"快车"。对于我国当前发展而言，可以利用好"一带一路"和"二十国数字经济发展与合作"倡议的发展机遇，切实提升国际合作水平，在数字经济基础设施建设和新一代信息技术等方面实现"引进来"和"走出去"。一方面，注重加强与欧盟、英国等发达经济体之间的合作，推动中欧信息基础设施合作、数字技术联合研发和数字合作试点城市（项目）等项目开展，将一批高层次人才、先进技术及优质企业"引进来"。另一方面，借助"一带一路"倡议和《二十国数字经济发展与合作倡议》，通过与"一带一路"等国家实施广泛数字经济领域的合作（蓝庆新，2017），鼓励企业以参股、并购以及境外上市等方式开展对外投资，推动我国数字经济模式"走出去"，促进国内数字经济在竞争与合作中健康发展。

第17章 "十四五"期间中国医药健康市场发展潜力研判[①]

"十四五"时期，医药健康是我国扩大消费的重要方向。在人口老龄化、消费升级、全球新冠肺炎疫情不断反复等长期性、趋势性影响下，医药健康产业前景良好。因此，科学研判我国医药健康市场潜力，详细分析制约潜力发挥的梗阻因素，对于畅通产业供需循环、充分释放消费对经济的增长作用有重要意义。

一、"十四五"我国医药健康市场将达6万亿~7万亿元，约为"十三五"时期的两倍

（一）药品需求稳步增长，创新药市场有望快速增长

"十三五"以来，我国药品市场规模保持较高速增长。依据米内网数据，我国三大终端六大市场药品销售额从2015年的13829亿元增至2019年的17955亿元，年复合增长率达6.75%（见图17-1）。2020年，受新冠肺炎疫情影响，我国药品销售额为16437亿元，年环比下降8.5%。专家预计，在"三孩"政策落地、人口老龄化、需求升级趋势下，未来五年我国药品市场规模仍将保持10%以上快速增长，2025年我国药品市场规模将达到2.7万亿~3.0万亿元，预计将

---

① 本章内容执笔人为于潇宇、韩祺。

拉动投资 1.2 万亿~1.5 万亿元。从产品结构看，随着带量采购、仿制药一致性评价政策的深入推进，部分产能过剩的仿制药将面临以价换量的"存量市场"竞争，一批创新药产品有望占据优势地位。数据显示，2008~2017 年，我国获批上市的国产原研药（1 类新药）仅十余个，而 2018~2019 年 2 年内批准国产创新药 18 个，2020 年批国产创新药 20 个，创新药进入医保目录的数量快速增长。

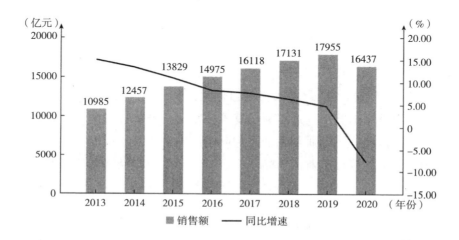

图 17-1　2013~2020 年全国药品销售额及增长率

资料来源：米内网。

（二）医疗器械需求快速增长，国内品牌市场占有率有望加速提升

根据机械工业仪器仪表综合经济技术研究所测算，我国 2020 年国内医疗器械市场总规模超过 7300 亿元，预计 2022 年将超 9500 亿元（见图 17-2），2025 年将达到 1.5 万亿~1.7 万亿元，将拉动投资 0.1 万亿~0.15 万亿元。长期以来，我国高端医疗器械市场长期被国外品牌占据，部分领域市场份额超过 70%。专家判断，随着国内医疗器械企业持续研发创新，部分核心部件和关键技术取得突破，国产医疗装备在植入性耗材、大中型医疗设备、体外诊断、家用医疗器械等品类的一批细分领域已基本实现进口替代。若加上国家政策配套支持、市场需求扩大以及关键核心技术突破，医疗设备从中低端市场向高端市场的进口替代还将不断加速。

图 17-2 2016~2022 年中国医疗器械市场规模及预测

资料来源：艾媒网。2021 和 2022 年为预测值。

（三）化妆品市场高速增长，"直播带货"有望助力本土品牌崛起

中国香料香精化妆品工业协会统计，2016~2020 年，国内化妆品市场（规上企业）年均增长超 10%，2020 年化妆品零售额达 3164 亿元（见图 17-3），总规模预计在 4500 亿元左右。目前，我国化妆品人均消费额为 38 美元左右，远低于与我国文化背景、消费习惯相似的韩、日等国，且仅为发达国家的 1/7。同时，随着消费者的需求、购买能力不断提升，我国的化妆品市场仍将保持快速增长。预计我国 2020~2025 年化妆品市场规模增速将保持 15% 左右，2025 年中国化妆品市场规模将达到 0.8 万亿~1.1 万亿元。长期以来，我国化妆品市场进口比重较大，高档产品严重依赖进口，而国产品牌影响力较弱。中国香料香精化妆协会数据显示，在 2019 年中国化妆品行业主营收入超过 5 亿元企业中，国内民族企业约占 46%，超过 10 亿元的国内民族企业仅占 4.44%，国产品牌面临的严峻形势可见一斑。不过，近年来，愈演愈烈的"直播带货"等新模式有望为国产品牌带来新机遇，诸多国产新锐品牌通过聚焦某一细分品类已形成鲜明的品牌定位，已经成功打造出一批代表性的精品、爆品，有望借助"风口"加速崛起。

（四）新冠肺炎疫情极大地激发了数字化医疗需求，全球抗击疫情孕育对外贸易市场新机遇

2020 年，受疫情影响，我国药品公立医院终端（占比为 64.0%）和公立基

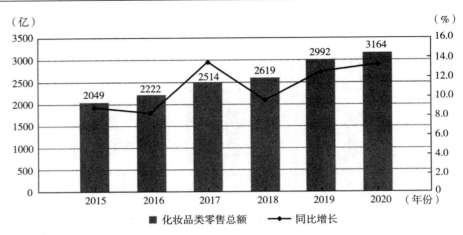

图 17-3　2015~2020 年中国化妆品类零售总额及增长率

资料来源：中国香料香精化妆品工业协会。

层医疗终端（占比 9.7%）市场销售额年环比分别下降 12.0% 和 11.8%，而零售药店终端（占比 26.3%）销售额增长 3.2%，其中线上零售销售额 243 亿元，增长 75.6%。专家预测，随着互联网医药行业渗透率提升，未来市场空间巨大，我国数字化医疗将迎来新机遇。根据 Analysys 易观统计，2020 年互联网医疗市场规模近 2000 亿元，年环比增长 46.7%（见图 17-4），未来随着大数据、5G、人工智能等新兴技术与新商业模式快速渗透，有望激发医药健康产业新一轮增长潜力，预计 2025 年市场规模有望达到 7000 亿~8000 亿元。此外，近年来我国医药品出口总额逐年增长，根据海关总署数据显示，2020 年达 220.9 亿美元，年环比增长 27.9%。特别是在全球新冠肺炎疫情不断反复的背景下，我国仅 2021 年 1~2 月疫苗出口销售额就达到 60 亿元，相比于上年同期增长了 76 倍，预计"十四五"时期新冠肺炎疫苗等抗疫物资产品出口规模将实现爆发式增长。

综上所述，"十四五"时期，在人口老龄化、需求升级的大趋势下，我国医药健康产业发展空间潜力仍然较大。考虑到"三孩"政策落地，另外新冠肺炎疫情大概率将反复，国内药品、医疗器械、化妆品、线上医疗、数字医疗以及疫情相关物资产品出口有望产生大量新需求，预计将实现年均 10% 以上的增长，2025 年医药健康市场规模将达到 6 万亿~7 万亿元（见表 17-1）。

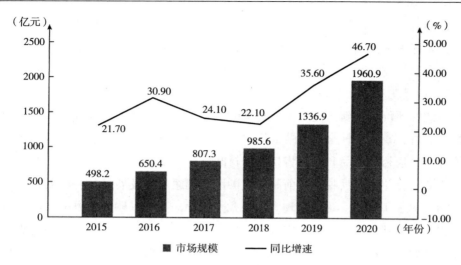

图 17-4 2015~2020 年中国互联网医疗市场规模及增长率

资料来源：易观网。

表 17-1 医药健康细分领域市场规模及预测　　　单位：万亿元

细分领域	2020 年投资规模	2025 年投资潜力	2020 年市场规模	2025 年市场规模
药品	0.80	1.20~1.50	1.64	2.70~3.00
医疗器械	0.05	0.10~0.15	0.73	1.50~1.70
化妆品	—	—	0.45	0.80~1.10
数字化医疗	—	—	0.20	0.70~0.80
疫情相关产品出口	—	—	0.14	0.30~0.35
合计	—	—	3.16	6.00~6.95

资料来源：作者根据有关数据测算得出。

二、行业规制与政策亟待进一步优化，或将成为 影响医药健康市场需求的"最大变数"

医药健康市场不仅受到供需关系的影响，更受到政府监管政策规制以及全球疫情大流行控制程度等不确定因素影响。从供需关系看，"十四五"及未来一段时期，随着人口老龄化的趋势不断加深、"三孩"政策落地以及收入水平的不断提高，我国人民群众对健康质量的追求更加迫切，医药健康市场需求将保持持续旺盛趋势。从监管政策规制看，国家政策导向为"压缩低端过剩市场、鼓励创新市场"，政策工具主要包括国家集采、各地试行非过评药品集采、耗材集采、注射剂一致性评价；创新药进入医保目录的谈判、加快审评审批等等。从新冠肺炎疫情发展看，专家预计全球疫情大概率会有反复，疫苗、口罩、呼吸机、相关药品等防疫抗疫相关产品和物资将持续保持旺盛的需求。

企业、行业协会反映，目前制约我国医药健康市场发展最重要的因素在于政策影响（见表17-2）。主要表现为以下几个方面。集中采购政策方面，部分地区存在省、市多部门重复参与集中采购，层层挤压药品中标价格，在采购过程过于关注价格而并非药品质量，导致部分品种中标价格过低，可能出现劣币驱逐良币的情况，无法切实满足临床患者需求。医保政策方面，2019年基本医疗保险基金总收入、总支出分别为2.3万亿元、2万亿元，年末累计结存2.7万亿元，医保整体收支稳健。考虑到未来老龄化加剧，医保控费势在必行，也将影响公立医疗机构用药需求。部分集采品种因医院与医保衔接不畅，出现了"进了医保进不了医院"的尴尬局面。互联网医疗方面，尽管国家密集出台支持互联网医疗的相关政策，明确提出了互联网服务医保支付、互联网医院、互联网诊疗、远程诊疗等活动的准入原则，但如何落地落细尚无操作细则，消费者网络购药如何进行医保支付依然不明确，互联网开药后送药环节成为最大瓶颈，互联网医疗"最后一公里"问题亟待破解。

表17-2　近年来影响我国医药健康市场的重要政策梳理

政策名称	发布时间	政策影响
关于积极推进"互联网+"医疗服务医保支付工作的指导意见	2020年11月	增加线上看病和支付渠道，方便患者
疾病诊断相关分组（DRG）付费、区域点数法总额预算和按病种分值（DIP）付费	2020年10月	按病种控费，减少大处方、大检查行为；辅助用药、部分中药和高价药市场受限
关于进一步改革完善药品生产流通使用政策的若干意见	2017年2月	推行药品购销"两票制"，缩减药物流通中间环节和费用

政策名称	发布时间	政策影响
关于开展仿制药质量和疗效一致性评价的意见	2016 年 2 月	促进高质量仿制药和创新药发展，减少行业内过度竞争
关于开展药物临床试验数据自查核查的公告	2015 年 7 月	提高药品临床申报要求，确保临床试验数据真实、可靠

资料来源：作者根据有关文件整理。

三、更加注重需求侧管理，将我国医药健康市场潜力的"变数"转为"定数"

扩大我国医药健康市场需求，关键在改革。要持续推动供给侧改革的基础上，更加注重需求侧管理，做好药品研发、审批上市、集采医保等政策衔接，形成"研—审—采—保"政策链条，支持和鼓励新业态新模式发展，更好畅通供需循环，充分释放我国医药健康市场潜力。下一步，建议从以下三方面推进相关政策改革：

（一）推动国内支付端扩容扩需

重点是不断优化集中采购政策，避免"一刀切"误伤，积极听取各方意见不断完善政策，推动相关政策更好落地。进一步推动高水平对内对外开放，鼓励民营医院、互联网医院、外资医院发展。支持和鼓励地方先行先试，大力发展商业保险。

（二）支持疫情相关行业拓展需求

重点是面向国外疫情防控需求，用足用好国内产业基础优势，支持疫苗、检测试剂盒、呼吸机、医用氧气等相关产品和服务进一步拓展海外市场。坚持"平战结合"的原则，加快部署和推动防疫相关产品和物资进行政府采购和储备，以满足国内应急需求以及对外国际援助。完善医疗服务价格形成机制，加快推动医疗设备国产替代进程。

（三）面向解决便利性、可及性的问题鼓励挖掘未被满足的需求

重点鼓励依托新技术新模式，体现个性化治疗医疗机构发展。支持和规范线上药品发展，增加互联网+医保支付覆盖范围，满足消费者多元化求医问药需求。进一步推进处方流转等相关政策，支持建设处方流转等第三方平台，发展直接面向病人（DTP）药房，打通互联网医疗"最后一公里"。依托互联网"风口"，积极培育国内化妆品品牌和市场。

第18章 北京市农产品产销协同
一体化模式研究①

近年来，我国大中城市的农产品价格不断上涨并伴随着剧烈波动，供需信息不对称带来生产盲目性，流通环节冗杂引起利润分配失衡，严重影响着人们的生活。北京市农产品供求矛盾突出，京郊农产品生产基地的供给量难以支撑全市农产品需求，所以需要从山东等地引进农产品。然而在流通过程中，道路基础设施受限、流通主体混乱、流通体系脆弱等问题，造成北京市农产品供给不稳定，产品价格波动较大。本章主要基于协同理论和相关理论成果，着重研究农产品流通系统的协同机制，在分析现有流通体系的现状基础上，尝试着运用自组织结构和协同理论对建立北京市农产品流通系统协同发展模式做出分析和建议。

一、北京市农产品流通系统协同发展的
构想及理论依据

作为应用经济学的重要研究领域，农产品流通领域一直是学界理论研究的热点。近年来，有许多学者对自组织理论和协同论提高农产品流通的效率、提升系

---

①　本章内容为北京市社会科学基金项目"北京市农产品产销协同一体化模式研究"（13JGB045）阶段性研究成果，执笔人为于潇宇、李先国。

统性能做出了有益探索①。如尤晨和周熙登（2013）从农产品供应链的目标参量、状态参量、控制参量和随机扰动因素深入分析农产品供应链自组织运作机理，并以运作机理为基础构建农产品供应链协同演化模型。许金立和张明玉（2011）研究指出，通过农产品供应链上的各节点进行协同，可以达到降低供应链总成本、获取更高的利润、形成规模效应、产生更大的竞争优势等效果。还有谢如鹤和邱祝强（2010）等学者对生鲜农产品流通系统进行了子系统分解，并提出了系统发生自组织结构的四大条件。本章在借鉴了国内外相关研究成果的基础上分析发现，当前北京市农产品整体流通系统的现状，与谢如鹤和邱祝强（2010）等学者提出的生鲜农产品案例类似，其供应链也主要包括生产者（生产子系统）、批发商（信息及流通子系统）、零售商（销售子系统）三个主要环节，存在许多不同类型的运作主体，满足开放性、非平衡态、非线性、非均衡等自组织化的四大基本要求。因此，应用自组织结构理论分析改进北京市农产品子系统的协调发展是可行的。

对于农产品供应链的协同的层次和模式，本章将农产品流通体系的协同分为初级协同和高级协同两个不同层次（见图 18-1）：初级协同是指构成农产品流通体系的三大子系统的内部主体协同，即通过形成子系统内部的自组织结构，优化资源配置，科学管理，达到提高运作效率的作用；高级协同层次是指整合三大子系统，达到子系统间的高级协同运作，通过设定相关规则，达到信息流、商流、物流等在整个体系内部顺畅交换，达到更优化的农产品流通体系。

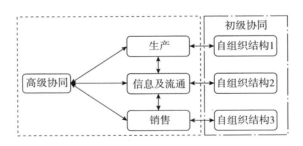

图 18-1　农产品流通系统协同模式

资料来源：作者整理自制。

---

① 自组织理论（Self-organizing Theory），是由 20 世纪 60 年代诺贝尔奖获得者 Ilya Pregogin 提出的耗散结构论开始建立并发展起来的一种系统理论。自组织理论主要是研究复杂自组织系统的形成和发展机制，即在一定的条件下，系统是如何由无序走向有序，由低级有序走向高级有序的。其理论架构主要包括"耗散结构"理论、"协同论"理论、"突变论"等。其中，"协同"指的是复杂系统中各组成要素之间及各子系统之间在操作运行过程中的合作、协调、同步和有序化。

二、北京市农产品流通系统协同发展分析

（一）生产子系统自组织协同

在农产品流通系统中，生产子系统是信息及流通和销售子系统的上游环节和基础环节，因此生产环节的自组织协同程度直接影响到整个系统的运行效率。我国的农产品生产者包括农户、生产基地和农民专业合作社，其中农民专业合作社在作为一种合作经济组织，直接作用是促进农民增收、农业经济发展。但是其作为农村经济新秩序中的一个组织载体，在农村社会的地位和作用已远远超出自我服务的范畴，已成为农村社会的重要管理载体．承担着相应的社会责任（高建伟、李瑞芬，2014）。

自 2009 年 3 月 1 日《北京市实施〈中华人民共和国农民合作社法〉办法》颁布实施以来，北京市农民专业合作社呈现出蓬勃发展的良好态势。截至 2013 年 6 月底，全市工商登记注册的农民专业合作社发展到 577 家，入社成员 24.1 万户，带动非成员农户 24.4 万户，占全市农户比例超 70%。合作社已经成为北京郊区新农村建设的一支重要力量，在创新农业经营体制机制、提高农民收入、推进都市型现代农业建设中发挥着越来越重要的作用。

虽然北京农民合作社发展迅速，初显成效，但是大型都市型现代农业的发展，对农民合作社的管理和技术水平提出了更高的要求。当前还存在一些与发展尚不完善的地方，阻碍了合作社的进一步发展壮大。如在调查中发现管理水平有限、专业人才匮乏等问题，加之农业合作社组织化程度偏小，有待进一步提高；品牌意识和质量认证意识还有待加强等问题，致使现有的农民合作社在发展中未能全面发挥其作用。

根据自组织理论的观点，如果原本分散的、彼此无关的、相对独立的各个事物形成了一个具有整体结构和功能的新的系统，那么这个新的系统就被称之为组织，这一过程被称为组织化。本章在参考国内外相关研究的基础上，设计了生产子系统的自组织模式图（见图 18-2），主要有以下两个方面：

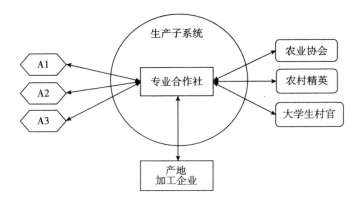

图18-2　生产子系统协同模式

注：A1、A2、A3代表分散的农户。

资料来源：作者整理自制。

1. 以专业合作社为主体，其他经济主体协作参与、互相协同

2014年1号文件对农民合作社的地位作用做出了新的定位：在新型农业经营主体中："农民合作社是带动农户进入市场的基本主体，是发展农村集体经济的新型实体，是创新农村社会管理的有效载体。"目前，在新常态背景下，在农业生产子系统环节，建议继续发挥农民合作社的"主体、实体、载体"的作用，不断提升专业合作社的发展水平，达到以专业合作社为核心，带动其他主体发展的新的层次。在实践中，可以继续培育创建农民专业合作社示范社，评选出一批有新形势下示范作用的合作社，引领和带动全市合作社依法规范健康发展。

2. "开源"加"引流"，利用大学生和农村精英人士协助管理、科学生产

随着农民专业合作社的发展与壮大，必须有一大批有现代知识、现代思维、现代眼光的优秀人才投身到农民专业合作社中。首先是"开源"，建议合作社从内部发掘人才，培养人才。必须建立和完善农民教育培训机制，加快培训新型农民的步伐，提升农民的综合素质，培育出一批有先进带头作用的"农村精英人士"。其次是"引流"，建议对大专高校的人才可以采取"软引进"的方式，即通过提供农业试验基地和实习基地的方式，吸引农业方面的专家、教授去进行科研和农业推广，并联系相关专业大学生来合作社进行实习。通过从专家、学者那里获得直接的技术指导，提升合作社内技术人员的科研能力和技术水平，解决农业生产技术难题。

(二) 信息及流通子系统自组织协同

在现代化的农产品流通系统中，信息流和物流起到了举足轻重的作用。但目前仍然存在许多现代化物流系统不匹配的问题，严重制约了信息及流通子系统的发展。主要的问题有以下两点：

第一，信息化程度比较低。国内农产品流通系统还没有形成一个总体完备有效的信息系统，各流通主体之间信息化程度差距较大，缺乏统一的信息平台以供交流，电子商务应用也比较滞后，造成商流、物流、资金流、信息流缺乏协同效应，阻碍了农产品供应链的发展①。如果缺少一个能实现信息共享的信息平台，那么企业不仅决策准确性和执行的效率降低，同时也会产生无效的成本浪费。当前我国尚缺少真正意义上的农产品整合系统，因此现有的农产品流通系统中的各个流通主体难以达到自身利益与整个流通系统利益的统一，必然出现一些非最优博弈结果出现，如不愿意同其他主体分享信息等。在这种情况下，流通主体都需要各自获取所需信息，但是由于作为核心环节的批发市场的信息处理手段与技术落后，而难以发挥作为信息中心的重要功能，故此难免出现信息滞后、失真现象发生等问题，导致整体环节的信息流通程度必然降低。

第二，物流成本奇高。物流业是经济运行的血脉，一个运行顺畅、高效便捷的物流系统是国民经济的健康运行必要条件。而当前农户或批发商的规模较小，其自营的物流渠道在运输过程中设施较为落后、储存技术等相对水平不高，使在长途运输中农产品损耗率比较高，这也导致了其物流运营的低效率，从而增加物流成本。此外，当前农产品流通系统缺少整体的组织化协同体系，系统内各个成员分别采取自营物流的形式，导致了成员在各自的物流建设方面进行了重复建设，造成资源浪费，并且增加了成员与成员之间的交接手续和时间，造成了物流成本的增加。

因此，如何推动信息流和物流的整合协同，实现顺畅运行，是整个农产品流通系统高效运行的关键。近年来随着批发市场和连锁超市的发展，物流与配送的重要性得到加强。大型批发商往往实行一条龙服务，即批发、仓储和物流三位一体。而且，近期独立的第三方物流配送中心得到很大发展，很多物流公司依附在

---

① 尤晨和周熙登（2013）研究指出，信息共享是农产品供应链协同的关键因素，它可以有效地减小"牛鞭效应"，解决农产品供应链自组织运作过程中信息非对称问题，降低或消除农产品供应链自组织运作过程中的道德风险，降低不确定性，提高协同决策效率。

大型批发市场，就近提供服务（郭崇义、庞毅，2009）。鉴于当前农产品流通系统的信息流和物流的耗散状态，依据自组织理论，现有的粗放的农产品物流和信息流系统必然会向更加有序的高级稳态结构演变。

根据自组织结构的相关理论，本章参考了国内外相关研究成果，设计了生产子系统的协同模式（见图18-3），主要有以下三点：

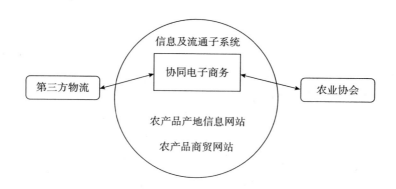

图18-3　信息及流通子系统协同模式

资料来源：作者整理自制。

1. 搭建综合性电子商务线上平台，把握信息，提高销售

电子商务出现打破了传统流通渠道内的时空概念，在互联网技术支撑下达成交易，没有传统交易模式的时间与空间的限制，降低了渠道内的交易成本。因此，我们认为通过构建基于电子商务网站的信息网络系统，第一，可以借助电子商务中多功能接口平台等专业技术和政府的力量整合农产品产地信息网站和农产品商贸网站，以商务交易为轴心，提供市场、生产、协会、政策等相关信息，彻底改造信息系统，将各个网站的农产品市场信息、供求信息等汇总发布并与生产基地、批发市场、物流企业间信息采集与交换网络实现信息共享。第二，可以实现对农产品物流各个环节的实时跟踪、有效控制和全程管理，通过网络平台和信息技术将农民、供应商以及批发商、零售终端、客户联结起来，达到有效分离商流和物流，保障生产、流通、销售各个环节对各方信息的准确把握，降低信息沟通成本的效果。

2. 借助第三方物流，增强配送，降低成本

目前，许多国家都在大力发展第三方物流，建议北京市从政策和税收等方面

对第三方物流进行倾斜，促进第三方物流企业健康稳步发展。另外，在第三方物流公司建立方面，可对国有企业进行改造，剥离不良资产，建立现代企业制度，组建大型物流集团公司，或者鼓励先进的民营企业通过兼并、收购、联营等方式成为农产品物流领域的龙头企业，也可以吸引外资进入物流市场，成立独资或合资企业。第三方农产品物流企业参与市场运作后，农产品流通系统的运作模式将发生整合。第三方农产品物流企业如同一根纽带，连接生产和销售环节，将流通系统的两头进行整合，可以提高农产品流通系统的运行效率，进而降低整个流通系统的成本。

3. 健全和发展农协组织，提高物流主体的组织化程度

在日本，农协在农产品流通中起到了重要作用。对我国而言，由于农户生产分散，个体规模很小，同样适宜组建类似日本农协一类的组织。在这方面，相关组织应该加强对农户的引导，根据各地发展情况组建不同形式的农产品产销组织，通过强化农民的组织化程度，提高农民的市场话语权。具体来说，可以鼓励发展"农户+中介组织+市场""农超对接"等形式，通过农协一类的中介组织，在农业生产与市场之间架起一座桥梁，引导农户或农产品顺利进入市场，实现农产品流通的规模化、集约化，减少交易成本，提高农产品流通效率。此外，在农产品生产、运输及装卸方面，各相关物流主体应增加叉车、自动分拣系统等现代化物流设施，降低损耗，同时重视和使用冷链技术，确保冷藏农产品的新鲜度和质量。

（三）销售子系统自组织协同

销售子系统是整合农产品到达消费者餐桌的最后一环，也是农产品价值实现的关键一环。销售环节的农产品流通主体主要包括两类：大型销售终端和小型销售终端。大型销售终端包括农产品批发市场、大型连锁超市等；小型销售终端包含经营农产品的零售商店（便利店）、小型农贸市场内的摊贩、店铺零售等。

在销售子系统中，农产品批发市场是连接生产和消费的重要纽带，在保证农产品安全稳定供给，促进农业生产和稳定农产品价格方面发挥着重要的作用。在北京市农产品流通系统协同发展中，必须要重视农产品批发市场的建设。通过调研分析来看，在当前的销售子系统中，大型批发市场还没有发挥出农产品批发市场的协同主体地位，在解决"最后一公里"等问题时，也束手无策。

因此，根据自组织结构理论，在借鉴国内外相关研究成果的基础上，设计了销售子系统的协同模式（见图18-4），主要有以下两点：

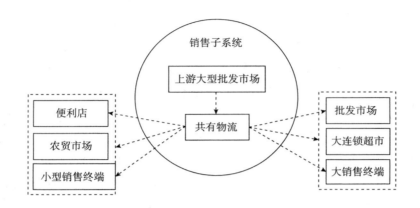

图18-4　销售子系统协同模式

资料来源：作者整理自制。

1. 以现代化批发市场建设为纽带，整合信息，协同销售

现有的大型农产品批发市场大多还属于粗放式发展阶段，在运用科技手段进行信息化仓储控制、电子化信息结算、精准化信息平台方面还有很大一段距离。首先，我们建议政府应该利用好大型批发市场这笔优势资源，成为整个流通系统流通的仓储平台、销售的协调中心、信息的沟通枢纽。政府应该加大对现有农产品批发市场的现代化升级建设，通过建设精准供求价格信息等信息化平台，使农户和市民利用精准信息进行生产和消费的科学决策等，以便达到减少流通环节，降低流通成本的效果。其次，根据对蔬菜零售商、物流商和消费者的调查问卷发现，农产品市场布局不合理首先影响农产品的流通效率。流通效率的降低，不仅增加了农产品的损耗成本，而且增加了物流成本。对消费者而言，则随之增加消费成本，产生了所谓"最后一公里"问题。因此，如何优化批发市场的布局安排，使之发挥好纽带作用，协同区域内销售子系统的发展，也是下一步政府应当考虑的问题。

2. 建立协同性"农超对接"模式，减少流通环节，降低成本

在协同型农超对接模式中，由超市负责的配送中心起到了核心的作用，其担当了物流集散中心、信息处理中心和订单管理中心的角色。转变了现有的以店铺

为中心的对接模式，使同时向分散农户、小型合作社和大型生产基地采购成为可能，在扩大货源渠道的同时提升货源管理。超市配送中心将产品分派给各个门店，实现门店产品标准化、管理集约化，降低了管理成本。同时，超市配送中心借助自身的技术优势，利用电子商务平台，扩展接入渠道，与各相关网站合作共同搭建信息管理平台，进而实现了物流、商流和信息流的协同，实现生产环节、流通环节和销售环节的协同。

三、农产品流通系统整体协同发展的分析与建议

通过上文对各个子系统的微观的分析可以看出，用协同理论中的自组织结构理论，明确各个协同发展模式内的利益相关体，并通过设置相关规则，推动模式创新促成其整合协作，让各个协同发展模式形成自组织结构，进而构成生产、信息及流通和销售子系统，让系统内部形成有序、高级的组织形式，并通过各种信息反馈机制来控制和强化这种结构。

在整合三大农产品流通子系统自组织结构有序发展的基础上，便可以着手建立一个更加完整和高级的协同体系（见图 18-5），即系统协同的高级阶段。高级协同阶段更加注重子系统间的优势互补，协同促进。在发挥整体系统的协同效应的高级阶段实施过程中，主要有以下四个方面：

第一，促进"生产+销售+信息及流通子系统"间协同发展。模型中三个子系统的交集同是市场需求。各子系统中的主体依托信息系统来及时了解市场需求信息。通过了解精准的市场需求信息，可以通过理论与实践方法相结合，提高农产品需求可库存的智能预测精度，促进农产品采购决策的制定朝着智能化科学化方向发展，帮助专业合作社准确把握市场需求信息，帮助销售终端及时补货将是一个重要的发展方向。

第二，促进"生产+信息及流通子系统"间协同发展。生产子系统通过信息及流通子系统的农产品产地信息网站披露产地产量信息和产品结构。如在生产子系统中可以利用好大学生"村官"这笔优势资源，使其运用自身的专业知识指导合作社管理、运行和生产，带动农户和加工企业获取市场信息来安排生产计划，利用互联网发布生产信息择优销售，运用科学管理方式组织合作社生产活动，

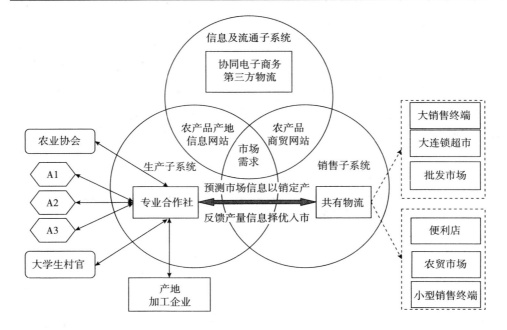

图 18-5　农产品流通系统整体协同模式

注：A1、A2、A3 代表分散的农户。

资料来源：作者整理自制。

促进生产子系统自组织结构的形成。这是一项双赢的举措，既能促进大学生村官的自身成长，也能推动农民专业合作社的发展。

第三，促进"生产+销售子系统"间协同发展。生产子系统与销售子系统的交集是专业合作社与销售终端的信息反馈机制，专业合作社汇总市场信息确定需求结构，进而制定计划向分散的农户分配任务，进而在商流物流之前将生产信息反馈给销售终端，择优入市以保障农户利益。

第四，促进"销售+信息及流通子系统"间协同发展。首先，销售子系统通过信息及流通子系统的农产品商贸网站汇总和发布各销售终端收集分析得到的市场数据以及预计农产品订单数，产销双方在信息及流通子系统达成线上交易。其次，继续推动综合性农产品电子商务信息化平台的发展，发挥连接销售子系统和流通子系统的桥梁作用。当前，搭建综合性农产品电子商务信息化平台，推进信息化交易，已经成为农产品电商行业发展的热点和政策关注的焦点。

本章尝试运用了自组织理论和协同理论对北京市农产品流通系统的整合和协

同做了初步的分析，认为通过运用协同理论研究农产品流通系统之间的协作联系，能够在三大子系统间实现生产资源合理配置、信息流通顺畅、销售成本降低的整体运作效果。在分析当前农产品流通的现状和问题的基础上，本章根据相应的协同层次和阶段分别给出了子系统协同的相关模式和建议，以期为整合北京市农产品流通系统的各个环节，在保证首都农产品的高效稳定供给方面做出有益的贡献。

第19章　双循环新发展格局背景下上海市打造"战略链接"的六大优势

习近平总书记在浦东开发开放 30 周年庆祝大会的讲话中明确提出，要把浦东新的历史方位和使命，放在构建"以国内大循环为主、国内国际双循环相互促进"的新发展格局中予以考量和谋划，努力成为国内大循环的中心节点和国内国际双循环的"战略链接"。这既是对浦东提出的要求，也是对上海提出的要求。上海应当按照中央对上海发展提出的新要求，明确打造国内国际双循环战略链接的发力点，并且用好用足自身优势。上海作为我国最开放的国际大都市，在打造战略链接上具有得天独厚的优势。本章从六个方面予以归纳。

一、国家战略平台优势

上海作为"全国改革开放排头兵、创新发展先行者"，在我国改革开放中不断承载国家战略使命，政策先行先试。中央对上海一直寄予厚望，党的十八大以来先后提出建设上海自贸区、建设科创中心等"五个中心"、打造社会主义现代化建设引领区等战略要求，并且"一带一路""长三角一体化""世博会"等重大平台为上海打造"双循环"战略链接提供了得天独厚的战略载体。

首先，上海自由贸易试验区作为全国首个自贸试验区，示范效应显著。2013年上海自贸区获批以来，通过推动投资自由、贸易自由、资金自由、运输自由、人员从业自由和信息快捷联通，加速各种要素的循环优化资源配置惠及上海、长三角乃至全国。2019 年，临港新片区（以下简称"新片区"）获批，成为上海自贸区重要组成部分。2021 年 7 月，中央宣布支持浦东新区高水平改革开放、打造社会主义现代化建设引领区，为构建国内大循环的中心节点和国内国际双循环的战略链接提供重大政策支持。

其次，"一带一路"倡议"长三角战略""世博会"等战略载体作用显著。上海在"一带一路"建设中，发挥了能集聚、能服务、能带动、能支撑、能保障的"桥头堡"作用。在"长三角一体化""长江经济带"建设中，上海发挥了龙头作用。中国国际进口博览会的成功举办，溢出带动效应持续放大，有效提升了上海对外资的吸引力。

最后，上海"五大中心"建设顺利推进，成为打造国内国外双循环"战略链接"的重要支撑。2020 年，上海基本建成国际经济、金融、贸易、航运中心"四大中心"，并正在建设具有全球影响力的科技创新中心。在全球世界城市排名中，上海竞争力持续提升，依据全球化与世界城市研究网络（GaWC）编制的《世界城市名册 2020》，上海排名第 5 位，超过北京、广州和深圳等城市，居中国大陆城市首位（见表 19-1）。

表 19-1　入选全球二线城市（Beta-）的中国城市排名

城市	2020 年排名	2018 年排名	变动情况
香港	3	3	0
上海	5	6	+1
北京	6	4	-2
广州	34	27	-7
台北	36	26	-10
深圳	46	55	+9
成都	59	71	+12
天津	77	86	+9
南京	87	94	+7
杭州	90	75	-15
重庆	96	105	+9
武汉	98	95	-3

资料来源：全球化与世界城市研究网络（GaWC）《世界城市名册 2020》。

二、立体高效的交通物流网络

上海地处江浙皖经济中心，长江入海口，东临中国东海，与韩国济州岛、日本九州相望，既是"21世纪海上丝绸之路"的东部起点，也是长三角和长江经济带发展的"龙头"。目前，上海已基本建成四网交汇、衔接紧密、节点枢纽功能强大、便捷通达的立体化总和交通网络体系，与国内外联动紧密。

从全市来看，上海市内交通系统发达，已形成由地面道路、高架道路、越江隧道和大桥以及地铁、高架式轨道交通组成的立体型市内交通网络。全市公铁交通干线密度交通处于全世界领先水平，2020年全市轨道交通运营里程785公里（含金山铁路56.4公里），城市交通运行效率较高。

从国内来看，上海与国内主要城市群联动紧密。上海与长三角地区的主要城市苏州、杭州、南京、合肥、宁波等城市具有较高的联动发展水平，物流、人流、资金流、技术流以及公共服务的共享性明显。同时，上海与北京和深圳等中心城市在产业关联、创新合作和商贸往来方面，都保持了高密度联系。而且，成渝双城经济圈和武汉、西安、郑州等长江经济带和黄河流域中心城市，以及大连等也都与上海保持着较密切的合作关系。

从国际来看，国际航运中心基本建成，上海航运服务水平稳步提高。2020年，上海港集装箱吞吐量达到4350万标准箱，连续11年位居世界首位。洋山深水港区四期自动化码头投产，成为全球规模最大、自动化程度最高的集装箱码头。《2020新华·波罗的海国际航运中心发展指数报告》显示，上海全球排名第三。上海成功构建国内首个"一市两场"城市机场体系，2019年航空客货吞吐量达到1.22亿人次、406万吨，分别位列全球城市第4、第3位，网络通达性在亚洲处于领先地位。

三、雄厚的产业基础及配套

上海是沪宁杭地区的工商业中心和工业中心城市，具有深远的工业发展历史和雄厚的工业基础和产业配套。近年来，上海制造业产业以创新为主要驱动力，增值链条不断延伸，并向深加工和核心技术领域扩展。

一是工业规模效益持续提升。2019 年，上海工业增加值达 9670.68 亿元，超过同在第一方阵中的苏州和深圳，跃居中国工业城市第一城（见表 19-2）。从质量效益来看，2020 年上海产业园区单位土地工业总产值从 67.4 亿元/平方公里提高到 76.7 亿元/平方公里，园区工业总产值占全市工业总产值比重超过 80%。

表 19-2　上海、深圳、苏州三城 2019 年工业发展指标

城市	工业增加值（亿元）	规上工业总产值（万亿元）	第二产业占 GDP 比重（%）
上海	9670.68	3.44	27.0
深圳	9587.94	3.68	39.0
苏州	7592.42	3.36	47.5

资料来源：各地统计局网站和政府工作报告。

二是产业链供应链综合优势突出。上海是全球供应链重要中心之一，目前拥有中国商飞、上海电气、上汽集团等一批行业龙头企业，能够依托产业能力和资源优势，充分发挥产业链"链长"的引领带动作用，形成产业链供应链集成服务平台。同时，长三角地区制造力强、产业链完整、企业群密集，这种由高度专业化分工和大规模协作形成的供应链有力提升了上海产业链供应链的韧性。

三是跨国公司地区总部和外资研发中心集中。截至 2020 年底，外商在上海累计设立跨国公司地区总部 767 家，其中 500 强企业落户地区总部 112 家，大中华、亚太及以上区域总部 136 家；累计设立外资研发中心 479 家，由世界 500 强企业设立的研发中心约占 1/3。高能级全球总部集聚大大增强了"在上海、为全球"的辐射能级，长三角其他区域相继涌现配套的产业链供应链，不少地区出台"全球服务商计划"，并形成产业优势互补和联动发展，经济溢出效益显著。

四、先进要素集聚优势

上海国际化水平较高，对全球要素集聚和服务能力强。自 20 世纪 90 年代初浦东开发开放以来，上海就以全球市场作为自己的发展坐标，通过大量吸引外资，与国际规则接轨，已成为社会主义现代化的国际大都市。近年来，国内华大半导体、华为无线通信、蔚来电动汽车、海尔智谷等一批重大项目纷纷落地，并且吸引特斯拉"超级工厂"在临港开工建设，微软全球最大人工智能和物联网实验室落户张江。

首先，上海国内外高层次人才优势基础雄厚。从国内来看，2020 年上海人才资源（党政、经营管理、专业技术、高技能、农村实用和社会工作人才 6 支队伍）总量 675 万人。上海有全国 52% 的 5G 人才，全国 40% 的集成电路人才，33.7% 的人工智能人才，全国 25% 的创新医药人才，成为支撑上海打造"战略链接"的底气所在。从国际来看，上海向全球集聚了顶级科学家近 500 名，累计引进高层次人才 1145 人，以及顶尖高层次人才等一批高端人才和团队。目前，在沪工作外籍人才达 28 万人，占全国 24%，排名全国第一；累计来沪工作和创业的留学回国人员已达 22 万余人，排名全国第一。2020 年全球城市人才竞争力指数报告显示，上海 2020 年人才竞争力位列榜单第 32。

其次，上海金融资源集中度较高。上海有较成熟的金融市场和投资体系，集聚了包括股票、债券、外汇、黄金、期货、保险、票据、信托等在内的各类金融要素市场。2020 年，上海金融市场成交总额达 2274.8 万亿元。同时，新兴金融产品工具"上海金""上海油""上海铜"等价格影响力日益扩大。上海金融开放加速扩大，截至 2020 年末，上海拥有各类持牌金融机构 1674 家，其中外资金融机构占比超过 30%。金砖国家新开发银行、全球清算对手方协会（CCP12）等一大批总部型、功能性金融机构或组织相继落沪。

最后，上海综合科研基础实力处全国领先水平。上海集聚众多高等院校、科研机构、跨国公司总部、外资研发中心，拥有一批大科学装置、国家实验室等创新载体平台，基础研究和应用研究能力处于全国前列。2020 年，上海全社会研发经费支出约占地区生产总值的 4.1%，每万人口发明专利拥有量 60.2 件。据世界知识产权组织发布的《2020 全球创新指数报告》显示，上海 2020 年跻身全球创新城市第 9 名。2020 年上海在《科学》《自然》《细胞》上发表的论文总计 124 篇，占全国总量的 32%。

五、强大的消费和市场优势

上海有广阔的消费市场、强劲的消费活力、优良的消费环境。在居民消费主导经济增长的时代，上海超大城市的市场优势对打造双循环"战略链接"尤为关键。

其一，上海居民收入水平高，经济腹地广阔。上海拥有全国较高层次需求的消费群体，上海 2020 年居民人均可支配收入达到 72232 元，远超同期北京、广州和深圳等其他一线城市，高居全国榜首（见图 19-1）。同时，上海贴近广阔的市场，依托于长江经济带上最大城市群，也是中国第一大经济区——长三角城市群，市场腹地潜力巨大。2020 年上海常住人口达到 2487 万，若把上海的经济腹地长三角地区也计算在内，那将辐射近 2.4 亿人口，为新产品开辟出广阔的市场空间。

图 19-1　2016~2020 年一线城市人均可支配收入变化情况

资料来源：历年《城市统计年鉴》及国家统计局网站。

其二，上海集散功能较强，外向型服务经济活跃。上海是世界最大贸易口岸城市，2020年，上海口岸进出口总额达到1.27万亿美元。据统计，全国70%的进口服装、53%的进口化妆品、37%的进口汽车从上海进口销往全国各地。从服务业看，上海经济"外向型"特征更加明显。"十三五"期间上海实际使用外资占服务业的比重超过90%。全市共有外资企业5万多家，约占全市企业总量的仅2%，而对就业、GDP、税收、工业总产值及进出口的贡献率，却分别高达20%、27%、33%、60%及65%。

其三，上海新品牌数量和品牌资源丰富，消费选择多样。上海是国内外新业态、新品牌的培育孵化和市场化的首选地。据统计，90%的国际知名高端品牌已进驻上海，国际品牌首店拥有量约占全国半壁江山。目前，超过3000个国际国内品牌在沪首发，新进首店835家，其中中国首店超过300家。同时，上海作为改革开放前沿城市，频繁举办各类高端国际会议、会展、节事活动（包括进博会、国际电影节、艺术节、F1、大师杯等），国际往来频繁，消费潜力广阔。

六、营商环境和制度优势

上海营商环境处全国领先，市场主体活力强劲，企业创新创业氛围浓厚。

一方面，上海"放管服"改革成效显著。2018～2020年，共系统地实施了300多项营商环境改革任务。"证照分离"改革试点举措在全市推广实施，浦东新区"一业一证"改革在全国率先试点，"放管服"改革综合授权试点持续推进。全面实施区域性国资国企综合改革试验，全面落实减税降费政策，服务支持实体企业发展。依据国民经济研究所发布的《中国分省份市场化指数报告（2021）》，上海市在基础设施环境、文化环境、人才环境、技术创新环境、金融环境等各项指标中综合实力强劲，2016年以来排名保持国内城市首位（见图19-2），高于同期江苏、广东、北京和天津。依据世界银行2020年发布的《中国优化营商环境的成功经验：改革驱动力与未来改革机遇》的专题报告，上海在"一网通办"中的改革经验值得被推荐，并因为营商环境改革，而成为世界范围内经济发展受益最大的全球城市之一。

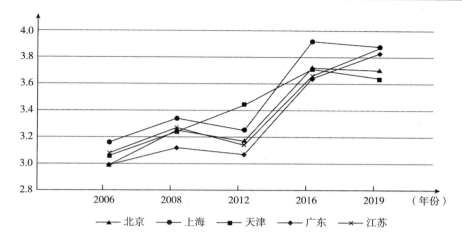

图 19-2　2006~2019 年上海与其他主要省市企业营商环境对比

资料来源：中国国民经济研究所公布的《中国分省份市场化指数报告（2021）》。图中的数字为各省份企业经营环境指数的总体评分，取值范围为 1~5 分。

　　另一方面，上海市场主体活力较强，企业创新创业氛围浓厚。企业创新主体规模壮大，截至 2020 年底，上海高新技术企业数超过 1.7 万家，有 37 家企业在科创板上市，累计首发募资 1099 亿元，占科创板首发募资总额的 36%，位列全国第一。目前，全市有 3 家企业进入世界 500 强，48 家企业和产品获得"上海品牌"认证，制造业"隐形冠军"企业超过 500 家。同时，上海在 2018~2020 年的独角兽企业数量分别为 38、36、44 家，位于全国第二，仅次于北京。另外，全市目前拥有新增长宁区虹桥智谷、静安国际创新走廊、同济大学国家大学科技园等 10 家国家双创示范基地，创新创业氛围浓厚。

第 20 章　山东省新旧动能转换的典型经验分析

——以潍坊、济宁、泰安、威海、日照五市为例

2018 年 1 月，国务院批复《山东新旧动能转换综合试验区建设总体方案》（以下简称《方案》），明确提出到 2020 年，试验区在化解过剩产能和淘汰落后产能、培育壮大新技术新产业新业态新模式、改造提升传统产业等方面初步形成科学有效的路径模式，取得一批可复制可推广的新旧动能转换经验。本章选取潍坊、济宁、泰安、威海、日照五个城市，对其近年来新旧动能转化的工作开展情况、取得的进展成效和形成的典型经验，这对于在全国范围内加速推广山东新旧动能转换综合试验区建设经验具有一定的政策意义。

一、潍坊经验：积极探索先行先试，打造国家农业开放发展综合试验区

2018 年 8 月 31 日，国务院批复同意设立潍坊国家农业开放发展综合试验区。作为创新提升"三个模式"、推动农业开放发展的"国字号"工程，综试区承担着为全国农业开放发展探路子、创经验的历史重任。两年来，潍坊综试区坚持世界眼光、国际标准，不断解放思想、大胆试验，走出了一条以开放为引领、以科技创新为支撑、以产业融合为方向、以综合改革为保障的发展路径，形成了引领全国现代农业发展的新优势。

（一）用好政策、先行先试

聚焦用足用好国家支持的 11 项先行先试政策，坚持大胆闯、大胆试，在构建农业开放发展新体制、创新投融资体制、农产品安全监管等方面积极探索。围绕打造农产品检验检疫新模式，推行入区货物预检验制度，实现了出口鲜活农产品、大宗低风险食品农产品"即报即放"。围绕创新检验检疫行政审批管理模式，对出口食品生产企业实施"审批改备案"改革，业务办理时间从原来的 10 个工作日以上缩短至当日办结。围绕支持市场主体开展跨境投融资创新，协助 24 家境内企业获得省级跨国公司跨境资金集中运营业务资格。围绕简化人才引进和劳务输出流程，设立了"境外人才绿色通道"专窗，提供上门服务或预约服务。

（二）模式创新、勇于探索

积极发挥制度创新"试验田"作用，探索形成一批新经验、新模式、新技术。比如，依托国家现代农业产业园，创新土地流转和投融资机制，探索出一条农业集约化经营的新路子，入选全省首批乡村振兴重大项目库。实施进口种牛隔离场监管新模式，帮助企业节省运营成本、增加 4 倍收益。探索农产品贸易流通新业态，搭建国际农产品食品贸易电商平台，实现了线下线上联动、境内境外并进，成功获批设立中国（潍坊）跨境电子商务综合试验区。把现代种业作为农业科技创新的"芯片"，重点在种子研发和新品种选育上先行先试。

（三）对外开放、积极主动

加快集聚国际高端资源，正大潍坊现代食品全产业链项目开工建设，中日韩现代高效农业示范园、中日现代农业"双国双园"完成选址并启动规划编制，落地建设年进口粮食 300 万吨的粮谷驿路项目，建成运营粤港澳大湾区"菜篮子"山东运营中心。大力推动优势农业资源"走出去"发展，寿光蔬菜产业集团等龙头企业相继在俄罗斯、荷兰、新西兰、泰国等建设境外农业产业园和研发育种基地。着力破解国际贸易壁垒，围绕畅通出口贸易渠道，发挥食品农产品技术性贸易措施研究评议基地功能，提报特别贸易关注 11 项全部被海关总署采纳，在 WTO 机制下协调交涉，数量居全国地级市第一，成功解决了输韩胡萝卜退运、澳大利亚蒜薹滞港等问题，也使全国同类农产品企业出口受益。

（四）高端布局、支撑有力

按照"坚持世界眼光、国际标准，立足山东优势、潍坊特色"的要求，实施"3+9+N"产业布局，重点布局"一带一路"、企业总部、服务平台、农品加工、国际园区、现代农耕、智慧农牧、模式创新和乡村振兴九大产业组团。启动建设核心区 12 个重点项目，计划总投资 248 亿元，国家现代农业产业园技术集成示范区、高端食品产业园一期、国际博览园已建成投用。抓好高端平台运营，齐鲁农村产权交易中心升级为山东农村产权交易中心，累计完成涉农产权交易额超过 55 亿元。升级改造东亚畜牧交易所，创新建立圈层交易制度。

二、济宁：重拳打造可视化督导服务平台，
助力新旧动能加速转换

济宁市积极探索创新宏观管理方式、深化"放管服"改革新途径，超前谋划、精心布局，运用互联网技术、大数据思维和信息化手段，率先开发设计了新旧动能转换可视化督导服务平台（以下简称"平台"），跑出 43 天平台研发上线、半个月注册企业过万的两个"济宁速度"，打造"最优服务品牌"。平台由济宁新动能网站、手机 APP 惠企端和政务端"一网两端"组成，构建集项目管理调度、政府服务企业、工作督导考核、可视化分析研判于一体的综合信息平台。平台以项目推进为核心，以服务企业为使命，借助开放先进的互联网技术和运营方式，对重大项目、重点任务等实施动态监测、定期通报，加快实现新旧动能转换。平台兼具指挥调度、企业服务、问题解决、绩效考核和工作汇报五大功能于一体。

（一）指挥调度"实时看"

平台可以对全市新旧动能转换重大项目建设情况进行实时监控和日常调度管理，对重大项目的形象进度、各类经济指标的数据采集、经济运行调度分析提供全程可视化跟踪督导，实现对全市新旧动能转换工作目标的总体把控。一是分类建库。建立省重大项目库、省优选项目库、市新旧动能转换项目库，加强项目培

育和建设推进。二是实时监控。通过项目单位定期报送项目最新进展、在项目建设地安装摄像头与平台联网、现场督导等方式，实现对项目的实时监测、跟踪服务。平台目前共有 71 个项目监控，监控视频直连接入省督导平台。三是挂图作战。制定新旧动能转换重点项目作战进度图，倒排计划进度、明确责任单位，实施"红黄蓝"督察制度，对在建项目销号式推进，竣工投产一个、销号一个，完成一期、销号一期，确保项目顺利推进。

（二）企业服务"零距离"

致力于构建扁平化、面对面的"政企沟通"渠道，平台在第一时间向注册企业推送最新的惠企政策，提供发展中所需要的问题解决方案。一是惠企政策"及时送"。通过济宁新动能网站、手机 APP 实时发布新旧动能转换的工作动态、惠企政策、招商资讯等，为企业提供第一手信息资讯。二是便捷服务"全方位"。开发惠企端手机 APP，实现政策通和问题通，共享 1 个包含各类应用软件的公益包；设立税收政策、财政金融、减费降税、科技政策、信用政策等栏目，实现惠企政策第一时间发布，企业需求第一时间响应，项目困难第一时间协调。

（三）问题解决"不拖延"

平台在第一时间响应企业问题，实现企业服务专线与新动能平台问题信息和办理结果的实时同步。平台将企业和县市区提出的项目建设问题分为 A、B 两类卡点堵点，其中 A 类卡点提交市级层面解决，B 类卡点督导县市区推进。建立问题解决闭环机制。对全市新旧动能转换重大项目、重点工作、企业问题、项目卡点堵点等情况实施动态监测，并用蓝牌、黄牌、红牌标识予以通报，将办理情况和企业满意度纳入考核和问责。自 2018 年 7 月上线运行以来，项目问题第一时间发现、第一时间解决，形成"企业直报—部门解决—两办督查—纪委问责"闭环式跟踪流程，有效杜绝了"慢、拖、瞒"现象，改变了过去层层画圈、层层批转、最后不了了之的局面。

（四）绩效考核"全程跟"

通过平台可以对各县市区、市直部门新旧动能转换工作开展情况进行定期考核评价，形成有效的激励机制。坚持大数据思维，开发设计全市项目概况、全市项目进展情况、县市区项目概况、优秀项目展示、企业反映问题办理情况、部门信息上报统计、平台运行情况 7 个数据实时更新的动态可视化视图，通过图表等形式直观生动地反映新旧动能转换工作情况，力争通过数据可视化挖掘分析数据背后的价值，高效推动新旧动能转换加速转换。

（五）工作汇报"高效率"

开通"工作专报""领导批示"模块，采用工作专报的形式向各级各部门呈现全市新旧动能转换工作进展情况，重大事项直报市委市政府主要领导，网上随时随地签批，大幅提高办理效率。

三、泰安：加快建设"泰山健康谷"，
打造医养健康大格局

近年来，泰安市认真贯彻落实中央、省市对大健康产业的发展要求，借助泰山的品牌影响和文化影响，充分发挥区位优势和产业优势，加快建设"泰山健康谷"，切实把医养健康产业培育成新旧动能转换的引领型产业。

（一）依托泰山优势，优先谋划产业布局

泰山绿色生态资源得天独厚，泰山区发展康养产业区位优势明显。泰安市充分发挥泰山、碧霞湖、女儿湖等优越的生态优势，整合土地、资金等资源要素，打造形成具有较强承载能力和集聚功能的"泰山健康谷"。泰山健康谷主要围绕环山路东段两侧展开、西至天烛峰路和环山路交界、东至岱岳区交界处、北至碧霞湖省级旅游度假区、南至发展大街，约 26 平方千米，分为高端医疗设备研发、医学研究和生物制药、医疗康复、养老养生四个功能区，定位是建设成为全省乃至全国医养健康产业发展示范区。以泰山健康谷为载体，以现代互联网和大数据平台为支撑，培育发展成为集设备研发、医学研究、医疗健康、生态养生、康健一体、休闲娱乐深度融合的特色主导产业，形成第一、第二、第三次产业融合发展的新型健康产业体系。

（二）聚焦"产业兴市"，主攻医养健康产业方向

泰安市聚焦"产业兴市"，深化重点改革，强化双招双引，着力构建泰安特色现代产业体系，特别是把医养健康产业作为主攻方向。一是依托海天智慧健康产业园，重点发展高端诊疗设备、医用机器人、可穿戴、远程诊疗等高性能医疗器械设备产业，着力打造成省内知名的高端医疗设备研发制造基地；二是依托诺莱国际医学中心等项目，重点发展基因检测、诊断试剂、特色诊疗、医学检验、免疫微生态制剂等产品开发，提供预防、保健、康复、疗养为一体的整体健康管理解决方案；三是依托碧霞湖旅游度假区，大力发展生态观光、休闲度假、文化体验、康体运动、保健疗养、生命健康等养生业态，打造建成国内知名的山岳滨湖型度假区和医养健康基地；四是依托微医慢病互联网医院，发展会诊、影像诊断、心电诊断、病理诊断、监护、手术指导、教育等远程医学服务。发展智慧健康服务、远程健康服务、个性健康服务等新型健康服务业态。

（三）推动服务全面融合，医养事业稳步推进

一是实施嵌入式服务，实现由群众"等服务"向上门"送服务"的转变。建立起以居家为基础、社区为依托、机构为支撑的养老服务体系。二是创新合作模式，不断增加医养服务机构数量。依托三级综合医院建设医养健康服务机构。通过市场化运作方式，鼓励支持社会力量通过特许经营、公建民营、民办公助等模式，积极开办医养健康机构。支持企业围绕预防保健、医疗卫生、康复护理、生活照料、精神慰藉等需求，积极开发安全有效的食品药品、康复辅具、日常照护、文化娱乐等用品用具和服务产品。三是创新服务模式，医疗卫生机构办养老的"八种模式"逐步铺开。引导辖区内医院不断加强老年病科建设，增加老年病床数量。

四、威海：打造全球激光打印机基地，推动新旧动能转换

近年来，威海高新区历经"保住三星山东 A4、整合三星苏州 A3、引进美国惠普公司、成为惠普唯一直营工厂、打造惠普的全球基地、建设全球激光打印机

基地"等阶段，在威海共同建设惠普全球激光打印机基地，未来将打造千亿级产业集群。威海市高新区以高水平产业链招商，推动新旧动能转换，形成了一批可借鉴的先进经验和先进做法。

（一）超常规施策，实现了三星留住提升的大逆转

2015 年，三星总部已经决定将中国境内的打印机产能全部转移到越南，作为山东省最大韩资项目的三星打印机从威海撤走几乎成定局。威海市委、市政府主要领导亲自参与、大力支持，税务、商检、海关等部门通力协作，威海高新区管委组织了国内、国外十几轮对接，并组建专业团队，通过"产业招商、专业招商、全员服务"，全面搜集研判越南、苏州以及世界打印机行业格局等各方信息。鉴于三星"出走"的目的是整合打印机产能，解决成本高和效益下降问题，高区提出"就地扩建厂房"来赢得竞争，5 个月内在三星（山东）厂区旁调出用地、建设 10 万平方米的 A3 打印机定制车间和配套工厂，以此成功留住了三星。

（二）超常规谋划，促成了惠普并购三星打印机业务

在三星留住提升之后，高区立即将目标由全球打印机市场占有率 4%、排名第 7 的三星电子转向了全球市场占有率超过 40%、稳居第 1 的美国惠普公司。2016 年 7 月 26 日，惠普激光打印机全球供应链总裁玛丽亚·廷德尔一行来威海考察，管委领导争取了 10 分钟时间，向她推介威海打造世界级打印机基地的规划，充分展示了基地选址、供应链招商计划、详细的成本参数等内容，给她留下了极为深刻的印象。2016 年 12 月，威海高新区、三星电子打印机事业部、美国惠普公司三方在威海举行会谈，高区列出了威海在人工、配套、交通等 20 多项、60 多个细分具体指标上的优势，一举扭转了惠普公司的态度。2017 年 9 月，惠普公司正式发布通告，以 10.5 亿美元并购三星打印机业务。

（三）超常规布局，打造了全球激光打印机基地

高区提出"产业集群化、园区专业化、发展差异化"的工作思路，锁定激光打印机及宽幅打印、3D 打印等高技术、高附加值的新兴业务，集中优势资源，量身打造了 4 平方千米的惠普 OA 产业园，立志要在威海打造全球产业链最完善、产能最大、技术水平最高、营商成本最低的激光打印机产业基地。在完善供

应链上，高区专门成立了惠普打印机招商服务处，拆解了惠普激光打印机 8000 多个零部件逐一研究，整理出一套链式招商的目录和"地图"，"按图索骥"引进关键供应商。

（四）瞄准世界 500 强，打造世界级产业链条

围绕打印机产业链，目前正在建设的全球激光打印机基地占地 6000 亩，已先后引进了惠普 3D 打印中心项目、亿和精密工业（港资）、帝吉可电子（港资）等一批大体量、高技术、新动能项目，实现了供应链企业集群式落地。同时，为落实新旧动能转换工程，威海高新区正在紧锣密鼓地开展一系列的投资促进活动，不断提升惠普全球激光打印机基地的产能和技术水平。基地建成后，可达到 A3 智能复合机 200 万台、A4 激光打印机 1500 万台的产业规模，形成千亿级产业集群，新增就业岗位 3 万多个。

五、日照：发挥比较优势，打造临港涉海产业集群

日照市聚焦打造临港涉海产业转型示范区目标定位，充分发挥比较优势，加快新旧动能转换，探索建立起规划引领、链式突破、龙头带动、精准招商、优化生态"五位一体"产业发展新路径，培育形成先进钢铁制造、汽车整车及零部件、阳光海岸带精品旅游等一批省级"雁阵形"产业集群，建起临港涉海特色产业体系，为支撑全市新旧动能转换发挥重要作用。

（一）坚持规划引领，强化顶格推进

立足临港涉海、自然生态宜居比较优势，科学编制全市新旧动能转换实施规划，将"一带一路"港口枢纽、先进钢铁制造基地、汽车整车及零部件基地、综合能源、滨海旅游等"十大专项"作为主攻方向，配套建立市级领导牵头、专班推进、方案引领、智库支持、基金保障的工作协调推进体系。特别是对先进钢铁、汽车、综合能源等优势产业，进一步建立顶格推进工作机制，由市委、市政府主要领导挂帅担任"链长"。

（二）坚持链式突破，促进整体提升

争取先进钢铁制造、汽车零部件、阳光海岸带精品旅游等产业入选省现代优势产业集群和"雁阵形"产业集群。钢铁重点"壮龙身"，依托山钢、日钢规划建设 44 平方千米钢铁配套产业园，招引落地上海通用焊接等总投资 179.7 亿元的 56 个项目，集聚建设国家碳素结构钢产品质检中心、山钢研究院、日钢研究院等一批创新平台。汽车重点"扬龙头"，先后招引中兴 5 万辆、长城 10 万辆整车项目落户，有力提振市内 350 余家上下游零部件配套企业。能源重点"提能级"，聚力打造北方能源枢纽，实施集聚、运输、储备、交易、生产（转化）五大能力提升工程；旅游重点"做爆点"，海洋公园、东夷小镇等一批精品旅游项目开门迎客，万平口景区和海滨国家森林公园免费开放，总长 28 千米阳光海岸绿道建成投运。

（三）坚持龙头带动，推进梯次培育

实施领航型企业培育行动，大力培植具有"链主"地位的领军企业、具有核心产品的关键零部件配套企业、具有公共服务功能的平台型企业。筛选公布 100 家市级重点骨干企业，对日钢等 21 家龙头企业、中海外能源等 28 家骨干企业、长城汽车等 15 家成长企业、海恩锯业等 16 家特色企业、华仁药业等 10 家创新企业、领信科技等 10 家电子信息企业进行梯次培育，在要素供给、金融支持、财政奖补、项目审批等方面给予倾斜扶持，支持突破发展、晋位发展。日钢位列全省民营企业百强第 3；长城汽车项目加速推进，第一辆整车将于年底前正式下线；瀚坤能源 200 万立油库二期项目 9 月 2 日建成投运，成为国内最大的民营原油储备企业；美佳集团获评农业产业化国家重点龙头企业；沪鸽口腔、金马工业、方鼎科技、久力工贸 4 家企业入选省级"瞪羚企业"。

（四）坚持精准招商，发力项目推进

强化"项目为王"理念，一切围绕项目转、一切盯着项目干，全力以赴抓招商、抓项目。一方面，进一步调整优化内外资招引体制。围绕先进钢铁、汽车整车及零部件、综合能源等优势产业，组建 14 个产业招引小组，编制产业链全景图、产业生态发展路线图、重点企业和配套企业名录表"两图一表"，依托龙头企业开展以商招商、专业招商。另一方面，进一步完善项目推进机制。制定出

台《关于抓项目稳投资促转换实施意见》，创新建立重大项目提级会商、政银企对接等工作机制，最大限度减少项目在途时间，促进快落地快建设。

（五）坚持优化生态，增强基础支撑

强化环境支撑，先后制定出台优化营商环境 100 条、降低制度性交易成本 50 条、加强社会信用体系建设 32 条，2020 年城市信用排名较 2019 年底提升 103 个位次跃居全国第 48。强化载体支撑，实施新一轮园区开放提升行动，日照港口岸扩大开放通过国家验收，日照综保区、跨境电商产业园投入运营，综保区二期港区基础设施启动建设。强化创新支撑，三年累计培育国家企业技术中心 5 家、国家地方联合工程实验室 2 家，省级企业技术中心 74 家、省级工程实验室 35 家，高新技术企业达到 219 家。强化人才支撑，大力实施"日照英才"工程，三年新增省级以上人才平台载体 110 个，引进高层次创新创业团队 227 个、创新人才 1916 名。强化要素支撑，落实"要素跟着项目走"机制，落地总规模 99 亿元的政府投资基金 31 只，累计对 83 个项目完成投资 58 亿元。

参考文献

［1］ Acemoglu D，Robinson J A. Why Nations Fail：The Origins of Power，Prosperity and Poverty ［J］. Asean Economic Bulletin，2012，29（2）.

［2］ Arrow K J. Economic Welfare and the Allocation of Resources for Invention ［J］. Nber Chapters，1972（12）.

［3］ Baruch L，Christine P，Suresh R. Is Doing Good for You? How Corporate Charitable Contributions Enhance Revenue Growth ［J］. Strategic Management，2010，31（2）.

［4］ Biden R J Jr. Why American Must Lead Again ［EB/OL］. ［2021 - 03 - 15］. https：//www. Foreign－affairs. com/articles/united－states/2020－01－23/why－america－must－lead－again.

［5］ Boustany W C，Friedberg L A. Partial Disengagement：A New U. S. Strategy for Economic Competition with China ［EB/OL］. ［2021 - 01 - 16］. https：//www. nbr. org/publication/partial－dis－engagement－a－new－u－s－strategy－for－economic－competition－with－china/.

［6］ Brookings Institution. The Future of US Policy Toward China：Reconmmendations for the Biden Administration ［EB/OL］. ［2021－02－17］. https：//www. brookings. edu/－multi－chapter－report/ the－future－of－us－policy－toward－chinal.

［7］ Catozzella A，Vivarelli M. The Possible Adverse Impact of Innovation Subsidies：Some Evidence from Italy ［J］. International Entrepreneurship & Management Journal，2016，12（2）.

［8］ Chemmanur T J，Loutskina E，Tian X. Corporate Venture Capital，Value Creation，and Innovation ［J］. Review of Financial Studies，2014，27（8）.

［9］China Strategy Group. Asymmetric Competition：A Strategy for China & Technology［EB/OL］.［2021-03-16］. https：//www. axios. com/.

［10］Dimos C，Pugh G. The Effectiveness of R&D Subsidies：A Meta-regression Analysis of the Evaluation Literature［J］. Research Policy，2016，45（4）.

［11］Dobson W，Safarian A E. The Transition from Imitation to Innovation：An Enquiry into China's Evolving Institutions and Firm Capabilities［J］. Journal of Asian Economics，2008，19（4）.

［12］Duchin R，O Ozbas，B A Sensoy. Costly External Finance，Corporate Investent，and the Subprime Mortgage Credit Crisis［J］. Journal of Financial Economics，2010，97（3）.

［13］Ely R，Daniel K，Susanna B，et al. Rising to the China Challenge［EB/OL］.［2021-03-15］. https：//www. cnas. org/-publications/reports/-rising-to-the-china-challenge.

［14］Fang L L，Lerner J，Wu C，et al. Corruption，Government Subsidies，and Innovation：Evidence from China［R］. NBER Working Papers，2018.

［15］Freeman R E. Strategie Management：A Stakeholder Approach［M］. Boston，Harpercollins College Div，1984.

［16］Friedman M. The Social Responsibility of Business Is to Increase Its Profits［J］. New York Times Magazine，1970，9（13）.

［17］Giannetti M，et al. The Brain Gain of Corporate Boards：Evidence from China［J］. Journal of Finance，2015，70（4）.

［18］Haley U C. Corporate Contributions as Managerial Masques：Reframing Corporate Contributions as Strategies to Influence［J］. Journal of Management Studies，1991（28）.

［19］Hambrick D C，P A Mason. Upper Echelons：The Organization as a Reflection of Its Top Managers［J］. Academy of Management Review，1984，9（2）.

［20］Hirshleifer D A，et al. Are Overconfident CEOs Better Innovators？［J］. Journal of Finance，2012，67（4）.

［21］Hsu P H，Tian X，Xu Y. Financial Development and Innovation：Cross-Country Evidence［J］. Journal of Financial Economics，2014，112（1）.

［22］Hull C E，Rothenberg S. Firm Performance：The Interactions of Corporate

Social Performance Innovation and Industry Differentiation ［J］. Strategic Management Journal, 2008（29）.

［23］Julianne S, Andrea K, Carisa N, et al. Charting a Transatlantic Course to Address China ［EB /OL］.［2021-03-15］. https：//www. cnas. org/-publica-tions/-reports/charting-a-transatlantic-course-to-address-china.

［24］Koske I, I Wanner, R Bitetti, O Barbiero. The 2013 Update of the OECD's Database on Product Market Regulation ［R］. OECD Economics Department Working Papers, 2015.

［25］Lee K, Malerba F. Catch-up Cycles and Changes in Industrial Leadership：Windows of Opportunity and Responses of Firms and Countries in the Evolution of Sec-toral Systems ［J］. Research Policy, 2017（2）.

［26］Liang X, Lu X, Wang L. Outward Internationalization of Private Enterpri-ses in China：The Effect of Competitive Advantages and Disadvantages Compared to Home Market Rivals ［J］. Journal of World Business, 2012, 47（1）.

［27］Liliana H, Gloria S G. Firm Size and Innovation Policy ［J］. International Small Business Journal, 2013, 31（2）.

［28］Liu X J, et al. Returnee Entrepreneurs, Knowledge Spillovers and Innova-tion in High-tech Firms in Emerging Economies ［J］. Journal of International Business Studies, 2010, 41（7）.

［29］Luo X, Bhattacharya C B. Corporate Social Responsibility, Customer Satis-faction, and Market Value ［J］. Journal of Marketing, 2006, 70（4）.

［30］Luo Y, Zhao H, Wang Y, et al. Venturing Abroad by Emerging Market Enterprises ［J］. Management International Review, 2011, 51（4）.

［31］Malmendier U, et al. Overconfidence and Early-Life Experiences：The Effect of Managerial Traits on Corporate Financial Policies ［J］. Journal of Finance, 2011, 66（5）.

［32］Margolis J D, Walsh J P. Misery Loves Companies：Rethinking Social Initi-atives by Business ［J］. Administrative Science Quarterly, 2003, 48（2）.

［33］Martijn R, Arcesati R, Oya S, et al. Common Code：An Alliance Frame-work for Democratic Technology Policy ［EB/OL］.［2021-03-15］. https：//www. cnas. org/pub-lications/reports/common-code.

[34] Martijn R, Megan L. Taking the Helm: A National Technology Strategy to Meet the China Challenge [EB/OL]. [2021-03-15]. https://www.cnas.org/-publications/reports/taking-the-helm-a-national-technology-strategy-to-meet-the-china-challenge.

[35] Matthew P G, Dylan G. Sharpening America's Innovative Edge [EB/OL]. [2021-03-16]. https://www.csis.org/analysis/.

[36] Mazzucato M. The Entrepreneurial State: Debunking Public vs. Private Sector Myths [M]. London: Anthem Press, 2013.

[37] Mishra S, Modi S B. Corporate Social Responsibility and Shareholder Wealth: The Role of Marketing Capability [J]. Journal of Marketing, 2016, 80 (1).

[38] Navarro P. Why Do Corporations Give to Charity? [J]. Journal of Business, 1988 (61).

[39] Organization for Economic Co-operation and Development. OECD Digital Economy Outlook 2017 [R]. OECD, 2017.

[40] Patten D M. Does the Market Value Corporate Philanthropy? Evidence from the Response to the 2004 Tsunami Relief Effort [J]. Journal of Business Ethics, 2008 (81).

[41] Porter M, Kramer M. The Competitive Advantage of Corporate Philanthropy [J]. Harvard Business Review, 2002, 80 (12).

[42] Shleifer A, Vishny R. Politicians and Firms [J]. Quarterly Journal of Economics, 1994, 109 (4).

[43] Siddharth M, Kristine L, Joshua F, et al. Designing a U. S. Digital Development Strategy [EB/OL]. [2021-03-15]. https://www.cnas.org/-publications/-commentary/designing-a-u-s-digital-development-strategy.

[44] Staiger D, Stock J H. Instrumental Variables Regression with Weak Instruments [J]. Econometrica, 1997, 65 (3).

[45] Steinmuller H. Communities of Complicity: Notes on State Formation and Local Sociality in Rural China [J]. American Ethnologist, 2010, 37 (3).

[46] Steve O. The Endless Frontier: The Next 75 Years in Science [M]. Washington, D. C. : The National Academies Press, 2020.

[47] Stock J H, Yogo M. Testing for Weak Instruments in Linear IV Regression

［R］. Nber Technical Working Papers，2005.

　　［48］Tassey G. Policy Issues for R&D Investment in a Knowledge-based Economy ［J］. Journal of Technology Transfer，2004，29（2）.

　　［49］Tether B S. Who Co-operates for Innovation and Why：An Empirical Analysis ［J］. Research Policy，2002.

　　［50］The Johns Hopkins University. Measure Twice，Cut Once：Assessing Some China-Us Technology Connections ［EB/OL］.［2021-03-16］. https：//www. jhuapl. edu/-assessing-us-china-technology-connections-/publications.

　　［51］United Nations Conference on Trade and Development. Information and Economy Report 2017-Digitalization，Trade and Development ［R］. UNCTAD，2017.

　　［52］Working Group on Science and Technology in U. S. -China Relations. Meeting the China Challenge：A New American Strategy for Technology Competition ［EB/OL］.［2021-03-16］. https：//china. -ucsd. edu/.

　　［53］Yu F，Guo Y，Le-Nguyen K，et al. The Impact of Government Subsidies and Enterprises' R&D Investment：A Panel Data Study from Renewable Energy in China ［J］. Energy Policy，2016（89）.

　　［54］白俊红，李婧. 政府 R&D 资助与企业技术创新——基于效率视角的实证分析 ［J］. 金融研究，2011（6）.

　　［55］白俊红. 中国的政府 R&D 资助有效吗？来自大中型工业企业的经验证据 ［J］. 经济学（季刊），2011（4）.

　　［56］白钦先，高霞. 日本产业结构变迁与金融支持政策分析 ［J］. 现代日本经济，2015（2）.

　　［57］卞元超，白俊红."为增长而竞争"与"为创新而竞争"——财政分权对技术创新影响的一种新解释 ［J］. 财政研究，2017（10）.

　　［58］曹聪，李宁，李侠，等. 中国科技体制改革新论 ［J］. 自然辩证法通讯，2015（1）.

　　［59］曹海涛，陈颐. 台湾半导体产业发展经验及其对大陆的启示 ［J］. 台湾研究，2021（1）.

　　［60］陈宝明，文丰安. 全面深化科技体制改革的路径找寻 ［J］. 改革，2018（7）.

　　［61］陈聪，李纪珍. 科技型中小企业创新基金效果评估——以中关村地区

为例［J］．技术经济，2013，32（10）．

［62］陈德智，陈香堂．韩国半导体产业的技术跨越研究［J］．科技管理研究，2006（2）．

［63］陈芳，董瑞丰．"芯"想事成：中国芯片产业的博弈与突围［M］．北京：人民邮电出版社，2018．

［64］陈劲，郑刚．创新管理：赢得持续竞争优势［M］．北京：北京大学出版社，2016．

［65］陈劲．集成创新的理论模式［J］．中国软科学，2002（12）．

［66］陈菁，李建发．财政分权、晋升激励与地方政府债务融资行为——基于城投债视角的省级面板经验证据［J］．会计研究，2015（1）．

［67］陈玲，杨文辉．政府研发补贴会促进企业创新吗？——来自中国上市公司的实证研究［J］．科学学研究，2016（3）．

［68］陈强强．中国深度参与全球科技治理的机遇、挑战及对策研究［J］．山东科技大学学报（社会科学版），2020，22（2）．

［69］陈玮，耿曙．政府介入能否有效推动技术创新：基于两个案例的分析［J］．上海交通大学学报（哲学社会科学版），2015，23（3）．

［70］池志培．美国对华科技遏制战略的实施与制约［J］．太平洋学报，2020，28（6）．

［71］代昀昊，孔东民．高管海外经历是否能提升企业投资效率［J］．世界经济，2017（1）．

［72］戴维奇，刘洋，廖明情．烙印效应：民营企业谁在"不务正业"？［J］．管理世界，2016（5）．

［73］单玉丽，苏美祥．全球化视阈下的国际科技合作与我国对策［J］．亚太经济，2011（6）．

［74］邓若冰．产权性质、政府补贴与企业研发投入——基于政治寻租视角［J］．软科学，2018（3）．

［75］邓寿鹏．中国高新技术开发区的创新活动和政府宏观管理［J］．数量经济技术经济研究，1993（9）．

［76］范承泽，胡一帆，郑红亮．FDI对国内企业技术创新影响的理论与实证研究［J］．经济研究，2008（1）．

［77］范旭，刘伟．中美贸易冲突下的半导体创新政策工具选择［J］．科学

学研究，2020，38（7）．

［78］方红生，张军．中国地方政府竞争、预算软约束与扩张偏向的财政行为［J］．经济研究，2009（12）．

［79］方厚政．日本超大规模集成电路项目的启示［J］．日本学刊，2006（3）．

［80］方军雄．捐赠赢得市场掌声吗［J］．经济管理，2009（7）．

［81］冯锦锋，郭启航．芯路：一书读懂集成电路产业的现在与未来［M］．北京：机械工业出版社，2020．

［82］冯昭奎．日本半导体产业发展的赶超与创新——兼谈对加快中国芯片技术发展的思考［J］．日本学刊，2018（6）．

［83］傅利平，李永辉．政府补贴、创新能力与企业存续时间［J］．科学学研究，2015，33（10）．

［84］傅勇，张晏．中国式分权与财政支出结构偏向：为增长而竞争的代价［J］．管理世界，2007（3）．

［85］高建伟，李瑞芬．北京农民合作社的实践与思考［J］．经济师，2014（11）．

［86］高良谋，马文甲．开放式创新：内涵、框架与中国情境［J］．管理世界，2014（6）．

［87］葛立宇，王峰．从产业政策到创新政策的制度基础——比较政治经济学视角的考察［J］．科技进步与对策，2018（9）．

［88］辜胜阻，庄芹芹．资本市场功能视角下的企业创新发展研究［J］．中国软科学，2016（11）．

［89］郭斌，许庆瑞，陈劲，等．企业组合创新研究［J］．科学学研究，1997（1）．

［90］郭崇义，庞毅．基于流通实力的农产品流通模式选择及优化［J］．北京工商大学学报（社会科学版），2009（4）．

［91］郭迎锋，顾炜宇，乌天玥，等．政府资助对企业R&D投入的影响——来自我国大中型工业企业的证据［J］．中国软科学，2016（3）．

［92］郭玥．政府创新补助的信号传递机制与企业创新［J］．中国工业经济，2018（9）．

［93］韩岫岚．依靠管理创新增强企业活力［J］．中国工业经济，1992（6）．

［94］洪智敏．知识经济：对传统经济理论的挑战［J］．经济研究，1998（6）．

［95］侯冠华．美国智库对中美科技竞争的观点解读及对策建议［J/OL］．情报杂志，https：//kns.cnki.net/kcms/detail/61.1167.g3.20210324.1740.017.html.

［96］胡德勤．企业规模、市场结构与创新绩效——基于中国制造业四位数行业的熊彼特假说的实证检验［J］．上海经济，2018（3）．

［97］黄汉权，任继球．新时期我国产业政策转型的依据与方向［J］．经济纵横，2017（2）．

［98］黄汉权，等．新时期中国产业政策转型：理论与实践［M］．北京：中国社会科学出版社，2017.

［99］黄鲁成．关于区域创新系统研究内容的探讨［J］．科研管理，2000（2）．

［100］黄鲁成．关于我国技术创新研究的思考［J］．中国软科学，2000（3）．

［101］黄奇帆．脱钩也不是对中国的致命打击［EB/OL］．［2020－04－20］.https：//www.kashen8.com/article－123843－1.html.

［102］黄群慧，张艳丽．知识经济：对传统经济理论的挑战［J］．经济研究，1998（6）．

［103］黄群慧．真实的产业政策：发达国家促进工业发展的历史经验与最新实践［M］．北京：经济管理出版社，2015.

［104］黄伟丽，马广奇．海归高管、区域差异与企业创新［J］．科研管理，2021（7）．

［105］江飞涛，李晓萍．当前中国产业政策转型的基本逻辑［J］．南京大学学报（哲学·人文科学·社会科学版），2015（3）．

［106］江飞涛，李晓萍．直接干预市场与限制竞争：中国产业政策的取向与根本缺陷［J］．中国工业经济，2010（9）．

［107］江小涓．中国推行产业政策中的公共选择问题［J］．经济研究，1993（6）．

［108］江轩宇．政府放权与国有企业创新——基于地方国企金字塔结构视角的研究［J］．管理世界，2016（9）．

［109］姜付秀，刘志彪．行业特征、资本结构与产品市场竞争［J］．管理世

界，2005（10）．

[110] 姜付秀，张敏，陆正飞．管理者过度自信、企业扩张与财务困境[J]．经济研究，2009（1）．

[111] 姜辉．美国出口管制与中国高技术产业全球资源配置风险[J]．中国流通经济，2020，34（7）．

[112] 蒋尧明，赖妍．高管海外背景对企业社会责任信息披露的影响——基于任职地区规制压力的调节作用[J]．山西财经大学学报，2019（1）．

[113] 解维敏．财政分权、晋升竞争与企业研发投入[J]．财政研究，2012（6）．

[114] 金戈．产业结构变迁与产业政策选择——以东亚经济体为例[J]．经济地理，2010（9）．

[115] 金戈．潮涌现象与政府在产业结构变迁中的作用：以港台为例[J]．亚太经济，2008（2）．

[116] 康劲，吴汉明，汪涵．后摩尔时代集成电路制造发展趋势以及我国集成电路产业现状[J]．微纳电子与智能制造，2019（1）．

[117] 孔东民，徐茗丽，孔高文．企业内部薪酬差距与创新[J]．经济研究，2017（10）．

[118] 赖黎，巩亚林，夏晓兰．管理者从军经历与企业并购[J]．世界经济，2017（12）．

[119] 蓝庆新，窦凯．共享时代数字经济发展趋势与对策[J]．理论导刊，2017（6）．

[120] 黎文婧，郑曼妮．实质性创新还是策略性创新？——宏观产业政策对微观企业创新的影响[J]．经济研究，2016（4）．

[121] 黎文靖，李耀淘．产业政策激励了公司投资吗[J]．中国工业经济，2014（5）．

[122] 李长青，禄雪焕，逯建．地方政府竞争压力对地区生产效率损失的影响[J]．中国软科学，2018（12）．

[123] 李长英，赵忠涛．技术多样化对企业创新数量和创新质量的影响研究[J]．经济学动态，2020（6）．

[124] 李传志．我国集成电路产业链：国际竞争力、制约因素和发展路径[J]．山西财经大学学报，2020，42（4）．

[125] 李春涛，宋敏．中国制造业企业的创新活动：所有制和 CEO 激励的作用 [J]．经济研究，2010（5）．

[126] 李凤梅，柳卸林，高雨辰，等．产业政策对我国光伏企业创新与经济绩效的影响 [J]．科学学与科学技术管理，2017（11）．

[127] 李纪珍，周江华，赫运涛，等．从创新资金的供给面政策到创新券的需求面政策：基于北京科技型中小企业的实证研究 [J]．技术经济，2018，37（6）．

[128] 李敬强，刘凤军．企业慈善捐赠对市场影响的实证研究——以"5.12"地震慈善捐赠为例 [J]．中国软科学，2010（6）．

[129] 李梅，余天骄．研发国际化是否促进了企业创新——基于中国信息技术企业的经验研究 [J]．管理世界，2016（11）．

[130] 李平，崔喜君，刘建．中国自主创新中研发资本投入产出绩效分析——兼论人力资本和知识产权保护的影响 [J]．中国社会科学，2007（2）．

[131] 李雪，刘传江．新冠疫情下中国产业链的风险、重构及现代化 [J]．经济评论，2020（4）．

[132] 李垣，魏泽龙．中国企业创新 40 年 [J]．科研管理，2018（5）．

[133] 李政，陆寅宏．国有企业真的缺乏创新能力吗——基于上市公司所有权性质与创新绩效的实证分析与比较 [J]．经济理论与经济管理，2014，34（2）．

[134] 林海芬，苏敬勤．中国企业管理创新理论研究视角与方法综述 [J]．研究与发展管理，2014（2）．

[135] 林毅夫．新结构经济学——重构发展经济学的框架 [J]．经济学（季刊），2011（1）．

[136] 刘斌，李秋静．特朗普时期美国对华出口管制的最新趋势与应对策略 [J]．国际贸易，2019（3）．

[137] 刘和旺，郑世林，王宇锋．所有制类型、技术创新与企业绩效 [J]．中国软科学，2015（3）．

[138] 刘利平，江玉庆．企业合作技术创新的风险识别及评价 [J]．科技管理研究，2017，37（5）．

[139] 刘满强，陈平．技术经济学：回顾与展望 [J]．技术经济与管理研究，2010（S1）．

[140] 刘青，张超，吕若思，卢进勇．"海归"创业经营业绩是否更优：来

自中国民营企业的证据 [J]. 世界经济，2013（12）.

[141] 刘涛雄，罗贞礼. 从传统产业政策迈向竞争与创新政策——新常态下中国产业政策转型的逻辑与对策 [J]. 理论学刊，2016（2）.

[142] 刘小元，林嵩. 地方政府行为对创业企业技术创新的影响——基于技术创新资源配置与创新产出的双重视角 [J]. 研究与发展管理，2013，25（5）.

[143] 卢正文，刘春林. 产品市场竞争影响企业慈善捐赠的实证研究 [J]. 管理学报，2011（7）.

[144] 鲁春丛. 发展数字经济的思考 [J]. 现代电信科技，2017，47（4）.

[145] 鲁桐，党印. 公司治理与技术创新：分行业比较 [J]. 经济研究，2014（6）.

[146] 鲁瑛，陈建刚，肖甲宏. 中央企业国际科技合作典型模式研究 [J]. 创新科技，2016（10）.

[147] 鲁元平，张克中，欧阳洁. 土地财政阻碍了区域技术创新吗？——基于 267 个地级市面板数据的实证检验 [J]. 金融研究，2018（5）.

[148] 逯东，朱丽. 市场化程度、战略性新兴产业政策与企业创新 [J]. 产业经济研究，2018（2）.

[149] 路风. 论产品开发平台 [J]. 管理世界，2018，34（8）.

[150] 吕薇，马名杰，戴建军，等. 转型期我国创新发展的现状、问题及政策建议 [J]. 中国软科学，2018（3）.

[151] 吕薇. 新时代中国创新驱动发展战略论纲 [J]. 改革，2018（2）.

[152] 栾强，罗守贵. R&D 资助、企业创新和技术进步——基于国有企业与民营企业对比的实证研究 [J]. 科学学研究，2017，35（4）.

[153] 罗兵，阿木布打. 中小企业合作创新的风险与控制研究 [J]. 科技与经济，2010，23（2）.

[154] 罗思平，于永达. 技术转移、"海归"与企业技术创新——基于中国光伏产业的实证研究 [J]. 管理世界，2012（11）.

[155] 马国春. 拜登上台后美国对华科技政策走向研判 [J]. 创新科技，2020，20（11）.

[156] 马文君，蔡跃洲. 日美半导体磋商对中美贸易摩擦下中国集成电路产业的启示 [J]. 中国科技论坛，2020（10）.

[157] 聂辉华，张彧，江艇. 中国地区腐败对企业全要素生产率的影响 [J].

中国软科学，2014（5）．

［158］潘士远，金戈．发展战略、产业政策与产业结构变迁——中国的经验［J］．世界经济文汇，2008（1）．

［159］潘铁，柳卸林．日本超大规模集成电路项目合作开发的启示［J］．科学学研究，2007（S2）．

［160］齐绍洲，林屾，崔静波．环境权益交易市场能否诱发绿色创新？——基于我国上市公司绿色专利数据的证据［J］．经济研究，2018（12）．

［161］钱丽华，刘春林，丁慧．基于财务绩效视角的企业从事慈善活动研究［J］．管理学报，2015（4）．

［162］钱先航，曹廷求，李维安．晋升压力、官员任期与城市商业银行的贷款行为［J］．经济研究，2011（12）．

［163］任泽平，罗志恒．全球贸易摩擦与大国兴衰［M］．北京：人民出版社，2019．

［164］石光．中美科技脱钩：中国最需要警惕的行业［EB/OL］．https：//tech. sina. cn/2020-09-20/doc.

［165］石莉．从创新经济学角度对日本泡沫经济的反思［J］．贵州社会科学，2015（4）．

［166］石奇，孔群喜．实施基于比较优势要素和比较优势环节的新式产业政策［J］．中国工业经济，2012（12）．

［167］史清琪，秦宝庭，陈璐．技术进步与经济增长［M］．北京：科学技术文献出版社，1985．

［168］宋建波，文雯，王德宏．海归高管能促进企业风险承担吗——来自中国A股上市公司的经验证据［J］．财贸经济，2017（12）．

［169］宋建波，文雯．董事的海外背景能促进企业创新吗？［J］．中国软科学，2016（11）．

［170］宋静，司乐如．美国智库因素影响下的拜登政府对华政策走向［J］．世界经济与政治论坛，2021（1）．

［171］宋凌云，王贤彬．重点产业政策、资源重置与产业生产率［J］．管理世界，2013（12）．

［172］孙海泳．美国对华科技施压与中外数字基础设施合作［J］．现代国际关系，2020（1）．

[173] 孙浩林，程如烟. 从国外媒体和智库评论研判中美科技合作未来走向 [J]. 世界科技研究与发展，2019，41（5）.

[174] 孙华平，魏伟. 新冠疫情背景下中国嵌入全球价值链的韧性及断链风险 [J]. 经济研究参考，2020（6）.

[175] 孙侠，张闯. 我国农产品流通的成本构成与利益分配——基于大连蔬菜流通的案例研究 [J]. 农业经济问题，2008，29（2）.

[176] 孙早，席建成. 中国式产业政策的实施效果：产业升级还是短期经济增长 [J]. 中国工业经济，2015（7）.

[177] 汪超，张慧智. 韩国发展半导体产业的成功经验及启示 [J]. 东北亚经济研究，2018，2（5）.

[178] 王春晖. 繁荣数字经济的基本方略 [J]. 中国信息安全，2018（3）.

[179] 王刚刚，谢富纪，贾友. R&D补贴政策激励机制的重新审视——基于外部融资激励机制的考察 [J]. 中国工业经济，2017（2）.

[180] 王海明，曾德明. 管理者短视偏差对企业投资行为影响研究—— 一个基于股东短利益压力视角的实证 [J]. 财经理论与实践，2013（1）.

[181] 王辉耀，刘国福. 中国国际移民报告（2012）[M]. 北京：社会科学文献出版社，2012.

[182] 王佳宁，白静，罗重谱. 创新中心理论溯源、政策轨迹及其国际镜鉴 [J]. 改革，2016（11）.

[183] 王砾，孔东民，代昀昊. 官员晋升压力与企业创新 [J]. 管理科学学报，2018，21（1）.

[184] 王小鲁，樊纲，余静文. 中国分省份市场化指数报告（2016）[M]. 北京：社会科学文献出版社，2017.

[185] 王毅，徐晗，王萍萍，等. 我国创新管理研究前沿 [J]. 创新与创业管理，2013（1）.

[186] 王毅，赵平. 顾客满意度与企业股东价值关系研究 [J]. 管理科学学报，2010（6）.

[187] 王宗光，姜颖佳. 国内外关于企业国际化国际风险研究综述 [J]. 生产力研究，2011（5）.

[188] 温忠麟，张雷，侯杰泰. 中介效应检验程序及其应用 [J]. 心理学报，2004（5）.

［189］文炳洲，陈琛．中兴事件、核心技术与中国集成电路产业——兼论全球化背景下的国家产业安全［J］．技术与创新管理，2019，40（2）．

［190］吴超鹏，唐茚．知识产权保护执法力度、技术创新与企业绩效——来自中国上市公司的证据［J］．经济研究，2016，51（11）．

［191］吴松强，等．日韩集成电路产业借鉴与启示［J］．创新科技，2020，20（8）．

［192］吴晓波，张馨月，沈华杰．商业模式创新视角下我国半导体产业"突围"之路［J］．管理世界，2021，37（3）．

［193］吴晓波．国外技术创新过程研究——四类典型的模型［J］．中外科技信息，1991（5）．

［194］吴延兵．企业规模、市场力量与创新：一个文献综述［J］．经济研究，2007，42（5）．

［195］吴延兵．中国式分权下的偏向性投资［J］．经济研究，2017，52（6）．

［196］吴意云，朱希伟．中国为何过早进入再分散：产业政策与经济地理［J］．世界经济，2015（2）．

［197］武汉大学中美科技竞争研究课题组．中美科技竞争的分析与对策思考［J］．中国软科学，2020（1）．

［198］武咸云，陈艳，杨卫华．战略性新兴产业的政府补贴与企业R&D投入［J］．科研管理，2016（5）．

［199］侠客岛．中国芯片产业发展水平与美差距多大？权威答案来了［EB/OL］．［2021－06－12］．http：//news. sina. com. cn/c/zj/2019－06－12/doc－ihvhiews8404182. shtml.

［200］肖叶，邱磊，刘小兵．地方政府竞争、财政支出偏向与区域技术创新［J］．经济管理，2019，41（7）．

［201］谢洪明，罗惠玲，王成，等．学习、创新与核心能力：机制和路径［J］．经济研究，2007（2）．

［202］谢如鹤，邱祝强．生鲜农产品供应链系统的自组织化分析［J］．广州大学学报（社会科学版），2010（2）．

［203］邢斐，王红建．企业规模、市场竞争与研发补贴的实施绩效［J］．科研管理，2018（7）．

［204］徐梅．战后70年日本经济发展轨迹与思考［J］．日本学刊，2015（6）．

［205］徐平．苦涩的日本［M］．北京：北京大学出版社，2012．

［206］徐向艺，王俊韡，巩震．高管人员报酬激励与公司治理绩效研究——一项基于深、沪A股上市公司的实证分析［J］．中国工业经济，2017（2）．

［207］许金立，张明玉．农产品供应链协同机制研究［J］．管理现代化，2011（2）．

［208］许庆瑞，郑刚，喻子达，等．全面创新管理（TIM）：企业创新管理的新趋势——基于海尔集团的案例研究［J］．科研管理，2003（5）．

［209］许庆瑞，朱凌，王方瑞．从研发—营销的整合到技术创新—市场创新的协同［J］．科研管理，2006（2）．

［210］严鹏．战略投入与制造业生态体系：ASML光刻机崛起的启示［J］．中国信息化，2021（4）．

［211］杨道州，苗欣苑，邱祎杰．我国集成电路产业发展的竞争态势与对策研究［J］．科研管理，2021，42（5）．

［212］杨海水．日本产业政策的反思［J］．亚太经济，2004（1）．

［213］杨宏进．企业技术创新能力评价指标的实证分析［J］．统计研究，1998（1）．

［214］杨继东，杨其静．保增长压力、刺激计划与工业用地出让［J］．经济研究，2016，51（1）．

［215］杨筠，宁向东．政治关联、政府补贴与企业创新绩效［J］．技术经济，2018，37（5）．

［216］杨其静．企业成长：政治关联还是能力建设？［J］．经济研究，2011（10）．

［217］杨顺江，彭鹰．中国蔬菜流通模式构建：一个比较分析的启示［J］．中国农村经济，2004（4）．

［218］杨新铭．数字经济：传统经济深度转型的经济学逻辑［J］．深圳大学学报（人文社会科学版），2017，34（4）．

［219］杨宜苗，肖庆功．不同流通渠道下农产品流通成本和效率比较研究［J］．农业经济问题，2011（2）．

［220］杨泽斌，刘拓，余乐安．中国企业国际化风险评估方法研究综述［J］．北京化工大学学报（社会科学版），2015（4）．

［221］杨志宏，翟印礼．超市农产品供应链流通成本分析——以沈阳市蔬菜

市场为例［J］. 农业经济问题，2011（2）.

［222］姚洋，张牧扬. 官员绩效与晋升锦标赛——来自城市数据的证据［J］. 经济研究，2013（1）.

［223］尤晨，周熙登. 基于自组织的农产品供应链机理及协同演化研究［J］. 广东农业科学，2013，40（23）.

［224］于潇宇，刘小鸽. 新常态下中国产业政策的转型——日本工业化后期产业政策演变的经验启示［J］. 现代经济探讨，2019，447（3）.

［225］余明桂，范蕊，钟慧洁. 中国产业政策与企业技术创新［J］. 中国工业经济，2016（12）.

［226］余明桂，回雅甫，潘红波. 政治联系、寻租与地方政府财政补贴有效性［J］. 经济研究，2010（3）.

［227］余明桂，钟慧洁，范蕊. 业绩考核制度可以促进央企创新吗？［J］. 经济研究，2016（12）.

［228］余泳泽，刘大勇. "中国式财政分权"与全要素生产率："竞次"还是"竞优"［J］. 财贸经济，2018，39（1）.

［229］虞义华，赵奇锋，鞠晓生. 发明家高管与企业创新［J］. 中国工业经济，2018（3）.

［230］郁建兴，高翔. 地方发展型政府的行为逻辑及制度基础［J］. 中国社会科学，2012（5）.

［231］袁建国，后青松，程晨. 企业政治资源的诅咒效应——基于政治关联与企业技术创新的考察［J］. 管理世界，2015（1）.

［232］袁鹏，王文峰. 中美正构建新型大国关系，地方交流大有可为［EB/OL］. http：//finance. sina. com. cn/roll/20120509/101912025613. shtml.

［233］曾繁华，吴静. 自主可控视角下中国半导体产业链风险及对策研究［J］. 科学管理研究，2021，39（1）.

［234］曾婧婧，张阿城. 中国参与国际科技合作30年（1987—2016）：论文合著与项目合作分析视角［J］. 科技进步与对策，2018（11）.

［235］曾培炎. 中美应反对脱钩、加强合作、共同推进经贸磋商［J］. 全球化，2019（12）.

［236］张春勋，刘伟. 合作技术创新的风险因素识别及模糊评价研究［J］. 科学学与科学技术管理，2007（8）.

[237] 张帆，孙薇．政府创新补贴效率的微观机理：激励效应和挤出效应的叠加效应——理论解释与检验［J］．财政研究，2018（4）．

[238] 张浩，安玉发．农产品协议流通模式：基于系统流理论的分析［J］．中国流通经济，2010（2）．

[239] 张宏武，时临云．日本的产业政策及其借鉴［J］．软科学，2008（4）．

[240] 张杰，陈志远，杨连星，等．中国创新补贴政策的绩效评估：理论与证据［J］．经济研究，2015，50（10）．

[241] 张杰．基于产业政策视角的中国产能过剩形成与化解研究［J］．经济问题探索，2015（2）．

[242] 张杰．政府创新补贴对中国企业创新的激励效应——基于 U 型关系的一个解释［J］．经济学动态，2020（6）．

[243] 张杰．中美科技创新战略竞争的博弈策略与共生逻辑［J］．亚太经济，2019（4）．

[244] 张金颖，安晖．荷兰光刻巨头崛起对我国发展核心技术的启示［J］．中国工业和信息化，2019（Z1）．

[245] 张军．分权与增长：中国的故事［J］．经济学（季刊），2008（1）．

[246] 张亮亮，刘小凤，陈志．中国数字经济发展的战略思考［J］．现代管理科学，2018（5）．

[247] 张林，罗乐．开放式创新风险来源研究［J］．科技管理研究，2013，33（5）．

[248] 张敏，马黎珺，张雯．企业慈善捐赠的政企纽带效应——基于我国上市公司的经验证据［J］．管理世界，2013（7）．

[249] 张目，周宗放．我国高技术产业自主创新能力分行业动态评价研究［J］．软科学，2010，24（6）．

[250] 张鹏飞，徐朝阳．干预抑或不干预？——围绕政府产业政策有效性的争论［J］．经济社会体制比较，2007（4）．

[251] 张倩肖，冯根福．三种 R&D 溢出与本地企业技术创新——基于我国高技术产业的经验分析［J］．中国工业经济，2007（11）．

[252] 张维迎．我为什么反对产业政策？［EB/OL］．［2003 - 07 - 15］．http：//finance. ifeng. com/a/20161109/14996334_0. shtml.

[253] 张维迎．我为什么反对产业政策——与林毅夫辩［J］．比较，2016

（6）.

［254］张亚军．中兴通讯遭遇美国两次贸易制裁的原因及提供的重要启示 ［J］.对外经贸实务，2018（7）.

［255］张峥，刘力．换手率与股票收益：流动性溢价还是投机性泡沫？ ［J］.经济学（季刊），2006（2）.

［256］张正勇，胡言言．海归技术高管与企业创新［J］.科研管理，2021 （2）.

［257］赵刚，林源园．美国的创新［M］.北京：华中科技大学出版社， 2016.

［258］赵弘，郭继丰．知识经济呼唤中国［M］.北京：改革出版社，1998.

［259］赵家章，丁国宁．美国对华高技术企业投资并购的安全审查与中国策略选择［J］.亚太经济，2020，18（1）.

［260］赵京兴．当代经济学的重大课题——评《技术进步与产业结构》 ［J］.经济研究，1990（9）.

［261］赵琳．中国产业政策变革［M］.北京：中国财政经济出版社，2017.

［262］赵子夜，杨庆，陈坚波．通才还是专才：CEO 的能力结构和公司创新［J］.管理世界，2018（2）.

［263］郑皋娉，徐永新．慈善捐赠、公司治理与股东财富［J］.南开管理评论，2011，14（2）.

［264］郑世林，周黎安．政府专项项目体制与中国企业自主创新［J］.数量经济技术经济研究，2015（12）.

［265］中国工程科技发展战略研究院．中国战略性新兴产业发展报告［M］.北京：科学出版社，2018.

［266］钟春平，刘诚，李勇坚．中美比较视角下我国数字经济发展的对策建议［J］.经济纵横，2017（4）.

［267］钟宏武．企业捐赠作用的综合解析［J］.中国工业经济，2007（2）.

［268］周建军．全球产业链的重组与应对：从防风险到补短板［J］.学习与探索，2020（7）.

［269］周江华，李纪珍，刘子谓．政府创新政策对企业创新绩效的影响机制 ［J］.技术经济，2017（1）.

［270］周克清，刘海二，吴碧英．财政分权对地方政府科技投入的影响研究

[J]．财贸经济，2011（10）．

[271] 周黎安，罗凯．企业规模与创新：来自中国省级水平的经验证据[J]．经济学（季刊），2005，4（2）．

[272] 周黎安．"官场+市场"与中国增长故事[J]．社会，2018（2）．

[273] 周黎安．晋升博弈中政府官员的激励与合作——兼论我国地方保护主义和重复建设问题长期存在的原因[J]．经济研究，2004（6）．

[274] 周黎安．中国地方官员的晋升锦标赛模式研究[J]．经济研究，2007（7）．

[275] 周黎安．转型中的地方政府：官员激励与治理[M]．上海：格致出版社，2008．

[276] 周铭山，张倩倩．"面子工程"还是"真才实干"？——基于政治晋升激励下的国有企业创新研究[J]．管理世界，2016（12）．

[277] 周琪．高科技领域的竞争正改变大国战略竞争的主要模式[J]．太平洋学报，2021，29（1）．

[278] 周青，顾远东，吴刚．创新管理研究热点的国际比较与学科资助方向——国家自然科学基金项目管理视角的思考[J]．经济管理，2017（12）．

[279] 周泽将，李艳萍，胡琴．海归高管与企业创新投入：高管持股的调节作用——基于创业板企业的实证研究[J]．北京社会科学，2014（3）．

[280] 周泽将，马静，胡刘芬．高管薪酬激励体系设计中的风险补偿效应研究[J]．中国工业经济，2018（12）．

[281] 朱东阳，王超，郭一娜．中美进入选择性"接触+竞争"时代：专访美国前助理国防部长傅立民[N]．参考消息，2019-05-08（11）．

[282] 朱雷，王轶滢，戴梅．一文看懂中国集成电路材料现状[EB/OL]．[2021-06-30]．http：//finance.ifeng.com/c/7nvQCpArA4B．

[283] 庄芹芹．创新创业型企业发展潜力良好[N]．经济日报，2019-09-09（9）．

[284] 邹坦永．集成电路技术与产业的发展演变及启示[J]．中国集成电路，2020，29（12）．

后　记

当今世界正经历百年未有之大变局，新一轮科技革命和产业变革方兴未艾，全球保护主义、孤立主义抬头，各国争夺科技制高点的竞争日益激烈。新形势下，我国比过去任何时候都更加需要增强创新这个第一动力。本书结合相关经济理论，对新形势下中国产业创新政策进行了研究，同时从实证研究角度对部分政策的作用机理进行了计量检验，相关结论和启示仅供读者参考借鉴。

本书的定稿，既是对当下所共同关注的热点问题的回答，也是我对近年来跟踪学习的部分阶段性成果的一个总结。我于2014～2018年在中国人民大学商学院攻读管理学博士期间，主要研究方向为高技术企业的战略管理，相关的理论思考成为本书写作的开端。之后，2018～2020年在北京大学国家发展研究院做博士后期间，主要研究方向为产业创新发展，其间通过承担"中国战略性新兴产业政策实施效果评估"等博士后面上基金项目报告，为本书第二篇的实证研究提供了坚实支持。随后，2020年，到中国宏观经济研究院产业经济与技术经济研究所工作后，进一步参与了中国创新政策的制定和论证工作，并有幸参与了国家发展改革委、科技部和各地方政府的基础研究课题，为本书其他各篇写作提供了丰富的基础素材。在几年时间里，将自己的所思所想和研究成果汇集成这样一部约25万字的论著，对我而言是十分难得而又幸运的事，当然也离不开各位领导、师长、同事、家人和出版社编辑老师的帮助，对此，我常怀感激之情。在书稿付梓之际，我要由衷感谢那些在写作中给予我关怀和帮助的师长和亲友们。

首先，我要感谢我的博士生导师李先国教授，李老师在博士论文的设想、开题、直至定稿、答辩等诸多环节都给予悉心指导，带领我走进社会科学研究的殿堂。同时，让我参加多项教育部、北京市社会科学基金项目，体会到在"干中学"的快乐，丰富了社会科学领域研究技能。

其次，我要感谢博士后期间的合作导师张维迎教授。他最早引领我进入产业经济学研究领域，指导我完成了从管理学研究到经济学研究的转型。在博士后期间，张老师对我的各项研究工作给予了充分支持。张老师在学术上思想深刻、风格严谨，生活中言语朴实、平易近人。与张老师一次次的学术讨论，使我经济学的理论素养得到有效提升，也让我领会到了独立而又客观的学者身上所具有的独特魅力。

再次，我要感谢目前在中国宏观经济研究院产业经济与技术经济研究所的各位领导和同事。在他们提携和帮助下，我在较短的时间内适应了中国宏观经济研究院产业经济与技术经济研究所的研究工作，也有机会参与到决策部门政策文件的起草工作。特别感谢创新研究室姜江主任和韩祺副主任，正是他们的耐心指导，让我尽快脱离"学院派"研究的稚气，不断向成熟决策研究者的文风靠拢；并且，他们总是乐于让我参与各种地方调研项目，使我积累了较丰富的实践经验。感谢研究室扈婧和曾智泽老师为本书提供的宝贵建议。

又次，我要感谢我亲爱的挚友和学长们。衷心感谢国务院发展研究中心刘小鸽博士、四川大学邓忠奇副教授、中国社会科学院郑世林和庄芹芹副研究员、北京工业大学陈硕副教授、北京师范大学张倩琳博士后等挚友，与他们的合作研究为本书成稿提供了巨大的帮助。"独学而无友，则孤陋而寡闻"，正是与他们共同研究和写作中，让我学到了宝贵的经验，提升了研究品位，更获得了研究乐趣。同时，要感谢经济管理出版社的张馨予编辑及编审老师们，他们扎实、细致的工作为本书的出版提供了大量的指导和帮助。

最后，我要感谢我的父母和亲友们。他们的关心、包容、理解和支持使我能够在忙碌的工作中凝聚精神完成本书的撰写，使我能够充满信心地在探究学问的过程中不断取得新的成果，同时满怀感激、安心踏实地致力于社会科学研究工作。

于潇宇
2021 年 12 月于北京